Kurze Geschichte
Information

Umschlagbilder
Umschlagvorderseite oben: Intel-4004-Chip
Umschlagvorderseite unten: ENIAC, Foto US-Armee
Umschlagrückseite: DNA-Doppelhelix

© 2010 Verlagshaus Jacoby & Stuart, Berlin
Alle Rechte vorbehalten
Layout und Gestaltung: typocepta, Wilhelm Schäfer, Köln
Satz aus der Myriad und der Greta
Printed in Italy

ISBN 978-3-941787-15-5

www.jacobystuart.de

Ernst Peter Fischer

KURZE GESCHICHTE
IN **5** KAPITELN

Information

Verlagshaus Jacoby & Stuart

Trillionen Transistoren

Die Revolution der Informationstechnologie

4

»Information ist physikalisch«

Ein neues Weltbild der Naturwissenschaft

5

Für Claus mit C wie C++

Prolog

»Alle Menschen streben von Natur nach Wissen«, heißt es in der Metaphysik des Aristoteles. »Alle Menschen streben nach *Information*«, würden wir heute formulieren, obwohl wir über diesen Begriff, den wir heute mit größter Selbstverständlichkeit benutzen, noch lange nicht gründlich genug informiert sind. Aber wir dürfen hoffen, dass wir am Ende unserer Suche nach Informationen über die Information zumindest verstehen, wie wir dazu gekommen sind, die Welt immer mehr als einen Kosmos von Informationen zu verstehen.

Wie ist dieses Etwas geworden, das Mephisto »diese plumpe Welt« nennt, die sich »dem Nichts entgegenstellt«? Mephistos Gegenspieler Faust versucht die Entstehung der Welt zu ergründen, indem er eine bessere Übersetzung für die berühmte These »Im Anfang war das Wort« sucht, mit der das Evangelium des Johannes beginnt. Faust will das Wort bekanntlich nicht so hoch schätzen und es durch andere Begriffe ersetzen – Sinn, Kraft oder Tat. Heute würden wir die Stelle erneut anders übersetzen, nämlich mit unserem Schlüsselwort: Im Anfang war die Information. »It from Bit«, wie es die englische Sprache in wunderbarer Kürze und mit lässiger Eleganz unter Zuhilfenahme der wissenschaftlich messbaren Einheit der Information, des Bit, auszudrücken gestattet. Die Formel »It from Bit« stammt von dem kürzlich verstorbenen amerikanischen Physiker John A. Wheeler, der dadurch nicht nur andeutet, dass die plumpe Welt ihren Anfang einer Formbildung – einer In-formation – verdankt, sondern auch, dass wir selbst das Etwas erst durch die Informationen erzeugen, die wir von ihm bekommen ... Wem bei solchen Gedanken schwindelt, dem sei versichert, dass seine wissbegierige Natur ihn dazu bringen wird, sie zu begreifen.

Die informierte Gesellschaft

Das Informationszeitalter beginnt etwa in der Mitte des 20. Jahrhunderts, genauer: nach dem Ende des Zweiten Weltkriegs. In der zweiten Hälfte der 1940er Jahre taucht erst das Konzept der Information und bald auch das dazugehörige Wort auf, und beides geschieht nicht nur in einer Naturwissenschaft – der Biologie der Vererbung, in die ein Physiker das Informationskonzept einführt –, sondern gleichzeitig auch im Arbeitsfeld von Ingenieuren und Mathematikern, die von außen gesehen völlig andere Interessen verfolgen. In der Biologie sucht man durch einen neuen Blick auf die Erbanlagen Antworten auf die Frage »Was ist Leben?« zu finden, und in der Nachrichtentechnik will man wissen, wie viele Störungen (Rauschen und Geräusche) ein Eingangssignal verträgt, um am Ende des Übertragungsweges noch verstanden zu werden. Und während sich die dazugehörigen Ideen entwickeln und auf den damals noch ungewohnten Begriff der »Information« zulaufen, konstruieren Physiker und Ingenieure ein elektronisches Bauelement namens Transistor.

Nachbau des ersten Transistors

Transistoren werden zuerst in Radios eingesetzt, die in der Mitte der 1950er Jahre so klein und billig werden, dass Nachrichten und Musik aus aller Welt bald in jeden Hinterhof gelangen können. Ein Globalisierungsschub findet statt, ohne dass dies so bezeichnet oder beschrieben wird.

Techniker und Unternehmer nehmen den Transistor von Anfang an ernst. Sie ahnen nämlich, dass er sehr viel mehr kann als Radioapparate verkleinern und ihren Empfang verbessern. Tatsächlich entsteht mit den Transistoren die Informationstechnologie – die IT-Branche –, die im Laufe der Jahre nicht nur die reichsten Männer der Welt – wie Bill Gates –, sondern auch eine ganz neue Form der Ökonomie hervorbringt, nämlich die Netzwirtschaft. Dies wird möglich, weil aus dem unscheinbaren kristallinen Verstärkerelement namens Transistor erst integrierte Schaltkreise und dann immer raffiniertere Mikroprozessoren zusammengesetzt werden, in denen inzwischen auf engstem Raum nicht nur Millionen, sondern Milliarden von Transistoren untergebracht sind. Diese phantastische Menge von intelligent miteinander verbundenen Transistoren sind die Voraussetzung für das Funktionieren der immer zahlreicher werdenden Computer und Laptops, durch die wir alle in einem weltweiten Netz – dem World Wide Web – verbunden sind. Und aus dem dazugehörigen Internet werden wir bereits jetzt derart umfassend mit Informationen versorgt, dass es einige Intellektuelle schick finden, zu beklagen, dass sie das alles in ihrem Kopf nicht mehr unterbringen können und in der Informationsflut ertrinken. Sie tun so, als ob das etwas Neues sei, und haben vergessen, dass Menschen immer schon mehr Erfahrungen gesammelt und beschrieben haben, als ein Einzelner aufzunehmen imstande war.

Regency TR-1, das erste kommerzielle Transistorradio, 1954

Doch natürlich stellt sich die Frage, ob wir Menschen mit den gigantischen Mengen an abrufbaren Informationen nicht überfordert sind und ob wir nicht möglicherweise längst den Wald vor lauter Bäumen nicht mehr sehen. Entspricht der zunehmenden Menge an verfügbaren Daten auch ein zunehmendes Wissen und Verstehen? Wie kann es gelingen, dass wir nicht in Massen für uns gar nicht relevanter Informationen oder Daten stecken bleiben, sondern zu Informationen kommen, die wir untereinander austauschen möchten?

Was ist Information?

Man kann »Information« auf ganz verschiedene Weise knapp definieren oder die Bedeutung des Begriffs durch einen Satz ausdrücken (explizieren). Wir führen hier einige Möglichkeiten auf:

Information ist ein Muster, das mitgeteilt und wahrgenommen werden kann.

Information ist etwas, das verstanden wird und dabei Informationen erzeugt.

Information ist die Botschaft, die ein Sender einem Empfänger zukommen lässt.

Information besteht aus Bits (oder Bytes) und kann quantifiziert werden.

Information in der Biologie meint die Reihenfolge (Sequenz) der genetischen Bausteine in einem DNA-Molekül.

Information im Gehirn setzt sich aus Frequenzen von Nervenimpulsen und davon ausgelösten chemischen Reaktionen zusammen.

Kurz, der Begriff der Information hat so viele Dimensionen, dass man versucht ist, ihn zum Schlüssel einer allgemeinen Welterklärung zu machen.

Das Bibelwort »Im Anfang war das Wort« aus dem Evangelium des Johannes kann bekanntlich unterschiedlich übersetzt werden. Das griechische »logos«, das meist mit »Wort« übersetzt wird, erlaubt auch eine Version mit unserem Schlüsselwort:

»Im Anfang war die Information, und die Information war bei Gott, und Gott war die Information. Sie war am Anfang bei Gott. Alle Dinge sind durch sie geworden, und ohne Information ist auch nicht eines geworden, das geworden ist. In ihr war Leben, und das Leben war das Licht für die Menschen.«

Und vielleicht sollte man auch den »Anfang« weglassen und durch ein treffenderes Wort ersetzen. Dann würde es heißen: »Im Urstoff war die Information, und die Information war bei Gott, und Gott war die Information. Sie war im Urstoff bei Gott. Alle Dinge sind durch sie geworden, und ohne Information ist auch nicht eines geworden, das geworden ist. In ihr war Leben, und das Leben war das Licht für die Menschen.«

Es geht beim Begriff der Information, das sollte deutlich geworden sein, nicht um Kleinigkeiten. Entsprechend wird um ihn gerungen. Auf der einen Seite nennt es der Philosoph Peter Janich eine Legende, wenn behauptet wird, »Information ist ein Naturgegenstand«. Er beklagt sogar den »Missstand« einer »Naturalisierung der Information«, die er in dem Anspruch der (mathematisierten) Naturwissenschaft sieht, allein für die Erforschung der Information zuständig zu sein. Auf der anderen Seite wächst die Zahl der Physiker und anderer Naturforscher, die in dem Satz »Information ist physikalisch« eine tiefe Wahrheit sehen, durch die sie sich herausgefordert und angespornt fühlen. Sie wollen die Information so in die wissenschaftliche Beschreibung der Natur einfügen, wie es ihnen mit Messgrößen wie Ladung und Masse längst gelungen ist. Und sie sind davon überzeugt, dass dann, wenn sie gelernt haben, Information gleichberechtigt etwa mit Energie in der Beschreibung der Wirklichkeit zu verankern, eine völlig andere Wissenschaft entsteht. Eine solche Wissenschaft wird uns vielleicht auch sagen können, was es mit der überraschend klingenden These des Wiener Quantenphysikers Anton Zeilinger auf sich hat, der seit einigen Jahren die radikale Ansicht vertritt, »Wirklichkeit und Information sind dasselbe.«

Die doppelte Herkunft des Wortes
Information hat als Begriff der Wissenschaften seit dem Ende des Zweiten Weltkriegs die moderne Gesellschaft transformiert. In kurzer Zeit haben die Menschen in den technisch entwickelten und mit Wissenschaft operierenden Ländern gelernt, völlig selbstverständlich mit Information umzugehen, und im Rückblick wirkt es ausgesprochen erstaunlich, dass wir jemals ohne dieses gefällige Wort auskommen konnten.

Bevor wir im Einzelnen verfolgen, wie die Information in der Nachkriegsgeschichte zweimal unabhängig voneinander debütierte - in den genetischen Lebenswissenschaften und in der Nachrichtentechnik -, dürfen wir uns darüber wundern, dass diesem doppelten Ursprung des Begriffs in der naturwissenschaftlichen Moderne eine Dopplung des antiken Begriffs der Information entspricht. Peter Janich schreibt in seinem Buch *Was ist Information?*: »Schon die Anfänge der lateinischen Herkunft von ›Information‹ sind zweigeteilt«. Und weiter: »Zum einen bedeutet ›informare‹ das handwerkliche Formen (etwa eines ›gewaltigen Rundschilds‹ durch den Schmied in der Dichtung des Vergil); und fast gleichzeitig wird Information als Inhalt eines vollständigen Satzes (etwa bei Cicero) verstanden.«

Mit anderen Worten: Sowohl Menschen als auch Materialien können informiert sein. Dieser Doppelcharakter der Information rückt aber erst Mitte der 1940er Jahre, ins (fach-) öffentliche Bewusstsein. Deshalb beginnt unsere kurze Geschichte in dieser Zeit, in der sich die Hinwendung der alten Biologie zur Molekulargenetik vollzieht und der Transistor erfunden wird - und in der beide Ereignisse »Information« in den Mittelpunkt erst der Forschung und dann der Gesellschaft rücken.

Informationsmengen

Die Einheit der Information ist ein Bit – Ja oder Nein, 1 oder 0, An oder Aus. Acht Bits nennt man ein Byte, und diese Einheit dient als Basis für Computer, weil ein solches Byte ausreicht, um alle Buchstaben eines Alphabets (neben den Ziffern und Sonderzeichen) zu kodieren.

Die ersten Computer schafften es, 1000 Bytes zu verarbeiten oder 1 Kilobyte (KB). Bald konnte man 1000 KB speichern, und das ist ein Megabyte (MB). 1000 MB werden zu einem Gigabyte (GB), 1000 GB sind ein Terabyte (TB), und 1000 TB ergeben ein Petabyte (PB). Die Internet-Suchmaschine Google verarbeitet in jeder Stunde ein PB. Für die gesammelten Werke von Shakespeare reichen hingegen 5 MB Speicherplatz.

Viele Hundert Terabyte an Informationen müssen inzwischen zum Beispiel die Astronomen verwalten. Im Jahre 2000 wurde im amerikanischen Bundesstaat Neumexiko ein modern ausgerüstetes Observatorium mit Teleskopen in Betrieb genommen, das die alte Aufgabe der Himmelsvermessung mit den neuen Methoden durchführte, die unser Zeitalter mit seinen Informationstechnologien zur Verfügung stellt. Im Rahmen dieses »Sloan Digital Sky Survey« sammelten die Astronomen und ihre Geräte – vor allem Computer – in den ersten Wochen mehr Daten ein als sämtliche Sterngucker in der gesamten langen vorausgegangenen Geschichte der Astronomie von den Babyloniern über die Griechen und die Meister des 17. Jahrhunderts – unter anderem Galileo Galilei und Johannes Kepler – bis zu den Zeitgenossen Albert Einsteins und darüber hinaus.

Ein zweites Beispiel: Wenn der neue Beschleuniger mit Namen LHC (Large Hadron Collider) am europäischen Forschungszentrum CERN in Genf in Betrieb ist und die angestrebten Energien erreicht, derentwegen er gebaut worden ist und mit deren Hilfe elementare Teilchen zertrümmert werden, um ihre innere Struktur zu erkunden, dann sammeln die dort arbeitenden Forscher mit ihren Computern jeden Tag (!) so viele Informationen ein, wie in 800 Millionen (!) Büchern mit einem Umfang von jeweils 400 Seiten untergebracht werden kann.

Aufbruch

Das Auftauchen des Konzepts Information
nach dem Zweiten Weltkrieg

1

Entropie, Transistoren und Biologie

Das Konzept Information entsteht

Das uns vertraute Reden und Nachdenken über »Information« fängt kurz nach dem Ende des Zweiten Weltkriegs an. Damals tauchen Überlegungen zu diesem Konzept und bald auch der Begriff selbst erst in der Wissenschaft vom Leben und dann in der Nachrichtentechnik auf. Um die Mitte des 20. Jahrhunderts fügen dann amerikanische Wissenschaftler um den genialen Mathematiker Norbert Wiener am legendären Massachusetts Institute of Technology (MIT) in Boston beide Aspekte zusammen und prognostizieren, dass die industrialisierte Welt sich auf dem Weg in eine Informationsgesellschaft befinde.

Sie beginnen mit dem Entwurf von elektronischen Rechengeräten, die das Beschreiten dieses Wegs erleichtern sollen, und konstruieren Maschinen, die ihre Tätigkeit nach der Information richten können, die ihnen zufließt. Wiener erfindet das, was wir früher noch mit »Rückkopplung« übersetzten, heute aber auch auf Deutsch »Feedback« nennen. Er beschreibt sein Vorhaben in dem 1948 zum ersten Mal erschienenen (und seitenweise mit komplizierten mathematischen Formeln vollgestopften) Buch über »Regelung und Nachrichtenübertragung im Lebewesen und in der Maschine«, dem er den Titel *Kybernetik* (nach dem griechischen Wort für »Steuermann«) gibt. Darin beginnt er, einen Zusammenhang von »Information, Sprache und Gesellschaft« mehr als nur zu skizzieren, nämlich zu konstruieren.

Eine geheimnisvolle Größe im Hintergrund

Für den Mathematiker Wiener und für seine Mitstreiter tritt bereits damals der Informationsgehalt eines Systems

- lebendig oder nicht - gleichberechtigt neben seine Energie oder sein Material, und sie wissen auch, ihn zu definieren. Sie betrachten die Information als ein Maß für den Grad, den man an Ordnung in einem System finden kann, wobei man sich die Ordnung naiv denken kann wie etwa das, was man auf seinem Schreibtisch wieder herstellt, nachdem man mit der Arbeit fertig ist.

Mit diesem Gedanken schließt das neue Denken über Information an die ungeheuer erfolgreiche Physik des 19. Jahrhunderts an. Es geht dabei um den Teil der Physik, der heute als Wärmelehre oder Thermodynamik bezeichnet wird. Diese Disziplin war nach 1850 damit beschäftigt, das Wechselspiel von Ordnung und Unordnung zu erkunden, das bei verschiedenen Systemen zu beobachten war, und sie zu charakterisieren half. Um einen jeweils vorhandenen Ordnungszustand berechnen oder messen zu können, führten die Physiker den Ausdruck »Entropie« in ihre Wissenschaft ein.

Entropie war als ein Kunstwort konzipiert, das so ähnlich wie die Energie klingen sollte. Die Einführung der Entropie in die Physik war unvermeidbar gewesen, weil die Wissenschaftler ohne dieses (experimentell zugängliche) Konzept nicht zu sagen vermochten, welcher Anteil von Energie, die man einer Maschine - zunächst ging es um Dampfmaschinen - etwa in Form von Wärme zuführte, in die Arbeit verwandelt werden kann, um derentwillen man sie gebaut hatte - Heben, Transportieren, Pressen, Bohren, Schneiden -, und welcher Anteil der Energie ungenutzt blieb und nur ihre Bauteile verlustreich aufheizte.

Der ENIAC

Kurz vor dem Ende des Zweiten Weltkriegs stellte der aus Ungarn stammende Mathematiker John von Neumann das Prinzip eines programmierbaren universellen Rechners vor. Diesen Vorgang kann man gut und gerne als Geburtsstunde des modernen Computers mit einer Programmspeicherung bezeichnen.

Norbert Wiener
wurde 1894 in Columbia, Missouri geboren. Er studierte in Harvard, Cambridge und Göttingen Naturwissenschaften und Philosophie und arbeitete den größten Teil seines Lebens für das berühmte MIT. Während des Zweiten Weltkriegs war er mit der Zielsteuerung von Geschützen befasst. Auch aufgrund dieser Arbeiten gelangte er zu einer allgemeinen Informationstheorie (Kybernetik), die er in Zusammenhang mit älteren philosophischen Konzepten brachte. Wiener starb 1964 in Stockholm.

Energie und Entropie

»Energie« stammt vom altgriechischen Wort »energeia«, das man mit »Wirksamkeit« oder »Tatkraft« übersetzen könnte. In der Physik meint Energie die Fähigkeit, Arbeit zu verrichten. Es gibt einen (Ersten) Hauptsatz der Thermodynamik, demzufolge die Energie in einem geschlossenen System (etwa dem Weltall) konstant ist. Energie kann in verschiedenen Formen auftreten, aber dabei weder vernichtet noch neu erzeugt werden. Sie kann nur verwandelt werden – etwa von Wärme- in Bewegungsenergie. Energiekonzerne schaffen in ihren Kraftwerken keine neue Energie, sondern wandeln zum Beispiel lediglich die in fossilen Brennstoffen gespeicherte Energie in elektrischen Strom um.

»Entropie« wurde in Anlehnung an »Energie« als Kunstwort gebildet, wobei in »tropie« das griechische »trope« steckt, also Umwandlung oder Wendung. Entropie handelt von Änderungen eines gegebenen Systems. Bei konstanter Energie nimmt in jedem System – jedenfalls in der Physik – mit jeder Änderung die Unordnung zu. Bei einem Verbrennungsvorgang etwa verwandelt sich die in Kohlenstoffmolekülen organisierte potentielle Energie des fossilen Brennstoffs in Asche und diffuse Wärme. Es gibt einen (Zweiten) Hauptsatz der Thermodynamik, der besagt, dass die Entropie wächst und einem Maximum – der völligen Unordnung – zustrebt. Dadurch bekommt die Zeit eine Richtung.

Eine zweite industrielle Revolution

Die Geburt der Information findet aus dem Geist der Entropie statt, und dies führt in den Jahren nach dem Zweiten Weltkrieg nicht nur zu neuen interdisziplinären Wissenschaften – der Kybernetik und der Molekularbiologie –, es führt auch zu einer neuen Gesellschaft. So sehen es jedenfalls die Forscher um Norbert Wiener, die sich als Nachfolger der Helden der ersten industriellen Revolution des 18. Jahrhundert, eines James Watt etwa, betrachten. Damals war es gelungen, Apparate wie Dampfmaschinen zu konstruieren, die den Menschen viele körperliche Arbeiten abnehmen konnten. In der Mitte der 1940er Jahre aber besteht nach Ansicht der Mathematiker und Ingenieure erstmals die Chance, Maschinen zu konstruieren, die für Menschen Berechnungen durchführen und andere intelligente Aufgaben lösen können. Wiener prägt für die Einführung der elektronischen Datenverarbeitung und der dazugehörigen Computer den Ausdruck »zweite industrielle Revolution«, und er und seine Zeitgenossen können darin nur einen gesellschaftlichen Fortschritt sehen, denn »eine Zivilisation schreitet durch die Zahl der wichtigen Operationen voran, die [ihre Mitglieder] ausführen können, ohne darüber nachdenken zu müssen«, wie Wiener einen wichtigen Tatbestand ausdrückt.

Von Neumann hatte 1944 eine Rechenmaschine entworfen, die er »Electronic Discrete Variable Automatic Computer« nannte und EDVAC abkürzte. Die Konstruktion sollte zwar erst 1952 funktionieren, doch mit ihrer Architektur definierte von Neumann genau die Elemente, die einen modernen Computer ausmachen und deren Namen uns vertraut sind: Da gibt es ein Rechenwerk, ein Steuerwerk, einen Speicher und Vorrichtungen für die Ein- und Ausgabe von Daten oder Informationen.

Von Neumann kam 1930 in die USA und arbeitete seit 1943 am Manhattan-Projekt mit, das die Entwicklung einer Atombombe zum Ziel hatte. Die Arbeit an der Bombe, insbesondere das Verständnis der bei der Explosion ablaufenden Reaktionen, verlangte von den Beteiligten Berechnungen (»Computations«) in einem zuvor unbekannten Ausmaß und rief unter ihnen den dringenden Wunsch nach Maschinen hervor, denen man diese Knochenarbeit übergeben könnte. Auch die konventionelle Kriegsführung verlangte ausgedehnte Rechenleistungen wie das dauernde Multiplizieren von zehn- und mehrstelligen Zahlen, um zum Beispiel die Reichweite von Bombern bei schwankenden Windstärken und -richtungen zu ermitteln oder um bessere Feuertabellen für die Artillerie anfertigen zu können.

So galt es, die Rechengeschwindigkeit in den vorhandenen Geräten und diese selbst zu vergrößern; von 1945 an kam zu diesem Zweck ein Monstrum namens ENIAC zum Einsatz - eine elektronische Rechenanlage, wie der vollständige Name zu erkennen gibt: Electronic Numerical Integrator and Calculator. ENIAC war mit 18 000 Elektronenröhren ausgestattet, die gesamte Konstruktion wog rund 30 Tonnen und nahm eine Standfläche von 140 m² ein.

Der maßgeblich von dem Physiker John W. Mauchley und dem Ingenieur John P. Eckert konstruierte ENIAC war 1000-mal schneller als alle anderen Rechenmaschinen ihrer Zeit - schneller auch als der berühmte Prototyp Z3 des in Deutschland tätigen und von seinen Landsleuten lange Zeit

John von Neumann, einer der bedeutendsten Mathematiker des 20. Jahrhunderts, wurde 1903 in Budapest geboren. Er stammte aus einer jüdischen Bankiersfamilie. Er studierte in Berlin, Zürich und Budapest und lehrte und forschte in Berlin, Hamburg und Göttingen. Er arbeitete zur Quantenmechanik und entwickelte die Spieltheorie, d.h. mathematisch begründete Strategien in sozialen Situationen, etwa bei Gesellschaftsspielen oder im Wirtschaftsleben. 1930 emigrierte von Neumann in die USA. Er starb 1957.

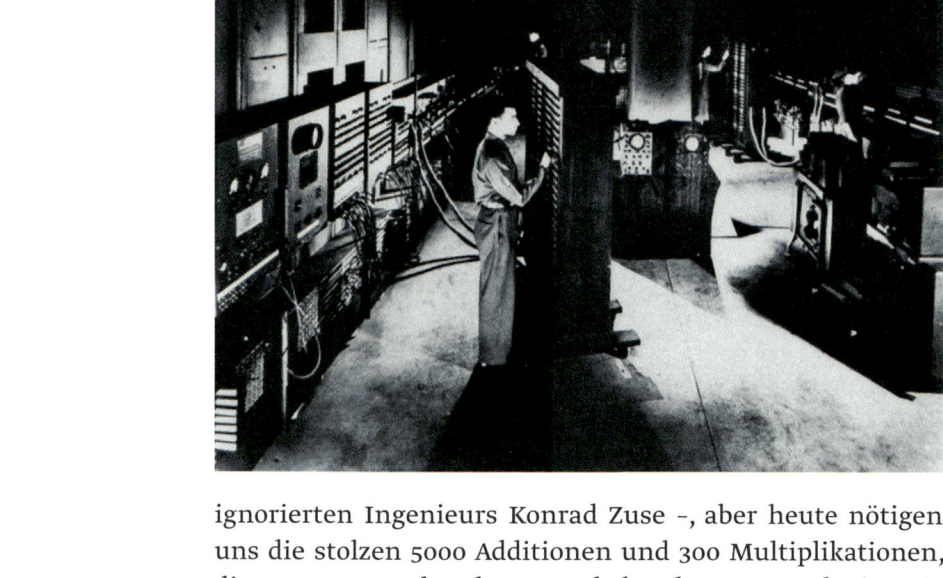

**John William
Mauchley** (1907–1980)
und **John Presper
Eckert** (1919–1995)
gründeten nach der
Entwicklung des ENIAC
eine Firma, die 1951 den
ersten kommerziellen
Computer in den USA,
UNIVAC, auslieferte.

ignorierten Ingenieurs Konrad Zuse –, aber heute nötigen
uns die stolzen 5000 Additionen und 300 Multiplikationen,
die ENIAC pro Sekunde zustande brachte, nur noch ein mü-
des Lächeln ab.

Mit dem ENIAC »wechselt die Entwicklung elektrischer
Rechner von einer Phase der Vorbereitung in jene Haupt-
phase ein, die durch wissenschaftliche Modellbildung, immer raschere technologische Innovationsschübe und mas-
senhafte Erzeugung und Nutzung gekennzeichnet ist«,
schreibt der Technikhistoriker Karl H. Metz in seiner »Geschichte der Technik in der westliche Zivilisation«, die er *Ursprünge der Zukunft* nennt. »Während die Leistungsfähigkeit
rasch ansteigt«, fährt er fort, »nehmen Größe des Geräts und
Preis entsprechend ab. Ursache ist die Systematisierung der
Forschung und deren schnelle technische Umsetzung«.

In der Tat – von 1948 an fangen die Computer an, zu einem bedeutenden Faktor der Wirtschaft zu werden, obwohl
der ENIAC noch rund 10 Millionen Dollar kostete. Es ist im
übrigen dieser astronomische Preis, der damals einen un-

glücklichen Manager des heute längst weltweit Computer verkaufenden Unternehmens IBM zu dem ständig hämisch zitierten Satz veranlasste, der weltweite Bedarf an Computern liege seines Erachtens nach bei fünf bis sechs Stück. Wer konnte damals ahnen, dass IBM und andere Unternehmen in Zukunft einmal Hundertausende oder gar Millionen von erschwinglichen und tragbaren Computern pro Monat an den Kunden bringen würden?

Der Transistor

Zu dieser Entwicklung ist es natürlich nicht über Nacht gekommen. Der große Durchbruch war auch der nächste große Computer noch nicht, den die IBM-Ingenieure 1946/47 entwickelten. Sie nannten ihn SSEC - Selective Sequence Electronic Calculator - und bestückten ihn mit 12 500 Röhren und mehr als 20 000 mechanischen Relais. Der Rechner SSEC, der die Größe eines Fußballfeldes einnahm, konnte jedoch immerhin schon, was der Vordenker von Neumann mit seinen getrennten Bauelementen theoretisch anvisiert hatte, nämlich ein neues Rechenprogramm beginnen, bevor das alte abgearbeitet war. Den SSEC kann man daher als Übergang »von einer reinen Rechenvorrichtung zu einem Gerät für die allgemeine Verarbeitung von Information« betrachten, wie Metz es formuliert. Der SSEC wurde bereits um 1950 eingesetzt, um Mondpositionen zu berechnen. Mit diesen Informationen konnten im Rahmen des berühmten, in den 1960er Jahren von der amerikanischen Weltraumbehörde NASA durchgeführten Apollo-Projekts die Landepositionen der anfänglich noch unbemannten Raumfähren ausgewählt werden. Für jeden Landeplatz mussten Zehntausende von Rechenoperationen vorgenommen und mit umfangreichen Suchanfragen an eine Datenbank gekoppelt werden, die Informationen über die Mondoberfläche gespeichert hatte. Die IBM-Maschine konnte diese Kalkulationen in ein paar Minuten erledigen, und führte ihre Rechenkapazität spektakulär im Beisein von einigen aufgeregten Zuschauern vor.

Der deutsche Computerpionier **Konrad Zuse** (1910–1995) entwickelte zuerst Rechenmaschinen für die deutsche Luftfahrtindustrie. 1938 stellte er den programmgesteuerten mechanischen Rechner Z1 fertig. Z2 von 1940 arbeitete mit Telefonrelais als Schaltern. Z3 von 1941 gilt als erster funktionstüchtiger Computer überhaupt, und Z4, den Zuse 1949 an die Eidgenössische Technische Hochschule verkaufen konnte, war – vor dem UNIVAC – der erste kommerzielle Computer der Welt.

Heutige Maschinen brauchen bekanntlich für solche und noch kompliziertere Berechnungen nur noch Bruchteile von Sekunden, was unmittelbar die Frage aufwirft, wodurch die bis heute anhaltend rasante Entwicklung der Rechen- und Speicherkapazitäten von Computern bei gleichzeitig erfolgender Miniaturisierung möglich geworden ist. Wieso kann der kleine Laptop auf meinem schmalen Schreibtisch heute so unendlich viel mehr und unglaublich viel schneller als damals zum Beispiel das Riesending SSEC in seiner Riesenhalle?

Ein wesentlicher Teil der Antwort auf diese Frage liegt darin, dass die voluminösen und reparaturanfälligen Elektronenröhren in den Rechenmaschinen durch kleine und höchst zuverlässige Transistoren abgelöst wurden. Erfunden worden ist das Bauprinzip für diese Wunderdinger im Dezember 1947, und zwar in den Bell-Laboratorien in New Jersey. Hier versuchten drei in den 1950er Jahren mit dem Nobelpreis für ihr Fach ausgezeichnete Physiker - William Shockley, John Bardeen und Walter Brattain - systematisch zu erforschen, was in den Jahren des Zweiten Weltkriegs eher nebenbei erkundet worden war, nämlich die Eigenschaften von Kristallen oder Festkörpern, die man Halbleiter nennt. Was in der Geschichte der Physik erst nur Unverständnis und Langeweile hervorgerufen hatte - was sollte man auch mit Elementen wie Silizium und Germanium anfangen, die manchmal elektrischen Strom leiteten und manchmal nicht? -, war im Rahmen von Arbeiten (mit militärischer Zielsetzung) zur Radartechnik in den Blickpunkt des wissenschaftlichen Interesses gerückt. Man benötigte möglichst empfindliche Empfänger (Detektoren) für oftmals extrem schwache Signale, und eines Tages muss jemand unter den Physikern auf den Gedanken gekommen sein, dass Halbleiter genau dazu dienen konnten. Die Verwandlung vom Isolator zum Leiter setzt nämlich bei einigen Halbleiter-Kristallen höchst plötzlich ein, also schon bei geringsten Änderungen der äußeren Bedingungen - etwa der Temperatur oder der durch Strahlung zugeführten Energie –, und wenn man diese kleinen Schwankungen erkunden und vermessen wollte, konnte man ja Halbleiter als Detektoren einsetzen.

Nach ersten tastenden Bemühungen vor 1945 nahmen die – auch nach Kriegsende noch vom amerikanischen Militär finanzierten – Bell-Laboratorien die Entwicklung von Halbleitern als Schaltern systematisch in Angriff, und im Dezember 1947 gab es den ersten Transistor. Die Bezeichnung Transistor ist ein englisches Kunstwort, das sich aus zwei Teilen zusammensetzt, aus Transfer (Übertragung) und Resistance (Widerstand) nämlich. So ein »Übertragungswiderstand« konnte – bei geeigneter Bauweise – Strom abblocken oder verstärken. Er lieferte nicht nur das, was die alte Elektronenröhre konnte – er tat dies besser und auch zuverlässiger, und er war darüber hinaus sehr viel kleiner und billiger herzustellen.

Die zentrale Figur der Transistorentwicklung war John Bardeen. Als er seine Stelle bei den »Bell Labs« im Oktober 1945 antrat, traf er dort mit dem Experimentalphysiker Walter Brattain zusammen, der hier seit 1929 beschäftigt war. Ihre gemeinsame Aufgabe bestand darin, mit Halbleitern die elektronischen Effekte zu erzielen, die bislang mithilfe von Vakuumröhren erreicht wurden, in denen Strom durch geeignete Elemente (Kathode, Anode, Gitter) steuerbar gemacht wurde. Damit konnte man in der Praxis unter anderem Verstärker oder Empfänger konstruieren, also Radiogeräte bauen. Solche Vakuumröhren gab es bereits seit dem 19. Jahrhundert.

Die Suche nach Alternativen zur Vakuumröhre hatte schon früh die Aufmerksamkeit auf Halbleiter gelenkt, da sie zumindest so beeinflusst werden konnten, dass sie etwa als Gleichrichter agierten und Strom nur in eine Richtung

Vakuumröhren im Schaltkreis

Bändermodell

Unter einem Bändermodell versteht man die Idee, dass Elektronen in Kristallen sogenannten Bändern zugeordnet werden können, und zwar abhängig von ihrer Energie. Dabei lässt sich ein Band mit hoher von einem Band mit geringer Energie unterscheiden, und die beiden heißen in der Fachwelt Leitungsband bzw. Valenzband, wobei der erste Name leicht verständlich ist. Wenn sich nämlich Elektronen im Leitungsband befinden, können sie sich bewegen, und somit leitet der Festkörper Strom, sonst nicht. Zwischen den Bändern können Elektronen nicht existieren.

Ein Metall (wie Kupfer) ist nun dadurch charakterisiert, dass Elektronen leicht aus dem Valenzband, das ihrem gebundenen Grundzustand entspricht, in das Leitungsband springen können, das ihrem beweglichen angeregten Zustand entspricht. Bei einem Isolator (wie Glas) ist die Lücke zu groß, um unter normalen Umständen überwunden zu werden, und so halten sich die Elektronen überwiegend im Valenzband auf. Zwischen diesen beiden genannten Festkörperarten stehen die sogenannten Halbleiter, deren Name korrekt ausdrückt, was sie können, nämlich manchmal einen Strom leiten und manchmal nicht. Bei ihnen hängt die Lücke – die Größe des Quantensprungs – zwischen Leitungs- und Valenzband stark von äußeren Bedingungen (etwa der Temperatur) ab, was zunächst eher störend wirkte, bis man bemerkte, dass diese Flexibilität genutzt werden konnte – vor allem in den Transistoren.

durchließen. Dies wusste man bereits seit dem Ende des 19. Jahrhunderts. In der Folge lernten die Physiker, wie sich Halbleiter nach Wunsch herstellen ließen, und als Bardeen bei Bell anfing, konnte man endlich auch erklären, was in den Halbleitern passierte. Man nutzte zur Erklärung das sogenannte Bändermodell der Festkörperphysik und bemühte sich, mit seiner Hilfe Situationen auszudenken und herzustellen, in denen das Leitungsband eines Halbleiters leicht oder schwer zu füllen war.

Der Halbleiter, der in Bardeens Tagen in den Bell-Laboratorien am meisten Interesse fand, ist als Silizium bekannt (und wird in den Chemiebüchern mit c als Silicium geschrieben). Silizium findet sich zum Beispiel im Sand, der chemisch vorwiegend aus dem Stoff Siliciumdioxid besteht, das in reiner Form auch als Quarz bekannt ist. Das chemische Element heißt auf Englisch »silicon«, und das berühmte Silicon Valley, das bei San Francisco liegt und in den 1970er Jahren die Wiege der amerikanischen Computerindustrie wurde, trägt seinen Namen (wobei man sich davor hüten muss, aus dem amerikanischen »silicon« bei einer Übersetzung das deutsche Silikon zu machen).

Wenn man sich das Silizium als Atom vorstellt, um sich seine Bedeutung und Einsatzfähigkeit zu erklären, kommt es auf die vier Elektronen an, die seine äußere Schale ausmachen. In einem

Gitter (Kristall) aus Silizium befinden sich diese Elektronen vornehmlich in dem Valenzband, das weit vom Leitungsband entfernt liegt, und so kommt im Normalfall kein Stromfluss zustande. Dies kann man nun entscheidend ändern, indem man ein Siliziumkristall gezielt mit einem Element ausstattet (dotiert), das über fünf Außenelektronen verfügt – zum Beispiel mit Phosphor. Jedes Phosphoratom, das in das ursprüngliche Gitter aus Silizium eingebaut wird, kann ein Elektron freigeben, und dieser Ladungsträger kann das Leitungsband des Kristalls leichter erreichen. Der Kristall wird jetzt als dotiert bezeichnet – in unserem Fall ist Silizium mit Phosphor dotiert. Umgekehrt kann auch ein Element eingefügt werden, das statt der vier nur drei Außenelektronen hat – etwa Aluminium –, was dazu führt, dass bei dieser Dotierung eine Art Loch entsteht, das sich aber auch bewegen kann. Es verschiebt sich so, wie dies ein leerer Platz in der Mitte einer Sitzreihe tut, wenn die Menschen sich umsetzen oder nachrücken. Wenn ein Elektron zu viel da ist, sprechen die Physiker wegen dessen negativer Ladung von einem n-dotierten Halbleiter, und wenn ein Elektron zu wenig da ist

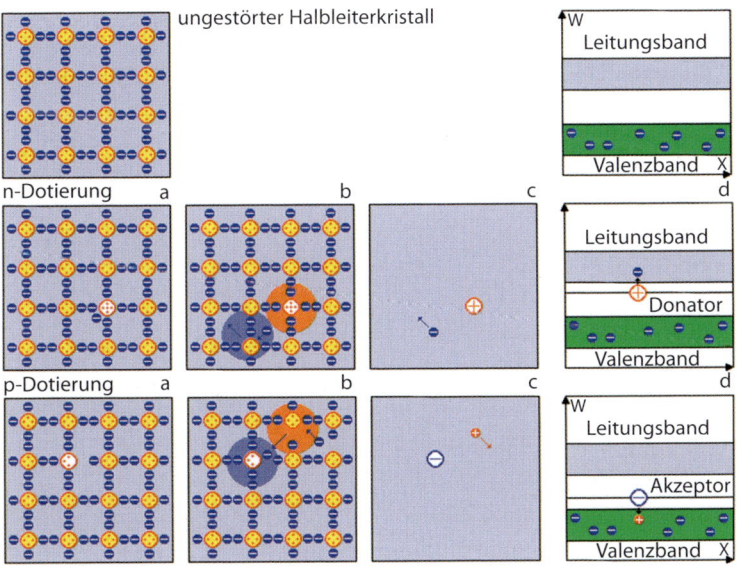

Dotierung eines Halbleiterkristalls. Oben: Die Kristallstruktur ist ungestört; keine Elektronen gelangen ins Leitungsband; Mitte: n-Dotierung, unten: p-Dotierung

Transistor von 1965, E=Emitter, C=Kollektor, B=Basis. Zur Erklärung s. S. 27

und ein Loch entsteht, sprechen sie von einem p-dotierten Halbleiter. Und wenn auch jeder einzeln für sich nicht gerade als Wunderwerk anzusehen ist, so kann man mit einer geeigneten Kombination aus n- und p-Halbleitern – pnp oder npn zum Beispiel – die Welt verändern. Der Transistor ist nämlich eine solche Kombination, und der Weg zu ihm beginnt im Oktober 1947 sichtbar und konkret zu werden.

In diesem Monat nahmen Bardeen und Brattain bei Bell Kontakt mit einem dritten Physiker auf, dem aus London stammenden William Shockley, an dem sich bis heute die Geister scheiden. Für viele gilt Shockley als der Moses von Silicon Valley, der durch seinen unternehmerischen Geist die Grundlagen der amerikanischen Computerindustrie gelegt hat. Andere erinnern sich an seine rassistischen Ergüsse, in denen er in den 1960er Jahren beweisen wollte, dass Afroamerikaner statistisch minder intelligent sind als Amerikaner europäischer Herkunft. Auf jeden Fall war es die Zusammenarbeit von Bardeen und Brattain mit Shockley, die im Dezember 1947 zur Erfindung des Transistors führte, für die alle drei Wissenschaftler neun Jahre später den Nobelpreis erhielten.

Die einzelnen Schritte, die Bardeen und Brattain im Dezember 1947 unternahmen, und das genaue Design ihres Prototyps, der fachlich korrekt als Spitzentransistor bezeichnet wird, müssen wir hier übergehen, weil deren Darstellung zuviel Platz erfordern würde. Es ging dabei vor allem um die Verteilung von Ladungen an Oberflächen und ihrem theoretischen Verständnis. Entstanden ist eine Anordnung von dotierten Halbleitern in drei Schichten mit unterschiedlich dotierten Nachbarn, was entweder die Kombination pnp oder die Folge npn ergibt. Wenn alle drei Schichten Anschlüsse für elektrischen Strom haben, kann man die Schaltungen so einrichten, dass ein Signal entweder gestoppt oder verstärkt wird. Das Unterbrechen des Stroms ist einfach zu verstehen und erfolgt dann, wenn die ihn ausmachenden Elektronen auf eine n-dotierte Schicht treffen. Spannender wird es, wenn die Gegenrichtung eingeschlagen wird, das heißt, wenn Elektronen auf Löcher treffen und beide sich zusammenfinden (rekombinieren) können. Dabei kann Energie freiwerden, sogar als sichtbares Licht, was in Leuchtdioden ausgenutzt wird.

Seine eigentliche (verstärkende) Funktion bekommt der Transistor, wenn etwa in einer npn-Anordnung ein kleiner Strom auf die mittlere Schicht geleitet wird. Sie wird heute als Basis bezeichnet und verbindet die anderen Elemente, die Emitter bzw. Kollektor heißen. Ein in der Basis von außen eintreffender kleiner Strom sorgt im Inneren der Schicht für räumliche Veränderungen (Rekombinationen) der Ladungsträger, die sich als großer Strom auf der Strecke zwischen Emitter und Kollektor bemerkbar machen. Um das auf diese Weise verstärkte Signal geht es in der Physik und der Technik, sein Auftauchen stellte das Ziel der Arbeiten am Transistor dar.

Der Siegeszug zur Informationsgesellschaft

Wie gesagt: Der Transistor lieferte nicht nur das, was eine alte Elektronenröhre konnte, der neue Transistor tat dies besser und zuverlässiger, und er war darüber hinaus sehr viel kleiner und billiger herzustellen.

Bei diesen Qualitäten dauerte es nicht lange, bis der Siegeszug der Transistoren einsetzte, die es bereits 1951 in Hörgeräten gab und mit denen seit 1958 die integrierten Schaltkreise gebaut werden, die wir als Mikrochips kennen und nutzen.

Nicht unerwähnt bleiben sollte, dass die drei Erfinder des Transistors sich bei ihren Bemühungen an der Quantenme-

Funktionsweise eines Transistors: Ein kleiner Steuerstrom zwischen Basis und Emitter regt die Gitteratome des Halbleiters an, »Löcher« aus fehlenden Elektronen zu bilden, scheinbar positive Elektronen, die den Weg der Elektronen von Emitter zum Kollektor freimachen. Strom fließt.

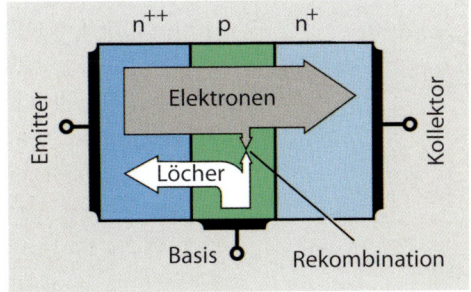

chanik orientierten. Ohne die Kenntnis dieser neuartigen Wissenschaft wären sie keinen Schritt vorangekommen. Im 18. Jahrhundert hatte man noch eine Dampfmaschine konstruieren und im 19. Jahrhundert eine Eisenbahn bauen können, ohne die Gesetze der Thermodynamik zu kennen. In der zweiten Hälfte des 20.Jahrhunderts ging dies nicht mehr. Jetzt reichte es nicht, etwas zu wollen, jetzt musste man zunächst etwas wissen, um etwas grundlegend Neues bauen bzw. konstruieren zu können, wie die Erfindung des Transistors zeigt.Und wer aus diesem ersten kleinen Beispiel einen großen Trend herauslesen will, könnte sagen,dass sich hier die Transformation zu erkennen gibt, die heute als ausgemacht und zukunftsweisend gilt, nämlich die Wandlung einer Industrie- in eine Informationsgesellschaft.

Eine Welt voller Informationen

Die erste Theorie der Information geht auf das Jahr 1948 zurück, als der Mathematiker Claude Shannon darüber nachdachte, wie sich die Übertragung von Nachrichten besser bewerkstelligen lässt. Shannon gelangte zu der Erkenntnis, dass dieses »besser« bedeutet, sich nicht auf die inhaltliche Bedeutung der Nachricht zu konzentrieren. Er schränkt sich ein und klammert das Komplexe und Komplizierte erst einmal aus. Shannon schreibt: »Das fundamentale Problem der Kommunikation besteht darin, an einem Punkt eine Nachricht, die an einem anderen Punkt ausgewählt wurde, exakt oder näherungsweise wiederzugeben.Oft haben Nachrichten eine *Bedeutung*, das heißt, sie beziehen sich auf ein System oder sind korreliert mit einem System, das bestimmte physikalische oder konzeptuelle Entitäten besitzt. Diese semantischen Aspekte der Kommunikation sind für das technische Problem irrelevant.« Dank dieser Einschränkung gelingt es Shannon, eine vollständige mathematische Theorie der Information zu entwickeln.

Um die mathematische Darstellbarkeit der Informationen zu erreichen,schlägt er vor, alle Zeichen in binärer Form dar-

Claude Shannon
(1916–2001), Mathematiker und Elektronik-Tüftler, gilt als Vater der Informationstheorie. Er war wie manche andere Pioniere des Informationszeitalters an den Bell-Laboratorien tätig.

Von Claude Shannon erdachtes Labyrinth für eine elektromechanische Maus. Durch Rückkopplung lernt sie heraus zu finden.

Gottfried Wilhelm Leibniz (1646–1716) war einer der bedeutendsten Gelehrten der Barockzeit. Als Mathematiker entwickelte er eine recht komplexe Rechenmaschine und erfand (parallel zu Newton) die Infinitesimalrechnung. Als Philosoph entwickelte er die Theorie von den ausdehnungslosen, aber wirkenden und Informationen aufnehmenden »Monaden«, die sehr viel mit modernen Bits oder auch Elementarteilchen gemein haben.

zustellen - also als Folge von 0 und 1 - und die Information einer solchen Zahlengruppe durch die Menge der benötigten Stellen festzulegen. Er sprach von »binary digits«, was als Bit abgekürzt wurde und in dieser Form Einzug in den sprachlichen Alltag hielt.

Die Idee der binären - zweiwertigen - Darstellung ist uralter Stoff für Mathematiker und auch immer schon für den Bau von Rechenmaschinen im Gespräch gewesen. Bereits im 17. Jahrhundert hat der große Gottfried Wilhelm Leibniz über binäre Codes nachgedacht und die Möglichkeit erwogen, Zahlen dual darzustellen.

Das Ziel von Shannon (in Kooperation mit Norbert Wiener) lag nicht nur darin, Möglichkeiten zu schaffen, mit denen Informationen gemessen werden konnten. Sie wollten Informationen auch in elektronischen Schaltkreisen als Nachrichten übermitteln, und genau dafür waren die binären Einheiten gut zu gebrauchen: Da floss ein Strom - das zählte als 1 - oder da floss kein Strom - das zählte als 0.

In seinen zwei Arbeiten mit dem Originaltitel *A Mathematical Theory of Communication* von 1948 (in der deutschen Übersetzung *Eine mathematische Theorie der Information[!]*)

Das duale Zahlensystem

Wenn wir die uns vertrauten Zahlen schreiben – etwa 476 –, dann kürzen wir damit 4 mal 100, 7 mal 10 und 6 mal 1 ab. Das heißt, wir schreiben Zahlen gewöhnlich in einem Zehnersystem, wie man sagt. In diesem System benötigen wir neun Ziffern (1, 2, 3, 4, 5, 6, 7, 8, 9) und die Null. Jede Zahl ergibt sich aus den Einern, den Zehnern, den Hundertern, den Tausendern und so weiter. Wie oben gezeigt: 9305 meint 9 mal 1000, 3 mal 100, 0 mal 10 und 5 mal 1.

In einem Zweiersystem müssen wir statt der Zehnerreihe (1, 10, 100, 1000, 10 000 …) die Zweierreihe nutzen, die im Zehnersystem 1, 2, 4, 8, 16, 32, 64 und so weiter lautet. Die arabische 21 kann erfasst werden als einmal 16, keinmal 8, einmal 4, keinmal 2 und einmal 1, was dann ausgeschrieben 10101 wird. Das Verfahren wird rasch mühsam, wenn die Zahlen größer werden – so verwandelt sich die 98 des Zehnersystems in die Folge 1100010 (64 + 32 + 2). Das heißt, das Dualsystem wird mühsam für unseren Schädel. Aber dafür bauen wir ja den Computer, damit er uns das Rechnen abnimmt. Für ihn ist es mühsam, so zu rechnen, wie wir es tun. Mehr als zwei Zeichen – an oder aus – verwirren ihn.

schlägt Shannon vor, den Informationsgehalt einer Nachricht dadurch zu bestimmen, dass man sie erst binär ausdrückt und dann die Anzahl der Nullen und Einsen ermittelt. Man kann die Ziffern, mit denen wir gewöhnlich rechnen - also 0, 1, 2, 3, 4, 5, 6, 7, 8, 9 -, binär darstellen durch 0, 1, 10, 11, 100, 101, 110, 111, 1000, 1001, 1010. Man kann auch die Buchstaben, mit denen wir unsere Worte schreiben, binär darstellen, und zwar dadurch, dass man einen Code festlegt, nach dem dies geschieht. Unter einem Code versteht man eine Vorschrift, nach der zum Beispiel ein Zeichen (ein Buchstabe) in ein anderes Zeichen (eine Zahl) verwandelt wird, und den meisten fällt dabei der Morse-Code ein, bei dem aus Buchstaben eine Kombination aus langen und kurzen Impulsen wurde, mit denen telegrafiert werden konnte. In der modernen Computertechnologie wird häufig ein Code eingesetzt, der mit acht Bits operiert, weshalb man diese Einheit der Information aus historischen Gründen als Byte zusammenfasst. Wie sich nämlich herausstellte, reichen acht Bits (also 1 Byte) mit ihren 2 hoch acht, also 256 Möglichkeiten aus, um sämtliche Buchstaben und Zahlen nebst Sonderzeichen der Sprache (Anführungen, Doppelpunkte, …) zu kodieren, und damit können alle denkbaren Informationen einem Computer als elektrische Signale gegeben und von ihm empfangen werden. Damit war der Weg frei, den American Standard Code for Information Interchange - ASCII - zu konzipieren, der ab 1963 entwickelt und von 1967 an zum Standard wurde. Genauer muss gesagt werden, dass anfänglich nur 128 Zeichen kodiert werden sollten, wofür ein 7-Bit-Code reichte, der aber bald erweitert wurde. Zu den ursprünglichen 128 Zeichen gehörten neben dem Leerzeichen unter anderem folgende Symbole:

! » $ & ` ( ) * + , - . /   0 1 2 3 4 5 6 7 8 9   : ; < = > ?
@ A B C D E F G H I J K L M N O P Q R S T U V W X Y Z
[\ ] ^ _ ` a b c d e f g h i j k l m n o p q r s t u v w x y z { | } ~

Verhältniszahlen

Das von Shannon entwickelte System bietet den Vorteil, unabhängig davon zu sein, in welcher Form die Information vorliegt - als Schrift, als Muster, als Bild oder wie auch immer. Die Information muss nur durch einen Code auf Nullen und Einsen zurückzuführen sein, und die dabei entstehenden Folgen gilt es dann zu zählen. Bei einem Bild etwa geht es im einfachsten Fall nur darum, ob in einem Raster ein Element an- oder ausgeschaltet ist.

Warum Shannon dafür die semantischen Aspekte der Kommunikation ausklammern musste, erkennt man auch dann, wenn man den mathematischen Schritt ins Auge fasst, den Shannon gehen musste - tatsächlich: musste -, um die Information so definieren zu können, dass sie sowohl in die Physik und ihre Geschichte passt als auch von einem Nachrichtentechniker bequem benutzt werden kann. Um zu verstehen, was da benötigt wird, stellen wir uns vor, wir verfügten über eine Folge von Nullen und Einsen und wollten wissen, wie viele Nachrichten sich damit übertragen lassen. Bei einer Ziffer können wir zwei Nachrichten senden - 0 oder 1 -, bei zwei Ziffern können wir zwei mal zwei Nachrichten senden - 00, 01, 10 oder 11, also 4 -, bei drei Ziffern können wir zwei mal zwei mal zwei senden - 000, 100, 010, 001, 110, 101, 011 oder 111 - also 8 -, und so wächst diese Menge weiter. So klar dies ist, so rasch wächst die Zahl der möglichen Nachrichten, und Shannon überlegte, wie man sie gut in den Griff bekommen kann.

Die Antwort der Wissenschaft lautet, »durch den Logarithmus«, wobei das aus dem griechischen stammende Wort so viel wie »Verhältniszahl« bedeutet. Logarithmen dienen der Wissenschaft dazu, Dinge ins Verhältnis zueinander zu setzen - etwa die Stärken von Erdbeben auf der Richterskala oder die Helligkeit von Sternen in Größenklassen. Und bei einer logarithmischen Auftragung kann man etwas, das anfänglich sehr schnell abläuft und gegen Ende langsamer wird, in zeitlich und dynamisch vergleichbare Stufen einteilen.

Wie Shannon bald feststellte, lässt sich die Anzahl der Nachrichten, die mit einer beliebigen Folge aus Ziffern (0 oder 1) möglich sind, bequem abzählen und handhaben, wenn man statt der Zahl selbst ihren Logarithmus nimmt. Und so definiert er dann den Informationsgehalt einer bestimmten Nachricht durch den Logarithmus der Anzahl der möglichen Nachrichten, wobei das Bit die Einheit der Information bleibt. Hierfür musste Information rein mathematisch definiert sein, denn von sematischen Inhalten gibt es keine Logarithmen.

Das mit dem Logarithmus klingt kompliziert. Es wird viel Kopfschütteln hervorrufen und einige Mühe machen, aber es gehört zum Geschäft. Denn tatsächlich kann man nur verstehen, was Shannon im Sinn hatte, wenn man sich daran erinnert, was oben gesagt wurde, dass nämlich die Information aus dem Geist der Entropie geboren worden ist. Sie braucht den Logarithmus, um sinnvoll zur Physik und zum Verstehen des Wechselspiels von Ordnung und Unordnung beitragen zu können. Wir können sonst auch nicht verstehen, wie Information physikalisch werden kann.

Was ist Leben?

Biologie gibt es als Fach seit 1800, und die Botaniker und Zoologen und ihre Kollegen aus den Naturkundemuseen ha-

---

Der **Logarithmus** einer Zahl ergibt sich aus der Gleichung $a=b^x$, wobei x der Logarithmus von a zur Basis b ist. Der Logarithmus einer Zahl ist also die x-te Potenz einer Basiszahl. So ist 3 der Logarithmus von 8 zur Basis 2, denn $2^3=8$.

ben über Jahrhunderte hin fein und vorsichtig die Vielfalt des Lebens beschrieben, benannt und katalogisiert, ohne allzu viel davon zu verstehen. In den 1930er Jahren gesellten sich ihnen die ersten Physiker und Chemiker zu, die ihre Methoden und Fragestellungen mitbrachten und genauer wissen wollten, welche Molekülsorten in Zellen gebraucht werden, woraus diese Lebensbausteine aufgebaut sind und ob man erklären könne, was sie gleichzeitig stabil für das Individuum und dynamisch für die Evolution macht. Als neuen Namen für dieses quantitativ vorgehende und präzise werdende Erkunden des Lebens wählten sie in den späten 1930er Jahren die Bezeichnung »Molekularbiologie«. Dies passierte also noch vor dem Zweiten Weltkrieg, der dann aber nahezu allen Forschungsschwung dämpfte. Das Militär war mehr an Maschinen als an Molekülen interessiert, und so lenkten viele Forscher ihr Interesse von den Lebewesen auf die benötigten Maschinen um.

Das heißt, die genetische Forschung - also das wissenschaftliche Bemühen um das Verständnis des Erbmaterials, für das man inzwischen den Namen Gene benutzte - lief auf Sparflamme weiter. Trotzdem brachten ihre Betreiber bis 1945 ausbaubare Ergebnisse zustande, die historische Weichenstellungen erlaubten. Eines besagt, dass sich bei Genen immer ein Stoff finden lässt,

Rauschen

Wir hatten gesagt, dass Shannon mit seiner Theorie der Kommunikation oder Theorie der Information verstehen wollte, wie genau ein Ausgangssignal (Sender) mit dem Eingangssignal (beim Empfänger) übereinstimmt. Dazu untersuchte er auch, welche Störungen auftreten können, wobei ihn vor allem die unvermeidlichen Störungen beschäftigten, die mit Zufälligkeiten und den Abweichungen jeder Realität vom theoretischen Idealzustand zusammenhängen. Wir alle kennen das Rauschen in Leitungen oder das Schneegestöber auf einem Fernsehschirm, und Shannon wollte wissen, wie diese Signale – er nannte sie *noise* – die übermittelte Information beeinflussen oder beeinträchtigen. Er definierte die Stärke eines Signals (S), verglich sie mit dem möglichen Rauschen (N für noise) bildete das Verhältnis S/N und seinen Logarithmus und konnte so ableiten, wie viel Information ein verrauschter Kommunikationskanal übertragen kann.

Wer dies liest, denkt, das Rauschen sei der Feind der Information. Doch Vorsicht! Inzwischen dreht sich das Denken um. Wir bekommen oftmals eine Information erst dann, wenn wir ein System stören – etwa wenn wir auf ein Barometer klopfen, um es anschließend ablesen zu können. Der Physiker Hans Christian von Baeyer formuliert: »Der traditionelle Feind der Information wird langsam zu ihrem Partner.«

den die Chemiker seit dem 19. Jahrhundert als Nukleinsäuren kannten, und zwar genauer die Sorte, die mit den drei Buchstaben DNA abgekürzt wird, hinter denen die englische Variante des komplizierten Ausdrucks Desoxyribonukleinsäure (daher auch DNS) steckt. Bis heute ist daraus die berühmteste Abkürzung der Wissenschaft geworden, und zwar deshalb, weil 1953 – in dem Jahr, in dem Stalin starb, Elisabeth II. Königin von England wurde und zum ersten Mal Menschen auf dem Mount Everest standen – erkannt wurde, wie herrlich gebaut diese DNA ist, nämlich als Doppelhelix mit einer lange Folge von Bausteinen in der Mitte, in der die genetische Information des Lebens steckt, wie wir heute sagen und wie es damals noch niemand auszudrücken wusste.

Mit Information ist das entscheidende Wort gefallen, ohne das die moderne Biologie unverständlich bliebe; sie hat es sich in derselben Zeit einverleibt, in der Wiener die Kybernetik der rückgekoppelten Maschinen entwarf und Shannon deren Kommunikation auslotete. Mit diesem Begriff gelangte die Biologie zu einem weiteren folgenreichen Ergebnis, mit dem sie der Antwort auf die Frage »Was ist Leben?« einen wichtigen Schritt näherkam.

Diese Frage ist der Titel des Büchleins eines Nobelpreisträgers für Physik aus dem Jahre 1933. In ihm formuliert der aus Österreich stammende und damals im irischen Exil lebende Erwin Schrödinger, dass es die zentrale Aufgabe der Gene ist, Information zu enthalten und weiterzugeben, um den Ordnungszustand, den das Leben in einem Organismus erreicht hat, in der nächsten Generation wiederentstehen lassen zu können. Dieses bis heute immer wieder aufgelegte Büchlein wurde zunächst zwar nicht von vielen Biologen gelesen. Es erregte aber die Aufmerksamkeit derjenigen, die in den kommenden Jahren für den großen Triumph der jetzt exakt werdenden Molekularbiologie sorgen sollten, eben die Entdeckung der Doppelhelix aus DNA.

Dieser Durchbruch basierte auf der merkwürdigen Kooperation des Briten Francis Crick und des Amerikaners James

Der Wiener **Erwin Schrödinger** (1887–1961), Nobelpreisträger von 1933, war einer der ganz großen Physiker des 20. Jahrhunderts.

Watson. Die Lektüre von *Was ist Leben?* veranlasst Watson, sich auf die Natur der Gene zu konzentrieren, also die Struktur der DNA zu erkunden. 1952 wurde die damals bereits alte Einsicht, dass die DNA zum Erbmaterial gehört, durch die neue Erkenntnis erweitert, dass es mindestens eine Lebensform gibt, bei der ausschließlich DNA das Erbmaterial bildet. Watson sucht – und findet – das Laboratorium, in dem erstens mit der DNA gearbeitet wird und zweitens Strukturbestimmungen der DNA möglich sind, und im Februar 1953 kennt man die Doppelhelix und ihren Trick. Sie speichert ihre Information als Kette von sogenannten Basen, die das Alphabet des Lebens ergeben, wie man bald sagt, weil man jetzt das Biologische als eine Welt des Austauschs von Informationen versteht – wie die Welt der Maschinen, die für uns rechnen und mit denen wir schreiben oder im Internet surfen.

Darin, dass das Konzept Information gleichzeitig in der Sphäre der Maschinen und in der des Lebens triumphiert, liegt freilich auch eine Gefahr, nämlich dass wir auch andere Aspekte rasch und rücksichtslos von der einen Sphäre in die andere übertragen. Sehr verbreitet ist zum Beispiel die Vorstellung, dass im Leben, wenn es sich entwickelt und Formen annimmt, ein genetisches Programm ablaufe. Schließlich müssen auch die Computer anständig programmiert werden, wenn sie funktionieren sollen. An dieser Stelle wird die Ansicht vertreten, dass es zwar überall Informationen gibt, dass sie aber nicht immer einem Programm gehorchen. Im Leben jedenfalls ist es nicht so. Leben funktioniert nicht wie eine Maschine, es funktioniert eher wie ein Kunstwerk, das sich nach einer Idee nur in der Wechselwirkung zwischen Künstler und Werk entwickeln kann.

Der Code der Chromosomen

Schrödinger wusste intuitiv, dass Erbanlagen mehr sind als ein Code und dass es ziemliche Mühe macht, ihre ganze Qualität zu verstehen. Er drückt dies mit dem Satz aus: »Der Begriff ›Code‹ [den er für die Struktur der Chromosomen ein-

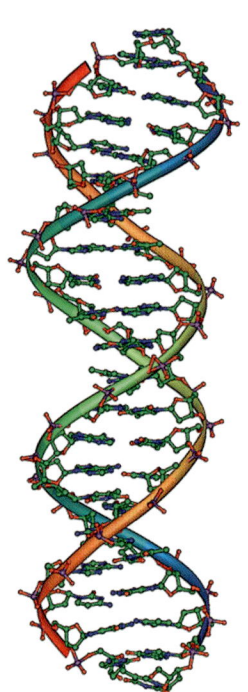

Die berühmte
Doppelhelix – das
Modell, mit dem
Crick und Watson die
Anordnung der Erb-
information beschrie-
ben. Das DNA/DNS
Molekül, von dem
hier nur ein kleiner
Abschnitt dargestellt
ist, hat die Form einer
gedrehten Leiter, die
sich in der Mitte der
Sprossen dergestalt
teilen kann, dass zwei
identische Moleküle
entstehen.

geführt hat] ist selbstverständlich zu eng. Die [Erbanlagen] tragen gleichzeitig dazu bei, die Entwicklung, welche sie ahnen lassen, hervorzubringen. Sie sind zugleich Gesetzbuch und ausübende Gewalt, Plan des Architekten und Handwerker des Baumeisters.«

Schrödinger stellt physikalische Fragen an die biologische Wissenschaft, und sie betreffen zwei Aspekte. Da ist zum einen die Frage, wie es Genen bzw. Chromosomen gelingt, nicht nur von Generation zu Generation, sondern über die Jahrmillionen des evolutionären Werdens von Leben im Wesentlichen stabil zu bleiben und nur wenige Mutationen (Veränderungen) zuzulassen, um Anpassungen vornehmen zu können. Und da ist zum zweiten das Rätsel, das seit langem »der Menschheit so viel zu schaffen gemacht« hat, nämlich wie sich ein lebender Organismus dem Zerfall entzieht, den die Physik als Naturgesetz erkannt und als Zweiten Hauptsatz der Thermodynamik formuliert hat.

Im ersten Fall antwortet Schrödinger mit Hilfe der Arbeiten, die der aus Berlin stammende Max Delbrück bereits in der Mitte der 1930er Jahre vorgelegt hatte, als er sich mit dem russischen Genetiker Nikolaj Timofejew-Ressowski und dem deutschen Physiker K.G. Zimmer gemeinsam mit der *Natur der Genmutation und der Genstruktur* befasste. Das Trio zeigte dabei, dass die damals neue Quantenphysik in der Lage ist, die Stabilität von molekularen Strukturen - von Atomverbänden, wie Delbrück es nannte - zu erklären, was uns direkt zu der wichtigeren Frage leitet, wie es diese Atomverbände als Gene schaffen, sich dem physikalischen Gesetz der zunehmenden Entropie (Unordnung) zu entziehen. Schrödinger meint, dass die Lösung darin liege, dass sich Lebewesen von »negativer Entropie« ernähren, was man auch weniger paradox durch den Satz ausdrücken kann, dass es einem Organismus gelingt, »sich von der Entropie zu befreien, die er, solange er lebt, erzeugen muss.«

Frühe Formen der Interdisziplinarität

In dem erwähnten Buch *Was ist Leben?* weist Schrödinger bereits 1945 auf den Gegensatz zwischen den einzelnen Disziplinen der Wissenschaft und dem »Streben nach einem ganzheitlichen, alles umfassenden Wissen« hin, das die Menschen seit frühesten Zeiten auszeichne. Er hält es für die Pflicht der Forscher, immer wieder den Versuch zu unternehmen, »unser gesamtes Wissensgut zu einer Ganzheit zu verbinden«. Da er ihn selbst unternimmt, weiß er auch, welches Risiko ihn erwartet, wenn er mit »Wissen aus zweiter Hand« umgeht. Das Risiko besteht darin, »sich lächerlich zu machen«. Doch dies muss man aushalten.

In den folgenden Jahren konnte man lernen, wozu Interdisziplinarität in der Lage ist. Die Entschlüsselung der Struktur der DNA, die Ikone der Doppelhelix, verdankt sich allein solch einer Kombination aus Beiträgen von Physikern, klassischen Chemikern, Biochemikern, Kristallographen, Bakteriologen und anderen, und wenn Watson und Crick der Vorwurf gemacht wird, sie hätten nur zusammengeklaubt, was andere hervorgebracht hätten, dann darf man antworten, dass das Geheimnis der Interdisziplinarität nicht darin besteht, alle Experimente selbst zu machen und alle Fakten selbst zu sammeln. Das Geheimnis besteht vielmehr darin, den Mut und die Geduld zu haben, auf die Daten bzw. Ergebnisse zu warten, die dem Problem angemessen sind, um sie dann in einem Lösungsvorschlag vorzustellen. Dabei kann man sich blamieren, wie Watson und Crick vor ihrem Triumph höchst bitter erfahren mussten. Dabei kann man aber auch das große Los ziehen, wie sie es zuletzt erleben durften. Denn während die anderen weitere Informationen anhäuften, wussten sie, wann ihnen genug Tatsachen bekannt waren, mit denen das Denken beginnen und neue Wege finden konnte. Informationen sind also nicht alles. Mit ihnen fängt aber alles an.

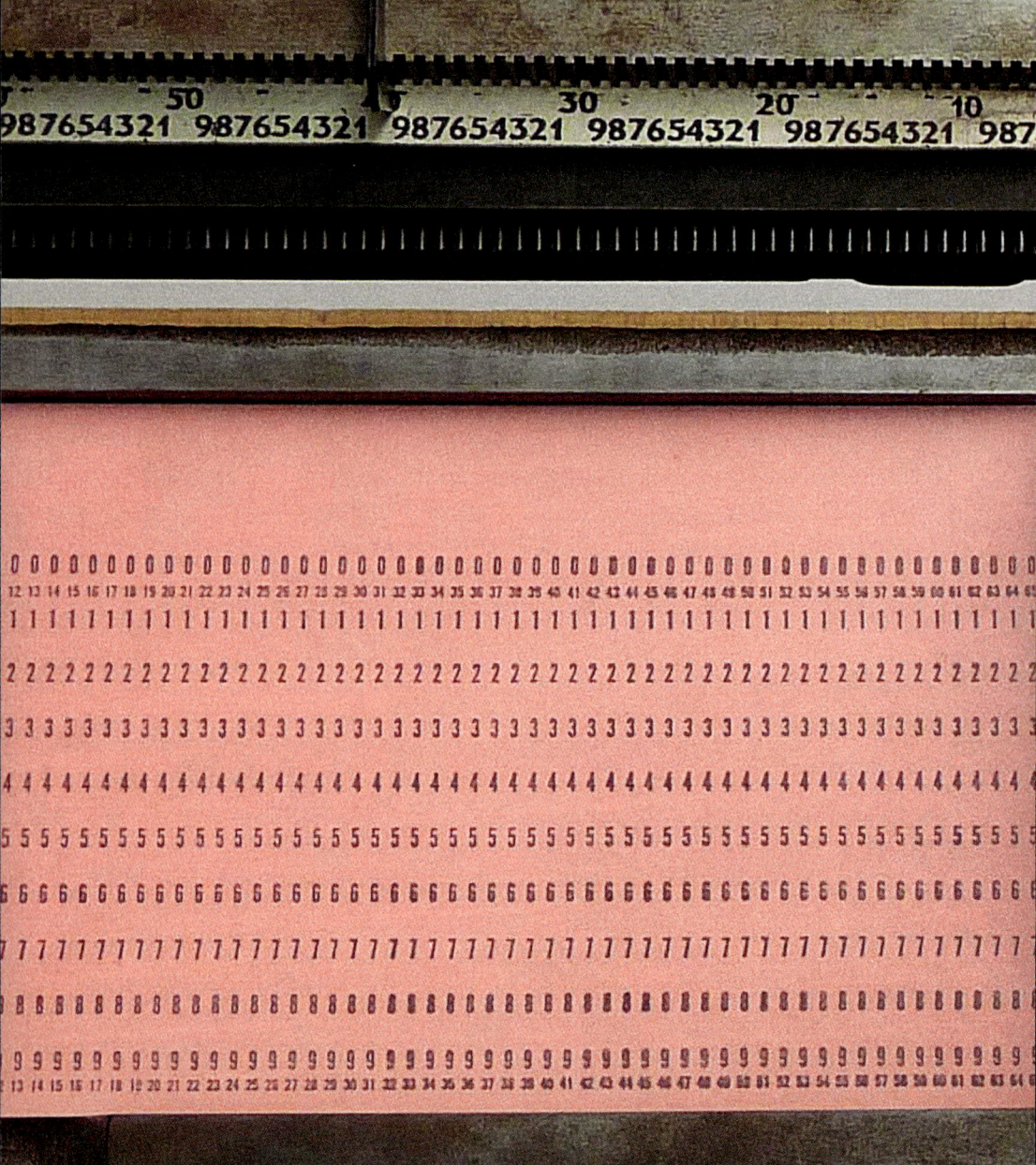

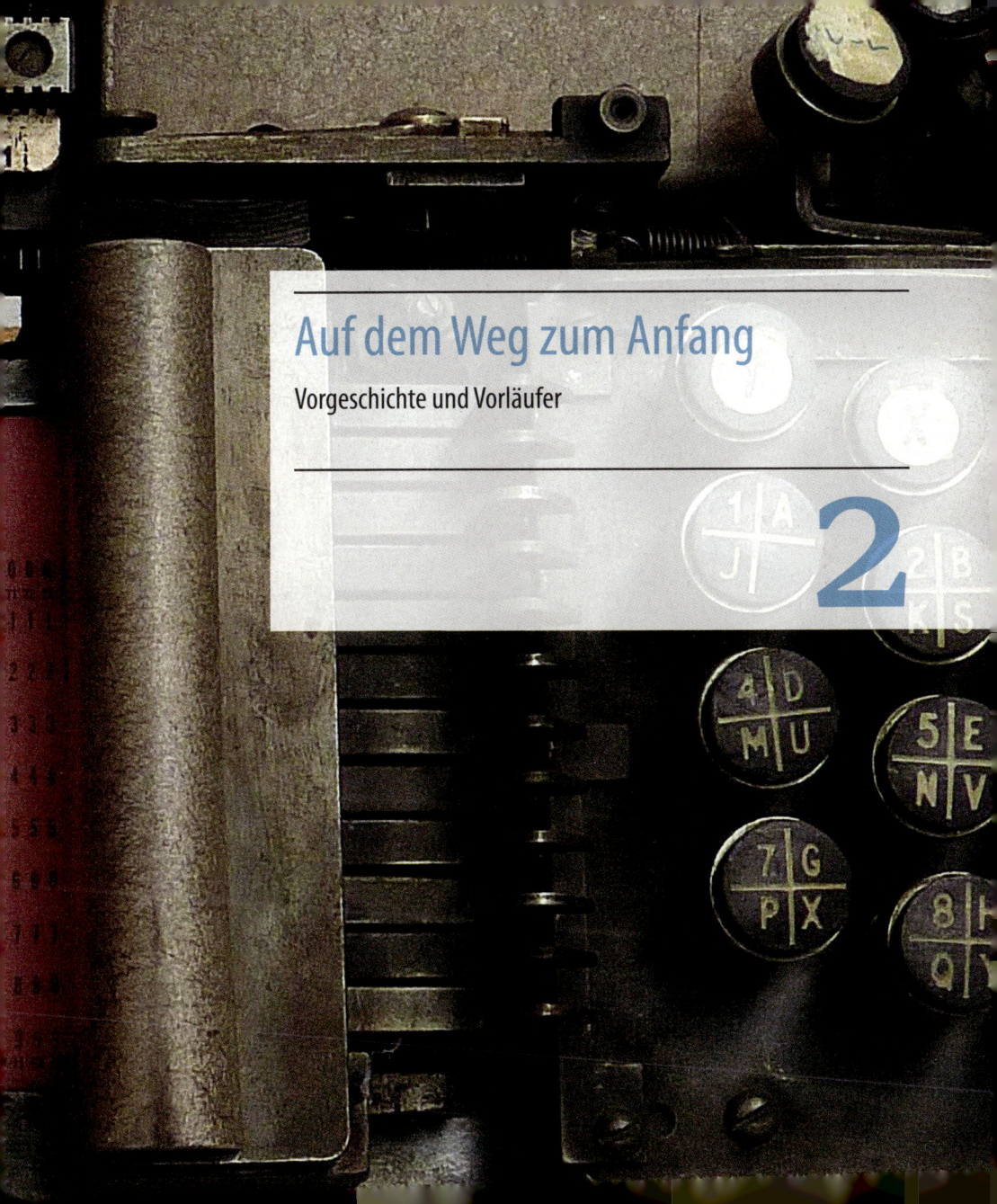

Auf dem Weg zum Anfang

Vorgeschichte und Vorläufer

2

Vom Abacus zum Computer

Mechanisches und elektronisches Rechnen

Wenn das Informationszeitalter auch erst in der Mitte des 20. Jahrhunderts angebrochen ist, so ist es doch sinnvoll zurückzuschauen in seine Vorgeschichte, denn nichts ist voraussetzungslos, und die Entstehungsgeschichte lässt uns das, was da entstanden ist, besser verstehen.

Das mechanische Rechnen

Wir können so tief im Brunnen der von Menschen erlebten und gestalteten Vergangenheit beginnen, wie wir wollen, wir werden dabei stets auf Zahlen und den Umgang mit ihnen treffen. Das offenbar in uns angelegte Vermögen zum Zählen führte in den sich entfaltenden menschlichen Kulturen über frühe Rechentafeln erst zu Rechenhilfen, dann zu Rechengeräten und schließlich zu den allgemein informationsverarbeitenden Maschinen.

Frühe Gesellschaften entwickelten erste Zahlenordnungen zum Beispiel für die Vermessung des Landes und die Erstellung von Steuerlisten. Um Steuererhebung ging es auch dem wichtigsten Mathematiker des europäischen Mittelalters, einem Mann namens Leonardo Fibonacci aus Pisa (um 1180 – nach 1241), der bald nach 1200 ein Rechenbuch – den *Liber abaci* – schrieb und in ihm die arabischen Ziffern mit der indischen Null in unseren Kulturkreis einführte.

Diese damals neuen und uns heute vertrauten Zeichen für Zahlen finden sich nicht nur in Leonardos Manuskripten, sondern zum Beispiel auch in dem magischen Quadrat, das Albrecht Dürer im 16. Jahrhundert in seine *Melancholia* einzeichnet –

Albrecht Dürer, Magisches Quadrat aus *Melancholia*. Unten in der Mitte die Jahreszahl 1514; die Summe der Zahlen in Spalten, Zeilen und Diagonalen ist jeweils 34, die der Quersummen der Zahlen jeweils 16. Dreht man die 34 um, erhält man Dürers Alter im Jahr 1514: 43.

1514, wie wir genau angeben können, da der Maler es uns zeigt.

Leonardo griff nicht zuletzt deshalb auf die indisch-arabischen Ziffern zurück, weil er mit ihrer Hilfe besser die Vermehrung von Kaninchen berechnen konnte, deren zunehmende Anzahl eine Folge ergibt, die heute als Fibonacci-Folge bekannt ist. Mit Hilfe dieser Reihung konnte Leonardo prüfen, ob die von ihm und seinem Vater besuchten Bauern sämtliche Kaninchen zeigten oder einige versteckten, um auf diese Weise an den vorgeschriebenen Steuern zu sparen, die Leonardo erheben sollte.

Mit Hilfe der neuen Schreibweise fiel das Rechnen nicht nur ihm, sondern allen Menschen sehr viel leichter, wovon man sich selbst überzeugen kann, wenn man mit den altertümlichen römischen Ziffern etwa versucht, eine Division durchzuführen, deren Ergebnis nicht offensichtlich ist – MXLII durch IV zum Beispiel. Zugleich spornten die neuen Zahlen zum Bau besserer Rechenbretter an. Solche Rechenbretter waren vor allem bei Kaufleuten beliebt, die einen Preis fest- und Bilanzen anlegen wollten, und es gab sie seit den Tagen der Babylonier. Mit den indisch-arabischen Ziffern und der Zehnerschreibweise ließ sich überhaupt gut und systematisch über neue Apparaturen und mechanische Rechenverfahren nachdenken, und brauchbare Ergebnisse des Tüftelns zeigten sich spätestens im 17. Jahrhundert, als ganz allgemein *Die Geburt der modernen Wissenschaft in Europa* gefeiert werden konnte, wie sie der italienische Historiker Paolo Rossi in seinem gleichnamigen Buch beschrieben hat.

In dieser Zeit fanden tatsächlich nicht nur die blutigen Glaubenskriege statt, von denen unsere Geschichtsbücher berichten. In ihr zeigte sich auch eine eigene und neue Lust an der Rationalisierung, durch die die Menschen angespornt wurden, neben besseren Uhrwerken auch erste Rechenuhren

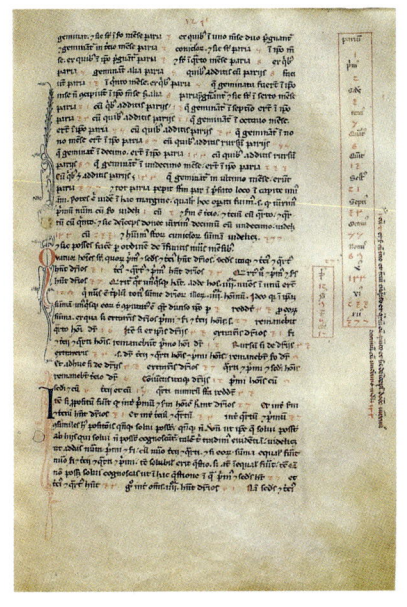

Eine Seite aus einer mittelalterlichen Handschrift von Fibonaccis *Liber abaci*

Fibonacci-Folge wird die Folge von Zahlen genannt, die jeweils die Summe der beiden vorhergehenden Zahlen sind. Die Reihe ist also diese: 0, 1, 1, 2, 3, 5, 8, 13, 21 usw.

mit ähnlichen Zahnrädern anzufertigen. In Tübingen baute zum Beispiel Wilhelm Schickard, der zu den Freunden von Johannes Kepler zählte, in den Jahren des Dreißigjährigen Krieges - genauer: 1623 - eine Maschine mit siebzehn Zahnrädern, die alle vier Grundrechenarten beherrschte und die Ergebnisse ihrer Operationen auf sechs Stellen angeben konnte. Nach Schickard entwarf auch der Franzose Blaise Pascal eine Additionsmaschine, mit der die Geldsummen zusammengezählt werden sollten, die dem königlichen Steuereintreiber zustanden. Das Addieren stellte (und stellt) eine monotone und ermüdende Tätigkeit dar, von der Pascal seine Mitmenschen mittels einer Apparatur entlasten wollte.

Den entscheidenden Schritt zur mechanischen Rechenmaschine vollzog dann - Karl H. Metz zufolge - der Universalgelehrte Gottfried Wilhelm Leibniz, der 1763 in London seine »Machina Arithmetica« vorführte, in der die komplizierten Rechenarten - Multiplizieren und Dividieren - auf die einfachen - Addieren und Subtrahieren - zurückgeführt wurden. Leibniz nutzte dazu die von dem Schotten John Napier im Jahrhundert zuvor entwickelten Logarithmen, die genau diese Verschiebung - und mit ihr den Rechenschieber - ermöglichten und das rasch zu großen Zahlen führende Malnehmen durch das übersichtliche Zusammenzählen ersetzen. Wie alle Konstrukteure von mechanischen Rechenhilfen

Pascals Rechenmaschine

verfolgte auch Leibniz das Ziel, »den Geist des Menschen frei zu machen für höhere Dinge«, wie er einmal geschrieben hat. Dieses Vorhaben wirkte durch die kommenden Jahrhunderte bis in die Gegenwart hinein und bleibt nach wie vor gültig.

Lochkarten

Im 19. Jahrhundert findet eine *Verwandlung der Welt* statt, wie der Historiker Jürgen Osterhammel sein umfangreiches Werk über diese Zeit nennt, und zu den großen Veränderungen, die nach 1800 aufkommen, gehört das statistische Denken, mit dessen Hilfe der Zufall durch Berechnung gebändigt werden sollte. Schriften, die nach der Häufigkeit oder Wahrscheinlichkeit fragten, mit der beim Würfeln bestimmte Zahlen oder Kombinationen fallen oder mit der sich Eigenschaften von Eltern auf ihre Nachkommen vererben, hatte es schon länger gegeben, und sie waren zumeist in der Absicht unternommen worden, bei den aufgeworfenen Themen Gewissheit zu erlangen. Dass diese aber nicht zu erreichen ist, dass es demnach so etwas wie sichere Voraussagen nicht gibt – diese Einsicht tauchte erst am Ende des 18. Jahrhunderts auf, und Benjamin Franklin drückte das dazugehörige Lebensgefühl 1789 in dem berühmten Satz aus, dass nichts in dieser Welt sicher sei außer dem Tod und den Steuern.

Vor diesem Hintergrund begann die Wissenschaft nun ernsthaft, eine Mathematik der Wahrscheinlichkeit zu entwickeln, um den Zufall so berechenbar wie möglich zu machen. Dabei machte sie zwar sofort die Entdeckung, dass statistisches Denken nicht nur von den Dingen selbst abhängt, sondern auch von den Kenntnissen, die wir von den insgesamt viel zu vielen Dingen allenfalls erlangen können. Eine Wahrscheinlichkeit ändert sich mit den Informationen, die man erhält oder erhalten kann – dieser heute wenig überraschende Sachverhalt zeigt, dass es mit der Objektivität in der Naturbeschreibung irgendwo zu Ende geht. Schließlich sind es Subjekte, die Informationen sammeln und über sie verfügen.

Das Denken in Wahrscheinlichkeiten beginnt im 19. Jahrhundert mit der Berechnung der Sterblichkeit. Warum bleibt rätselhaft, denn es gab andere Phänomene - Feuersbrünste, Schiffbrüche, Epidemien -, die mindestens von gleicher praktischer Bedeutung für das Leben der Menschen waren. Aber die historischen Tatsachen zeigen, dass sich die ersten Statistiker um die Sterbehäufigkeit sorgten.

So ging es dem großen Mathematiker Carl Friedrich Gauß darum, zu erfahren und zu berechnen, ob sich im Falle seines frühzeitigen Ablebens noch genügend Geld in der Staatskasse für die Rentenzahlungen an seine Witwe befinden würde. Wie groß war überhaupt die Wahrscheinlichkeit für jemanden, der im Dienste des Staates stand, eine angemessene Rente zu bekommen?

Dank der Berechnung von Wahrscheinlichkeiten konnte das mathematisch unterfütterte Versicherungswesen entstehen. Und das - nicht zuletzt von Gauß - entwickelte statistische Denken mit seinen dazugehörigen rechnerischen Methoden ermöglichte eine neue Physik, die man Wärmelehre oder Thermodynamik nannte und die bei maschinellen Anwendungen in der zweiten Hälfte des 19. Jahrhunderts das Konzept der Entropie hervorbrachte, aus dem wiederum in der Mitte des 20. Jahrhunderts das der Information hervorgegangen ist.

Wir kommen darauf zurück, bleiben aber zunächst bei den Versicherungen, die bei den Unternehmen, die sie anbieten wollten, natürlich einen großen Rechenbedarf hervorrufen mussten. Es leuchtet daher ein, wenn man erfährt, dass um 1820 die Serienanfertigung von mechanischen Rechengeräten begann und um die Mitte des Jahrhunderts in zwölf Monaten bereits gut 100 Exemplare von ihnen verkauft wurden - vor allem eben an Versicherer.

Zeitgleich denkt zum ersten Mal ein Gelehrter darüber nach, wie man eine Rechenmaschine nicht nur mit den stets selben Funktionen, sondern steuerbar betreiben kann. Gemeint ist der englische Mathematiker und Erfinder Charles

Babbage, der in seiner Jugend Sterbetafeln für Versicherungen auf statistischer Grundlage aufgestellt hat. Er träumt nach 1820 von einer »Difference Engine«, deren Operationen durch Informationen - wie wir heute sagen würden - sowohl festgelegt als auch verändert werden können. Babbage sieht auch technisch einen Weg, wie man einer Maschine Instruktionen zukommen lassen kann, nämlich mit Karten, die geeignet gelocht sind. Mit dem dabei erzeugten Muster kann man den gewünschten Rechenvorgang anstoßen. Die Folge der Zeichen, die den Rechenapparat steuern und ihm seine Aufgaben zukommen lassen, kennt man heute als Programm. Das heißt, wenn wir sagen, dass etwas programmiert abläuft, dann meinen wir, dass es neben dem Vorgang in der Maschine (heute: Hardware) selbst noch etwas Zweites gibt - einen Text, eine Reihe von Mustern aus Löchern, oder, im heutigen Sprachgebrauch: eine Software. Diese Software kann Schritt für Schritt mit dem anvisierten Ablauf verglichen werden, weil sie zu ihm isomorph ist, wie man sagt. Das heißt, dass das eine - das Programm - und das andere - der Prozess - eins zu eins aufeinander abgebildet und zueinander in Beziehung gesetzt werden können. Dann und nur dann können wir sagen, dass etwas programmiert abläuft.

Die Idee zu den Lochkarten hatte Babbage aus Frankreich, wo man mit diesem Verfahren angefangen hatte, Webstühle zu steuern. Und die Weber und ihre Mechaniker wiederum hatten das Schema von den ehrgeizigen Bastlern abgeschaut, die Musikautomaten oder mechanische Tiere zur Schau stellten, in denen es eine Walze gab, auf der das »Verhaltensprogramm« oder eine Melodie in Form von kleinen Stiften »gespeichert« vorlag. Sie ergaben ein Muster, das mechanisch übertragen und mit Rädchen und Stangen ausgeführt wurde. Die Lochkarten, aus denen später Lochstreifen wurden, gingen über die durch ihren Umfang beschränkte Walze hinaus, da die neuen Informations- oder Programmträger leicht zu vermehren oder zu verlängern waren. Auf ihnen konnte man bald eingeben und festhalten, was heute Rechenprogramm im Speziellen oder Computerprogramm im Allgemeinen heißt. Die »Difference Engine« von Babbage sollte - in den Worten von Lady Ada Lovelace, der ersten Programmiererin der Welt - »algebraische Muster weben, so wie ein Webstuhl Blumen und Blätter webt.«

Übrigens - wenn man ein programmierbares Verfahren zur Lösung einer Aufgabe, etwa der Berechnung einer bestimmten Zahl, der Lösung einer Gleichung, entwerfen und einsetzen kann, dann nennt man diese Handlungsvorschrift einen Algorithmus.

Auf dem Weg zum Computer

Bleiben wir bei Charles Babbage und Ada Lovelace. Ihre Gedanken und Konzeptionen reichten weiter als die zu ihrer Zeit verfügbare Fertigungstechnik. Die Handwerker und Mechaniker waren vor der Mitte des 19. Jahrhunderts schlicht und einfach überfordert, zum Beispiel 50 000 Ziffernräder von gleicher Qualität zu produzieren und in perfekter Passung zusammenzusetzen. Dies verlangten aber die Pläne für die »Analytical Engine«, die Babbage um 1837 herum konzipierte und für die er schon einen eigenen Speicher vorsah - wie es selbstverständlich zu einem modernen Computer gehört -, eben in Form der vielen Räder, die wie die ganze Apparatur von einer Dampfmaschine angetrieben werden sollten.

So sehr die englische Regierung auch den Bau von Rechenautomaten förderte - nicht zuletzt in der Absicht, durch statistische Erhebungen und ihre Auswertungen so viel wie möglich über den Zustand der Gesellschaft etwa bei den Krankenzahlen und Verbrechenshäufigkeiten in Erfahrung zu bringen - und so sehr die Quantifizierbarkeit zur herrschenden Denkweise einer liberal und utilitaristisch eingestellten Gesellschaft wurde, so ließ doch »eine Industrialisierung der geistigen Arbeit, wie Babbage sie erstrebt hatte, ... auf sich warten«. So erklärt der Historiker Karl H. Metz und fährt fort: »Ohne eine Maschine, die Rechenleistung, Datenspeicherung und Programmsteuerung gleichermaßen vollzog, blieb ein Übergang zum Maschinensystem in der Verwaltungsarbeit unmöglich. Dieser Übergang kam erst mit der ›tabulating machine‹, für die Hermann Hollerith ein Patent erhielt und zu deren industrieller Produktion er 1896 eine Firma gründete, die 1924 zur »International Business Machines Corporation« wurde, dem ersten und weltweit größten Hersteller von Anlagen zur Datenverarbeitung.«

Holleriths Idee bestand darin, die Lochkarten, auf denen die statistischen Daten gesammelt und eingetragen wurden, nicht länger mechanisch, sondern elektrisch abtasten zu lassen. Er konstruierte zu diesem Zweck Abtaststifte, die auf den Karten nach Löchern suchten und nach dem jeweiligen Durchstechen entweder Stromkreise schlossen oder geöffnet ließen. Und er fügte der Gesamtkonstruktion Zählwerke und Sortierfächer hinzu, in die solche Karten kamen, die es später erneut auszuwerten galt – für eine andere Fragestellung nach einem anderen Programm. Die Hollerith-Maschine vermochte somit die gesammelten und in Form von Lochmustern gespeicherten Informationen nach verschiedenen Merkmalen zu kombinieren, und das heißt, »sie arbeitete bereits mit einem logischen Und-Operator«, und da die Stromkreise verschieden geschaltet werden konnten, »ergab sich eine Programmierbarkeit der Maschine, in der jede Schaltordnung einem bestimmten Programm entsprach«, so Metz.

Und-Operator: eine mathematische Anweisung, die besagt, dass die gegebenen Daten (Operanden) zusammengefügt werden sollen

Hollerith war der Durchbruch für sein Konzept bei der amerikanischen Volkszählung des Jahres 1890 gelungen, in der für die Erfassung der insgesamt 62 622 250 Einwohner der USA mehr als 60 Millionen Lochkarten mit mehr als einer Milliarde Lochungen ausgewertet wurden. Holleriths Maschine erlaubte es, eine ungewöhnliche Kombination von Befragungsmerkmalen auszuwerten und zu verknüpfen, und so revolutionierte sein Lochkartensystem laut Metz »nicht nur die Weise der Volkszählung, die seit den Tagen Babylons unverändert geblieben war«, es »ermöglichte zugleich auch die Mechanisierung aller Vorgänge, die zahlenmäßig zu erfassen waren.«

Mit der elektrischen Verarbeitung von auf Lochkarten gespeicherten Informationen, unabhängig von einem weiteren Eingreifen von Personen, war der Weg geebnet, der zur Abspeicherung elektrischer Signale führt und diesen Vorgang durch ein Programm steuert. Wir reden vom Computer, und wer in einem Lexikon nachschlägt oder sich unter Fachleuten erkundigt, wann das erste Gerät, das diesen Namen im modernen Sinne verdient, zum Einsatz gekommen ist, dem wird mit dem Namen von Konrad Zuse und seinem Modell Z1 geantwortet, das 1937 vorgestellt wurde und gerne als »Chip aus Blech« bezeichnet wird. Zuse wollte die vielen statischen Berechnungen, die er als Bauingenieur durchführen musste, einer Maschine übertragen, und so entwickelte er sein Gerät, das mit binären Zahlen operierte, das Programme von Lochstreifen ablas und überhaupt gut konzipiert war - nur dass sich die Schaltglieder dauernd verhakten, wenn sie in Betrieb waren, so wie es auch mit den Hebeln von mechanischen Schreibmaschinen passierte.

Natürlich gibt ein Pionier wie Zuse wegen solcher Schwierigkeiten nicht auf, und er verbesserte seine Konstruktionen auch deshalb, weil es bald größere Aufgaben gab - zum Beispiel die aerodynamischen Berechnungen, die in Kriegszeiten nötig wurden, wenn man Bomber fernsteuern wollte. 1942 brachte Zuse den Rechner Z3 zustande, der das Pech hatte, im November 1943 bei einem Bombenangriff zerstört zu werden. Der Z3 operierte mit Relais (elektrischen Schaltungen); er beherrschte die ungefähre Darstellung von Zahlen (Gleitkomma), was den Umfang der Berechnungen einschränkte und zugleich den Umgang mit Rechenergebnissen erleichterte, er verfügte über ein Lesegerät für Lochstreifen, und er funktionierte als eine getaktete Maschine. Das heißt, es gab einen Elektromotor, der eine Trommel antrieb, die sich etwa fünfmal pro Sekunde drehte und dabei die Steuerung der Relais besorgte, die als Gruppen angeordnet waren, um in dieser Form im Takt wechselnd Aufgaben erledigen konnten - Addieren, Subtrahieren, Multiplizieren, Dividieren, Wurzel ziehen, Speichern, Abrufen, Ausgeben und was für Aufgaben sonst noch benötigt wurden.

»Während in Deutschland die Arbeiten Zuses wenig Beachtung fanden«, so der Historiker Metz, galt in den USA die Entwicklung schneller Rechner als wesentliche Aufgabe, für die »Wissenschaft, Industrie und Militär bzw. Staat eng zusammen wirkten, hier die Universitäten Harvard und Pennsylvania, IBM und die Marine. Dort konstruierte der Mathematik-Professor Howard H. Aitken 1944 mit seiner Arbeitsgruppe den ›Superrechner Mark I‹«. Mark I war im Vergleich zu Zuses Geräten riesig - nämlich sechzehn Meter lang und zweieinhalb Meter hoch. Mark I bestand aus 700 000 Einzelteilen, enthielt 800 km Draht und brauchte trotzdem sechs Sekunden für eine Multiplikation mit zehnstelligen Zahlen und das Doppelte für eine Division, was ihn deutlich langsamer als den Z3 machte.

Die Röhren und das Universelle

Mit dem Mark I nähern wir uns dem ENIAC, der von 1943 an gebaut wurde und 1945 zum Einsatz kam. Damals bemühten sich die Ingenieure vor allem darum, den Arbeitstakt der Computer zu erhöhen. Ein Mitarbeiter von Zuse, der später nach Brasilien emigrierte Helmut Schreyer, träumte dabei von Millisekunden. Schreyer war auch der Fachmann, der den Einsatz von Elektronenröhren in den Rechenanlagen vorantrieb und noch 1943 ein - im Krieg verloren gegangenes - Gerät mit 1500 Röhren konzipierte. Die amerikanischen Ingenieure des ENIAC steigerten die Zahl der Röhren dann um mehr als den Faktor Zehn auf 18 000.

Die Röhren bestehen aus einem möglichst luftleeren (evakuierten) Glaskolben, in dem sich mehrere Elektroden befinden, zwischen denen Strom fließen kann. Die Physiker kennen diese Vorrichtung seit dem 19. Jahrhundert und unterscheiden in ihr die Kathode, aus der Elektronen austreten,

und die Anode, von der sie aufgenommen werden. Zu Beginn des 20. Jahrhunderts fiel einigen Wissenschaftlern auf, dass man den Stromfluss steuern konnte, wenn man Gitter zwischen die negative und die positive Elektrode - zwischen Kathode und Anode - anbrachte. »Steuern« bedeutet, dass sich Stromsignale ausrichten, verstärken oder auf andere Weise modulieren ließen. Damit standen den Ingenieuren elektronische Schalt- und Bauelemente zur Verfügung, und mit ihnen wuchs der Mut, größere Rechenanlagen zu bauen - eben den ENIAC und den ebenfalls bereits erwähnten SSEC. Diese Anlagen wären immer größer, immer aufwendiger und immer teurer geworden, ohne auch nur im Ansatz leisten zu können, was moderne Tischcomputer leisten, wenn es nicht zur Erfindung des Transistors gekommen wäre. Sie erfolgte offenbar genau zum richtigen Zeitpunkt, nämlich als sich die ersten Rechner in der Lage zeigten, komplexere Aufgaben zu bewältigen, bei denen es um Zahlen ging. Sie reichten von der Berechnung der Reichweite von Flugzeugen über die Kombination von Linsen in Mikroskopen und Fernrohren bis zu Wettervorhersagen.

Darüber hinaus schien jetzt die Konstruktion einer intelligenten Maschine in greifbare Nähe zu rücken, die alle lösbaren Probleme auch lösen könnte - die Verwirklichung der Turing-Maschine, eines Denkmodells, das der englische Mathematiker Alan Turing entworfen hatte.

Turing hatte über ein allgemeines Problem der Mathematik nachgedacht, das als Entscheidungsproblem bekannt ist und in dem es um die Frage geht, ob es in der Mathematik unlösbare Probleme gibt oder nicht. Der knapp 25jährige Turing sorgte 1937 für eine Sensation, als er zeigen konnte, dass es sogar unendlich viele Probleme gibt, die grundsätzlich unlösbar sind. Es gibt - so wies Turing nach - im Rahmen einer gegebenen Anzahl von Axiomen keine Möglichkeit, alle mathematischen Probleme zu lösen. Aber er federte den Schrecken, den sein Beweis auslöste, durch die Beobachtung ab, dass es eine universelle Rechenmaschine geben kann - die heute sogenannte Turing-Maschine -, die in der Lage ist, jede andere Maschine zu ersetzen und jedes berechenbare Problem zu lösen. Mit diesen mathematisch-logischen Entdeckungen bereitete Turing den Grund für das Konzept des elektronischen Gehirns bzw. der denkenden Maschine vor, das er nach dem Krieg verwirklichen wollte.

Rechnen mit Transistoren

Die Nachteile von Röhren lassen sich rasch aufzählen: Sie sind leicht zerbrechlich, sie benötigen eine Anwärmzeit, sie verbrauchen viel Strom, sie erzeugen viel Wärme, sie erlauben keine integrierten Schaltkreise, sie verbrauchen viel Platz, sie wiegen zu viel, sie kosten zu viel, und so könnte man fortfahren, um zu verstehen, das die Erfindung des Transistors die entscheidende Wende zu der Miniaturisierung und der Schnelligkeit der Computer war, von der wir heute profitieren.

Natürlich haben die Erfinder des Transistors, Bardeen, Brattain und Shockley, nicht im luftleeren Raum mit den Halbleitern gespielt. Über die Frage, wie man die aufwendi-

Der brillante Mathematiker **Alan Turing** (1912–1954) war während des Krieges maßgeblich daran beteiligt, den Enigma-Code der deutschen Wehrmacht zu knacken. 1952 wurde Turing wegen praktizierter Homosexualität verurteilt und dadurch schließlich in den Tod getrieben.

ge und wenig zuverlässige Röhrentechnik ersetzen könnte, wurde vielfach nachgedacht. So gab es in Deutschland Vorarbeiten in den späten 1930er Jahren, bei denen zum Beispiel Robert W. Pohl mit Hilfe von Halbleitern einen Verstärkereffekt erzielte. 1947 gelang dann – wie oben erwähnt – die erste technische Realisierung eines Transistors, und nachdem man gelernt hatte, die industrielle Produktion von Transistoren ohne allzu viel Ausschuss in Gang zu setzen, konnte man daran gehen, Computer zu bauen, die ausschließlich mit den kristallinen Bauelementen ausgestattet waren. Dabei verringerten sich mit dem schwindenden Raumbedarf auch die Stromwege, was zu erhöhten Rechengeschwindigkeiten beitrug. Diese Geschwindigkeit war zu Beginn der 1960er Jahre von etwas mehr als 1000 auf mehr als 100 000 Additionen pro Sekunde gestiegen.

Energie und Information

Maxwells Dämon

In diesen Tagen – also Anfang der 1960er Jahre – arbeite-te der aus Stuttgart stammende und 1938 aus Deutschland vertriebene Physiker und Informationswissenschaftler Rolf Landauer bei IBM, und ihn beschäftigte neben vielen ak-tuellen technischen Problemen auch eine alte grundsätzli-che Fragestellung, die aus dem Jahre 1871 stammte und die Physiker schon länger nervte. Sie ist seit 1874 unter der Be-zeichnung »Maxwells Dämon« bekannt. Ausgedacht hat sich den Dämon der schottische Physiker James Clerk Maxwell, der einen ungeheuren Einfluss auf die Physik des 20. Jahr-hunderts ausgeübt hat. Es könnte sein, dass die Antwort, die Geschichtswissenschaftler in tausend Jahren auf die Frage geben, was es im 19. Jahrhundert von Bedeutung gegeben hat, der Hinweis auf Maxwells Gleichungen sein wird. Denn diese haben die praktische Verwendung von Radiowellen – und damit die ganze moderne Telekommunikation – er-möglicht und philosophisch das neue Denken über Raum und Zeit vorbereitet, das wir Albert Einstein verdanken, der ohne seine Bewunderung für Maxwell nicht zu verstehen ist.

James Clerk Maxwell (1831–1879) begründete nicht nur die Wellentheo-rie der elektromagneti-schen Strahlung, sondern fertigte auch die erste Farbfotografie an. Er war Physiker, Mathematiker und Techniker zugleich.

Wir wollen uns hier aber nicht mit diesen Gleichungen be-fassen, die unter anderem zum ersten Mal erklären konnten, was Licht ist und wie es sich im Universum ausbreiten kann. Wir haben auch nicht mit Maxwells Idee eines Fliehkraftreg-lers zu tun, mit der er 1868 die Maschine ausrüsten wollte, die ein Schiff steuert, obwohl hier zum ersten Mal das Konzept der Rückkopplung auftaucht, das Norbert Wiener nach 1948 übernahm, um Rückkopplungen in seine Rechenmaschinen einzubauen und die Kybernetik zu begründen.

Es geht vielmehr um Maxwell als Auslöser der »probabilistischen Revolution in der Physik«, wie es die Historiker genannt haben, die beschrieben haben, wie die Wissenschaft »das Reich des Zufalls« erkundet und erobert hat. Und sie meinen damit das Folgende: »Maxwell erkannte die Bedeutung der Tatsache, dass sich die Moleküle in einem Gas, da sie ständig zusammenstoßen, keinesfalls mit derselben und schon gar nicht mit konstanter Geschwindigkeit bewegen können. Nur ein statistischer Ansatz kann das Problem der unzähligen Stöße lösen. Da die Moleküle nicht beobachtbar sind, kann diese Statistik nur auf der Basis probabilistischer Annahmen durchgeführt werden. Maxwell hat als erster solche Annahmen in die Beschreibung objektiver physikalischer Systeme (im Unterschied zur Auswertung von Hypothesen oder dergleichen) aufgenommen.«

Maxwell nahm an, dass die drei Komponenten der Geschwindigkeit eines Moleküls, die durch die drei Richtungen bedingt sind, die ihm im Raum zur Verfügung stehen - rechts und links, vorne und hinten, oben und unten -, unabhängig voneinander sind, und er leitete damit ein Gesetz für die Verteilung der Geschwindigkeit von Molekülen ab. Seine Wahrscheinlichkeitstheorie stellt die Geburt der statistischen Physik dar, deren Qualität er durch einen Dämon testen wollte, den wir jetzt endlich einführen können und der - wie erwähnt - die Welt der Wissenschaft nicht nur bis Landauer, sondern noch Jahrzehnte darüber hinaus beschäftigt hat.

Maxwells Dämon stellt einen Versuch dar, das, was die Physiker den Zweiten Hauptsatz der Thermodynamik oder Entropie nennen, auf Herz und Nieren zu prüfen (und dabei vielleicht sogar über den Haufen zu werfen). Sein Erfinder hat das Teufelchen dabei als knifflige Aufgabe für die Wissenschaft in die Welt gesetzt. Sie sollte ihm mit ihren Gesetzen erklären, warum es solch einen Dämon nicht geben kann. Es hat über einhundert Jahre gedauert, bis die Physiker darauf die passende Antwort gefunden haben, woraus man schließen kann, wie clever der Dämon konzipiert war; diese Antwort aber hat mit den Informationen zu tun, um die es uns geht.

Bevor wir zu dieser überraschenden Lösung kommen, müssen wir den Gipfel der Wissenschaft ersteigen, den wir als Zweiten Hauptsatz schon benannt haben. Wer diese Bezeichnung hört, wird sich erinnern, dass es daneben einen ersten solchen Hauptsatz gibt, und er wird fragen, ob es darüber hinaus noch einen dritten oder gar vierten Hauptsatz in dieser Reihe gibt. Die korrekte Antwort lautet, es gibt drei solcher Grundaussagen der physikalischen Wissenschaft, die sich mit der Wärme beschäftigt. Im Ersten Hauptsatz wird festgestellt, dass in allen Reaktionen und bei allen Bewegungen die Energie weder vernichtet noch erzeugt wird, sondern vielmehr konstant bleibt. Man spricht daher auch vom Erhaltungssatz der Energie. Im 19. Jahrhundert fühlten sich die Physiker so stark, dass sie es riskierten, daraus eine universelle Aussage zu formulieren: Die Energie der Welt ist konstant.

> Die drei **Hauptsätze der Thermodynamik**
> 1. Energie kann nicht erzeugt oder vernichtet werden; sie lässt sich nur umwandeln.
> 2. Die Entropie kann nicht abnehmen.
> 3. Der absolute Nullpunkt kann nicht erreicht werden.

Da es hier um Maxwells Dämon und den Zweiten Hauptsatz geht, sei nur noch rasch erwähnt, dass die dritte Grundlegung dieser Art eine Auskunft über den absoluten Nullpunkt der Temperatur gibt. Um dies zu verstehen, muss man nur daran denken, dass Gegenstände schrumpfen, wenn es kälter wird. Sie können aber nicht beliebig klein werden. Es muss deshalb eine Grenze geben, die es ausgeschlossen macht, dass die Temperatur noch weiter absinken kann. Hier ist wortwörtlich alles festgefroren und bewegungslos. Man spricht vom absoluten Nullpunkt der Temperatur, um ihn von relativen Nullpunkten zu unterscheiden, wie wir sie etwa von der Celsius-Skala auf unseren Thermometern kennen.

Die Richtung der Natur

Das große Interesse der Physik und anderer Wissenschaften an der Energie hing im 19. Jahrhundert vor allem mit der Notwendigkeit zusammen, besser zu verstehen, wie Maschinen funktionierten. Es war die Zeit der großen Industrialisierung, und überall wurden Dampf- und Elektromaschinen installiert, um Arbeiten zu verrichten. Die Unternehmen - und nicht nur sie - wollten wissen, wie man mit möglichst geringem Aufwand möglichst viel aus einer Maschine herausholen kann, was physikalisch eine Antwort auf die Frage verlangte, wie viel von der Energie, die man etwa in Form von Kohle oder Strom in eine Maschine einbrachte, in Arbeit umgesetzt wurde.

Klar war, dass nicht alle Energie nutzbar gemacht werden konnte und viel verloren ging - etwa durch Reibung oder dadurch, dass heiße Teile einer Maschine einfach abkühlten (Dissipation). Um hier genauer Auskunft geben zu können, unterschieden die Physiker zwischen der Gesamtenergie, die sie einem Apparat zuführten, und der freien Energie, die sie in Arbeit umwandeln konnten, wie sie sich etwa im Transport von Lasten zeigte. Bei ihren Versuchen, genauer zu erfassen, was diese freie Energie sein könnte, fiel den Physikern ganz allgemein auf, dass sie dann, wenn sie nur über Energie nachdachten, einen wesentlichen Aspekt sowohl der Naturvorgänge als auch der Abläufe in Maschinen außer Acht ließen und nicht in der Griff bekamen - nämlich die Richtung, in der Prozesse ablaufen. Mit der Richtung ist nicht gemeint, ob eine Kugel nach oben oder unten fliegt oder ob ein Ball umkehrt, nachdem ihn jemand gegen eine Mauer geschossen hat. Mit Richtung ist gemeint, dass zum Beispiel dann, wenn man einen Eiswürfel in ein Wasserglas gibt, die Wärme stets von der warmen Umgebung zum kalten Gefrorenen strömt und niemals die Gegenrichtung einschlägt. Wer ein kühles Glas Wein in einer lauen Sommernacht trinkt, wird merken, dass dessen Temperatur nur ansteigt. Es scheint ausgeschlossen zu sein, dass die warme Luft sich zusätzlich aus der Energie der Flüssigkeit bedient. Das Weinglas wird wärmer, bis es das Niveau der Abendluft erreicht hat. Dann kommt der Vorgang des Energietransports an sein Ende.

Max Planck stellte in seinen Vorlesungen zur Thermodynamik klar: Ob »Wärmeleitung in die Richtung vom wärmeren zum kälteren Körper erfolgt oder umgekehrt, daraus lässt sich aus dem Energieprinzip allein nicht das mindeste schließen.« Mit »Energieprinzip« meinte Planck den Ersten Hauptsatz der Thermodynamik, dem er in seinen berühmten »Vorlesungen über Thermodynamik« bald den Zweiten an die Seite stellte, den er so formulierte: »In der Natur existiert für jedes Körpersystem eine Größe, welche die Eigenschaft besitzt, bei allen Veränderungen, die das System allein betreffen, entweder konstant zu bleiben oder an Wert zuzunehmen.« Für diese Größe hatte der Physiker Rudolf Clausius den Namen Entropie eingeführt. Offenbar gibt es in der Natur Vorgänge, die umkehrbar sind - Wasser kann erst zu Eis gefrieren und dann wieder schmelzen, wenn die Temperatur steigt -, aber die meisten Abläufe der Natur sind unumkehrbar. Und darüber entscheidet nicht die zu- oder abgeführte Energie, sondern die Entropie. Sie steigt an, wenn ein Vorgang nicht umkehrbar ist, und sie kann nur ansteigen und niemals abnehmen. Mit anderen Worten, die Vorgänge der Natur laufen in ihrer überwiegenden Art so ab, dass die Entropie stets zunimmt, was Clausius in selbstbewusster Manier in einer universalen Formulierung zusammenfasste: »Die Entropie der Welt strebt einem Maximum zu«.

Es ist heute schwer vorstellbar, welches Interesse die Physik des 19. Jahrhunderts in einigen intellektuellen Kreisen fand, vor allem, nachdem sie es riskiert hatte, universale Behauptungen aufzustellen. Bald gab es einfache Deutungen der Entropie, die mit dem anschaulichen Konzept der Ordnung agierten und besagten, dass dem Zweiten Hauptsatz der Thermodynamik zufolge die Unordnung der Welt nur zunehmen könnte. Diesen Sachverhalt kennen wir alle aus dem Alltag. Er besagt, dass die Unordnung eines Zimmers nur wachsen kann, wenn niemand aufräumt. In der Natur gibt es bekanntlich keine Putzhilfe, also läuft es dort ab wie in einer Junggesellenbude, die zuletzt wie ein Saustall aussieht.

Rudof Clausius (1822–1888) gilt als Entdecker des Zweiten Hauptsatzes der Thermodynamik. Von ihm stammt der Begriff Entropie.

Tatsächlich sahen einige Intellektuelle im Zweiten Hauptsatz daher bald einen physikalischen Beweis für den notwendigen Untergang der Kultur. Die Urheber des Zweiten Hauptsatzes aber hatten zunächst ganz andere Probleme, nämlich zu verstehen, was die Entropie tatsächlich erfasst und wie die Naturabläufe mit ihrer Hilfe die Richtung bekommen, die sie haben. Es ist doch keine Frage, dass es gerichtet in der Natur zugeht und etwa ein Tintentropfen in einem Wasserglas nur zerfließt und sich nie wieder zusammenzieht. Und wenn man ein Gefäß, in dem sich ein Gas mit hoher Temperatur befindet, neben ein Gefäß stellt, in dem dasselbe Gas eine niedrigere Temperatur hat, dann wechselt die Energie nur von der warmen auf die kalte Seite - und nicht umgekehrt -, und dieser Austausch hört auf, wenn beide die gleiche Temperatur haben. Die Entropie des Systems hat jetzt ihr Maximum erreicht.

Die Fachleute hatten auch angefangen, diesen Vorgang präzise zu erfassen, und zwar durch die Annahme, dass die Gase (oder andere physikalische Systeme) aus Atomen bestehen. Hier ist ein wenig Vorsicht geboten, denn so einfach dieser Satz heute klingt, so skeptisch wurde er damals begrüßt. Niemand wusste sicher zu sagen, ob es diese Gebilde gab, die ihren Namen schon in der Antike bekommen hat-

Die Entropieforschung wurde durch die Entwicklung komplexer Dampfmaschinen vorangetrieben.

ten. Und erst recht hatte damals niemand auch nur eine vage Idee, wie die Atome aussehen sollten. Trotzdem - als Hypothese darf man sie einführen, und wer das macht, verfügt über die Möglichkeit, der Temperatur eines Gases eine Deutung zu geben. Er denkt sich Atome als kleine, harte und elastische Kügelchen - winzige Flummies, wenn man so will -, die schneller oder langsamer unterwegs sind und zusammenstoßen können. Sind die Atome schnell, ist die Temperatur des Gases, das aus ihnen besteht, hoch. Sind die Atome langsam, ist die Temperatur des Gases, das aus ihnen besteht, niedrig. Wenn schnelle und langsame Kügelchen zusammenstoßen, tauschen sie ihre Energie aus, und da die langsamen Atome dabei vor allem etwas von den schnellen Exemplaren abbekommen, lässt sich jetzt der Zweite Hauptsatz gut verstehen. Er besagt, dass als Folge der Zusammenstöße zuletzt die Geschwindigkeiten aller umhersausenden Flummies gleich sind, und das ist auch genau das, was man beobachtet.

Es war für Planck und seine Mitstreiter offensichtlich, dass diese mechanische Deutung der Wärme ein befriedigendes Gesamtbild der physikalischen Wirklichkeit abgab, und es störte sie nicht, dass es viele Kritiker dieser Theorie gab, die vor allem darauf hinwiesen, dass die Atome im Zentrum des Verstehens nur sehr unzulänglich beschrieben waren und ihr Wirken im Detail unklar blieb. Dieser Einwand war sicher berechtigt, aber es ist nicht zu erwarten, dass eine gute Hypothese gleich alle Fragen der Physik klärt. Es reicht, wenn sie in einigen Fällen weiterhilft - aber nur, wenn sie nicht zugleich größere Probleme schafft. Genau dies letztere aber schien der Fall zu sein, und zwar infolge besagten Gedankenexperiments des Schotten Maxwell, das als Maxwells Dämon berühmt geworden ist.

Maxwell stellte sich die beiden oben erwähnten Gase vor, die er in nur durch eine Scheidewand getrennten Behältern nebeneinander platzierte. Eine Prämisse seiner Arbeit war, dass nicht alle Atome gleich schnell oder langsam sind. Es gibt vielmehr eine Verteilung ihrer Geschwindigkeit – die Maxwellsche Verteilung –, und sie liefert die Grundlage für eine statistische Behandlung von Gasen, was konkret bedeutet, dass es auf der warmen Seite sehr viele schnelle, aber auch ein paar langsame Atome gibt, und entsprechend auf der kalten Seite sehr viel langsame, aber auch ein paar schnelle. Nach der Entfernung der Trennwand käme es zu dem Ausgleich der Temperaturen, wie ihn der Zweite Hauptsatz vorhersagt.

Maxwell ging nun aber einen Schritt weiter und überlegte, was geschähe, wenn die Gase statt durch eine Scheidewand durch eine bewegliche Klappe getrennt wären. In seinem Gedankenspiel positionierte er an jener Klappe einen Dämon, dem er eine einfache Aufgabe stellte: Er sollte die Atome sortieren. Wenn aus der warmen Kammer ein schnelles Atom kommt, soll er es abweisen; wenn aus der warmen Kammer ein langsames Atom kommt, soll er es durchlassen. Umgekehrt: Wenn aus der kalten Kammer ein schnelles Atom kommt, soll er es durchlassen; wenn aus der kalten Kammer ein langsames Molekül kommt, soll er es abweisen. Das Gedankenexperiment wirft konkret die Frage auf, warum es solch einen Dämon nicht geben kann. Schließlich scheinen solche Sortierprozesse in der Natur nicht vorzukommen. Wieso also kann es den Dämon nicht geben?

Eine Frage der Information

Der Ausdruck »Maxwellscher Dämon« stammt von dem britischen Physiker Lord Kelvin, der sich 1874 mit dem Thema befasste und bemerkte, dass in dieser Konstruktion allein deshalb ein tiefes Problem steckte, weil weder der Erste noch der Zweite Hauptsatz der Thermodynamik bewiesen waren. Bei ihnen handelte es sich um die Zusammenfassung von Erfahrungen, zu denen sich ja jederzeit neue gesellen konnten. Und wer konnte schon sicher sein, dass sie stets mit den entsprechenden Aussagen der Physik in Übereinstimmung sein würden? Was wäre, wenn man tatsächlich

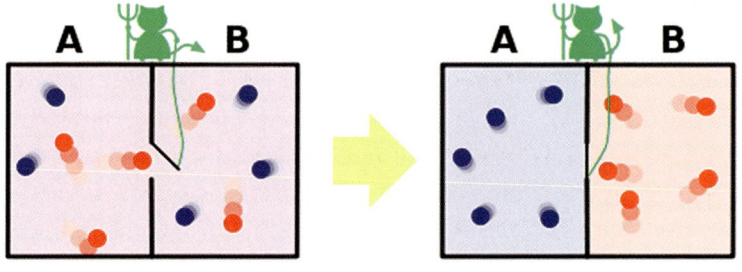

ein trickreiches technisches System à la Maxwellscher Dämon konstruieren könnte, das die natürliche Richtung von Prozessen umkehrt?

Viele Zeitgenossen von Maxwell, Kelvin, Clausius und Planck bemühten sich, das Teufelchen zu erledigen, aber außer dem eher hilflosen Hinweis, dass es sich hier um ein akademisches Spielchen ohne praktische Folge handelte, ist den Wissenschaftlern lange Zeit nichts von Interesse eingefallen. Mit der langen Zeit sind viele Jahrzehnte gemeint, denn tatsächlich dauerte es bis 1929, bevor auf diesem Gebiet endlich wieder ein Fortschritt zu vermelden war. Damals publizierte der aus Ungarn stammende Physiker Leó Szilárd eine Schrift mit dem nicht gerade übermäßig viel Spannung versprechenden Titel »Über die Entropieverminderung in einem thermodynamischen System bei Eingriffen intelligenter Wesen«.

Wer sich auf die etwas vertrackte, aber wissenschaftlich präzise Sprache einlässt, wird ablesen können, dass Szilárd erstens genau auf Maxwells Dämon anspielt und zweitens den Finger auf die Wunde legt. Der Teufel kann nicht bloß als physikalischer Apparat funktionieren, er muss darüber hinaus auch intelligent sein. Der Dämon muss ja Entscheidungen treffen, und die kann er nur ausführen, wenn er über die dazu nötigen Kenntnisse verfügt. An dieser Stelle kommt ein Konzept ins Spiel, das wir heute ganz selbstverständlich verwenden, mit dem wir höchst vertraut sind und das wir daher nicht weiter definieren, das aber - wie viele große Ideen der Menschheit - erst einmal entdeckt und eingeführt werden musste. Gemeint ist das Konzept der Information.

Wenn der Maxwellsche Dämon die Klappe zwischen den Kästen A und B bewachte und dafür sorgte, dass nur warme (rote) Gasmoleküle von A nach B und nur kalte (blaue) von B nach A gelangen, dann hätte er die Entropie, das allgemeine Streben nach immer ungeordneteren Zuständen, aufgehoben.

Maxwell und Planck mussten – wörtlich verstanden – ohne diese Information auskommen, und deshalb stellte der Dämon für sie tatsächlich ein Problem dar. Mit der Information jedoch wird die Sache übersichtlicher, denn das Teufelchen muss die für seine Entscheidungen nötigen Informationen erst einmal erwerben. Aber was noch wichtiger ist, der Dämon muss die Information auch irgendwo speichern, was verhindert, dass er beliebig klein konstruiert sein kann. Szilárd führte vor, dass die Physik nicht verstanden werden konnte, ohne Konzepte wie Messung, Information und Speicherung mit in ihre Berechnungen einzubeziehen, oder, wenn man seine Lösung für Maxwells Problem einfach ausdrücken will: Die neue Unübersichtlichkeit verwirrt den Dämon so, dass er irgendwann nicht mehr genau genug zwischen schnellen und langsamen Atomen unterscheiden kann. Der Zweite Hauptsatz schien unbeschadet überlebt zu haben.

Der Preis des Vergessens

Die Physiker bewunderten Szilárd, der sich im Übrigen kurz nach seinem Angriff auf den Dämon mit Albert Einstein zusammentat, um mit ihm gemeinsam den legendären Brief an den amerikanischen Präsidenten Roosevelt zu schreiben, in dessen Folge das Manhattan-Projekt der amerikanischen Atombombe ins Laufen kam. In den unruhigen Zeiten des Zweiten Weltkriegs galt es, andere Dämonen als den von Maxwell zu beseitigen, und so dauerte es bis in die frühen 1950er Jahre, bevor sich einige Physiker erneut Szilárds Lösung vornahmen, unter anderem mit der Absicht, die Wechselwirkung zwischen dem Dämon und den Kügelchen – den alten Atomen – im Rahmen der neuen Physik genauer zu verstehen, die inzwischen mit Quanten operierte. Dabei fiel ihnen unter anderem auf, dass die alte Größe Entropie und die neue Größe Information in der Tiefe zusammenhingen. Die eine war mehr oder weniger das Gegenstück zur anderen, was eine Konsequenz hat, die sich in drei Worten ausdrücken

Leó Szilárd (vorne) wurde 1898 in Budapest geboren. Er studierte und forschte in Berlin, bis er 1938 in die USA emigrierte. Hier arbeitete er am Manhattan-Projekt mit, und 1942 konnte er mit Enrico Fermi die erste kontrollierte Kettenreaktion in einem Atomreaktor auslösen. Szilárd starb 1964.

lässt und die uns bis zum Ende diese Buches immer mehr beschäftigen wird: »Information ist physikalisch.«

Tatsächlich: Information unterliegt den Gesetzen der Physik, und als in den späten 1950er und frühen 1960er Jahren die Konstrukteure von Computern an die Stelle der Konstrukteure der Dampfmaschinen traten, wollten auch sie wissen, an welcher Stelle es zu thermodynamischen Verlusten kommen kann.

Besonders intensiv kümmerte sich Rolf Landauer bei der Firma IBM um diese Frage, und er versuchte – mit dem Zweiten Hauptsatz der Thermodynamik und Maxwells Dämon im Hinterkopf – genau die Stelle ausfindig zu machen, an der in den Rechenmaschinen Energie in Wärme umgewandelt wird und so für ihren eigentlichen Zweck verloren geht. Im Jahre 1961 hatte er Erfolg, und er konnte ein Prinzip formulieren – das Landauer-Prinzip – , mit dem zum ersten Mal wirklich verstanden werden kann, was dem Dämon das Leben schwer macht. Landauer veröffentlichte seinen dazugehörigen Aufsatz – er trug den Titel »Irreversibility and heat generation in the computing process« – in einem von IBM herausgegebenen Forschungsmagazin, was ihn nicht unbedingt und erst recht nicht sofort unter die Leute brachte.

Was Landauer mitzuteilen hatte, lief auf Folgendes hinaus: Im Gegensatz zu der traditionell vertretenen Ansicht entstehen thermodynamische Verluste in Computern nicht, wenn Information verarbeitet (aufgenommen und genutzt) wird. Der einzige Schritt, bei dem sich ein elementarer Verlust nicht vermeiden lässt, ist die Zerstörung (das Löschen) von Information – das Vergessen. Und dass der Dämon viel löschen muss, leuchtet sofort ein, wenn man sich einmal vor Augen hält, was er zu leisten hat: Der Teufel muss ja nicht nur ein oder zwei Atome im Kasten messen und sortieren. Es muss vielmehr gigantische Mengen an Atomen ansehen und prüfen, und das heißt, dass er ein ebenso gigantisches Gedächtnis – unglaublich viel Speicherplatz – benötigt, was ihn sicher bald größer als die ganze Anlage – und damit völlig

Rolf Landauer
(1927–1999) war einer der bedeutendsten Physiker des 20. Jahrhunderts. Von ihm stammt die Formulierung des »Landauer-Prinzips«, demzufolge jedes Löschen von Information Energie verbraucht. Landauer wurde in Stuttgart geboren, floh mit seiner jüdischen Familie 1938 in die USA, studierte in Harvard und arbeitete später für IBM.

wertlos - macht. Der Dämon muss also neben seiner Aufgabe der Informationsgewinnung die noch viel wichtigere Aufgabe der Informationsvernichtung betreiben. Er muss seinen Speicher unentwegt löschen, und dafür zahlt er das, was man poetisch den »Preis des Vergessens« nennen könnte. Er ist es, der vom Zweiten Hauptsatz eingefordert wird, der jetzt tatsächlich endgültig alle Dämonen und ihre Vertreiber souverän überstanden hat.

Als der amerikanische Physiker Charles Bennett im Jahre 1982 Landauers Prinzip auf das Gedächtnis von Maxwells Dämon anwenden und dabei zeigen konnte, dass auf diese Weise das Gas und seine Atome genau mit der Entropie wieder ausgestattet werden, die der Zweite Hauptsatz verlangt, hatte die Physik endlich ihre innere Ruhe wiedergefunden, die Maxwells Dämon ihr vor mehr als 100 Jahren genommen hatte. Es sei denn, morgen findet jemand einen Aspekt, den wir bislang übersehen haben. Diese Möglichkeit sollten wir nicht vergessen, auch wenn wir dafür mit Entropie zahlen müssen.

Die Doppelhelix

und die genetische Information

Als das Landauer-Prinzip formuliert und die Information physikalisch wurde, da wurde sie auch genetisch. Das heißt, Anfang der 1960er Jahre fingen die Molekularbiologen damit an, den genetischen Code zu entschlüsseln und damit die Weitergabe oder Nutzung von Information zum Thema ihrer Forschung zu machen. Inzwischen ist die Genetik – nach einem Jahrhundert der Vorbereitungen – beim Menschen angekommen. Sie wird sein genetisches Profil bestimmen und ihm eine Diskette oder Gen-Chips mit zahlreichen Erbinformationen in die Hand geben. Mit deren Hilfe wird jeder ein persönliches Rezept ganz für sich allein zugeschnitten bekommen oder zum Beispiel erfahren, von welchem Lebensjahr an ihm Alterserscheinungen wie die Alzheimer-Krankheit Probleme bereiten können. Die Genetik wird eine neue Medizin mit neuen Diagnosemöglichkeiten und neuen Therapien ermöglichen, und wenn sie dies tut, wird sie das erreicht haben, was sie sich vor ziemlich genau einhundert Jahren vorgenommen hat. Genetik im 20. Jahrhundert hat nämlich von Anfang an auf den Menschen geschaut, auch wenn ein flüchtiger Blick auf die Geschichte der Erbforschung den Eindruck entstehen lässt, dass es mehr um Erbsen und Fliegen, Bakterien und Viren gegangen sei.

Es stimmt natürlich, dass die westliche Wissenschaft ihre ersten Einsichten in die Abläufe der Vererbung durch das Zählen von Erbsen im Garten des österreichischen Augustinermönchs Gregor Mendel bekommen hat. Es trifft weiter zu, dass die klassische Form der Genetik vor allem durch die Kreuzung von Fliegen im Laboratorium des amerikanischen Biologen Thomas H. Morgan entstanden ist. Und es ist eben-

Der Amerikaner **Thomas Hunt Morgan** (1866–1945) war es, der zuerst Gene auf den Chromosomen lokalisierte und Genkarten anfertigte.

falls richtig, dass der Weg in die moderne Molekularbiologie erst durch Arbeiten mit Viren und Bakterien freigelegt worden ist. Doch bereits ganz zu Beginn des 20. Jahrhunderts ist die Frage aufgetaucht, um die es bis heute geht, und zwar die Frage nach einem wissenschaftlichen Verständnis für die Einzigartigkeit eines jeden Menschen. Zwar sehen unsere Gesichter – von außen betrachtet – alle verschieden aus. Aber was ist mit den Molekülen in unseren Zellen? Mein Cholesterin wird sich höchstens der Menge nach von dem meines Nachbarn unterscheiden. Wo aber bin ich innen qualitativ anders als er? Wo finde ich meine chemische Individualität? Und wie wirkt sie sich auf mein persönliches Leben aus?

Eine Wissenschaft kommt nur schwer auf die Beine

Die Genetik, die uns interessiert, beginnt mit diesen Fragen, auch wenn uns dies nirgendwo beigebracht wird. In der Schule erfährt man zumeist, dass einige Naturforscher um 1900 die Weitergabe von sichtbaren Variationen etwa in den Blütenfarben von Pflanzen untersucht und dabei dieselben Regelmäßigkeiten bemerkt haben, mit denen Mendel bereits mehr als eine Generation zuvor vertraut war. Die Lehrer sprechen dann von der Wiederentdeckung der Mendelschen Erbgesetze, und niemand weist die Schüler darauf hin, dass dies allein deshalb nicht stimmen kann, weil Mendel bei den Berichten über seine Versuche im Klostergarten weder das Wort Vererbung noch den Begriff des Gesetzes benutzt hat.

Zeitgenössischen Naturforschern ist unklar geblieben, wonach Mendel gesucht hat. Verstanden hat ihn aber der anonyme Berichterstatter des Brünner Tagblatts, der im März 1865 in seiner Zeitung zusammengefasst hat, was Mendel vor der Naturforschenden Gesellschaft der Stadt über seine »Versuche über Pflanzen-Hybriden« zu berichten wusste. Im Tagblatt findet sich der Hinweis, dass Mendel betont habe, alle Pflanzen zeigten die Neigung, »zu den Stammformen zurückzukehren«, was man auch so übersetzen kann, dass der

»Vater der Genetik« meinte, dass eine Evolution nicht stattfindet.

Von einem glatten Start der Genetik kann also keine Rede
sein, und bis zu der Frage nach dem Menschen brauchte es
noch Jahrzehnte. Und doch bleibt etwas von Mendel zurück,
und das hat konkret mit den Objekten unserer heutigen Begierde, den Genen, zu tun. Für ihre Existenz hatte er ein ei-
gentümliches Verständnis, was sich gut verstehen lässt, da
Mendel Physik studiert hatte. Er sollte der Klosterlehrer für
dieses Fach werden. Doch er schaffte die Examen nicht, und
so wurde er Gärtner. Bei dieser Arbeit sammelte er die zahlreichen Variationen (Varietäten), die durchreisende Züch-
ter anboten, und er kreuzte sie untereinander. Die Resultate betrachtete er mit den Augen eines Physikers, das heißt,
er stellte sich vor, dass es im Inneren der lebenden Materie
Grundbestandteile gibt, die den Atomen im Inneren der to-
ten Materie entsprechen. Mendel nahm an, dass die vererbbaren Eigenschaften der blühenden Pflanzen durch »lebendige Wechselwirkung« dieser »Elemente« zustande kommen.
Erbsen, die sich in diesen Atomen des Lebens unterschieden,
zeigten unterschiedliche Qualitäten, und zwar von Generation zu Generation. Mit anderen Worten, Mendel hatte die
Gene gefunden, und er stellte sie sich tatsächlich so wie Atome vor, nämlich als unteilbare und unangreifbare Größen
im Inneren der Körper. Das einzige, was man tun konnte, bestand darin, sie zu zählen, und zu diesem Zweck unternahm
er seine Versuche.

Wer sich einmal die Mühe macht, Mendels Originalarbeit
zu lesen, wird dabei finden, dass dies dort nicht so klar steht
und man viel in den Text hineindeuten muss, um ihn zu
verstehen. Viele Sätze bleiben so undurchschaubar wie die
Ursprünge der Genetik selbst, die trotzdem nicht von Mendels Arbeit zu trennen sind, allerdings nur über einen Um-
weg, für den ein englischer Biologe namens William Bateson
verantwortlich ist. Bateson war bei Meerestieren und Würmern auf der Suche nach Regelmäßigkeiten bei der Verer-

Gregor Mendel
(1822–1864) ist als Ent-
decker der Mendelschen
Gesetze der Vererbung so
etwas wie der Vater der
Genetik.

bung, als ihm Mendels Arbeit in die Hände fiel. Beim Versuch, sie in seine Sprache zu übertragen, musste er mehr ersetzen als übersetzen. Anders war die Gen-Algebra nicht durchsichtig zu machen, die Mendels Daten lieferten. Doch Bateson verbesserte das Original bis zur Verständlichkeit, und er kam etwas später - im Jahre 1906 - auf die Idee, für die inzwischen ins Laufen gekommene Wissenschaft von der Vererbung den Namen »Genetik« vorzuschlagen.

Zu dieser Zeit gab es in London einen Wissenschaftler, dessen Bekanntschaft mit der Vererbungslehre besondere Früchte trug. Er hieß Archibald Garrod, und ihm war bei seiner Tätigkeit als Arzt schon länger aufgefallen, dass es Krankheiten mit Familiengeschichten gab. Farbenblindheit etwa konnte bei Vater und Sohn zugleich festgestellt werden, und Stoffwechselstörungen der Großeltern tauchten oft bei den Enkeln wieder auf. Nach der Durchsicht von Batesons Mendel-Übersetzung wurde Garrod schlagartig klar, dass er die Vererbung von Krankheiten beobachtete, von der man inzwischen wusste, dass sie nach klaren Regeln ablief. Die englische Sprache kennt dafür seitdem den Ausdruck »Mendelian disease«, und die Wissenschaftler haben sich - heute vor allem in den USA - zum Ziel gesetzt, diese Erbkrankheiten zu verstehen (um sie verhindern oder heilen zu können).

Garrod war ein guter Wissenschaftler, was heißt, dass er sehr sorgfältig beobachtete und sehr vorsichtig Schlüsse zog. So bemerkte er, dass er genau genommen nicht die Vererbung einer Krankheit selbst, sondern nur die Vererbung einer Anlage für diese Krankheit verfolgen konnte. Die auffälligste Anlage war dabei die Anfälligkeit für Infektionskrankheiten wie Schnupfen, Grippe und Lungenentzündung. Er wusste (nicht nur als Arzt), dass Menschen dabei höchst individuelle Unterschiede zeigen, und er fragte sich, ob auch diese Einzigartigkeit den Mendelschen Regeln unterliegt und somit vererbt wird. Als die Antwort »ja!« lautete, sah Garrod auf einmal eine Chance und eine Aufgabe für die Erforschung der Vererbung: Sie sollte versuchen, die »chemische Individualität« des Menschen zu erfassen, um mit dieser Kenntnis vorhersagen zu können, wer zum Beispiel von einer Infektion betroffen wird oder wer unter Nebenwirkungen von Arzneimitteln zu leiden hat, die bekanntlich ebenfalls von Mensch zu Mensch verschieden in Erscheinung treten. Die organische Individualität eines Menschen muss in seinen Genen stecken, so vermutete Garrod, und er hoffte am Anfang des vorigen Jahrhunderts, dass den Ärzten die entsprechenden Informationen eines Tages zum Nutzen ihrer Patienten zur Verfügung stehen würden. Dieses Ziel ist heute greifbar nah, denn genau da hat die Genetik hingeführt.

Garrod fasste seine Einsichten 1908 zusammen, ein Jahr, bevor die »Elemente« der Vererbung den Namen bekamen, den sie bis heute tragen, nämlich »Gene«. Der Schöpfer des Begriffs »Gen«, der Däne Wilhelm Johannsen, legte dabei Wert auf ein kurzes Wort, und zwar aus zwei Gründen. Es sollte zum einen leicht kombinierbar sein, und es sollte zum zweiten erlauben, in einfacher Weise von »Genen für bestimmte Eigenschaften« zu sprechen, etwa von »Genen für blaue Augen«.

Während sich die erste Idee bewährt hat, zeigt die zweite vor allem Nachteile. Sie macht es nämlich viel zu leicht, Genen etwas in die Schuhe zu schieben, mit dem sie direkt wenig zu tun haben. Mit der sprachlichen Vorgabe hat sich ein inflationärer Gebrauch des Wortes eingebürgert, der von »Genen für Krebs« bis zu »Genen für Untreue« reicht und keinesfalls die »Gene für Intelligenz« auslässt. So spannend dies auch klingen mag, wer so spricht, fällt hinter Mendel zurück. Denn so unklar die Beschreibung seiner Versuche auch bleibt, so klar war ihm doch, dass es nicht die Eigenschaften eines Lebewesens - wie etwa seine Augenfarbe - sind, die durch »Erbelemente« bestimmt werden. Was festgelegt wird, sind vielmehr die *Unterschiede* von Eigenschaften, und zwar durch *Unterschiede* in Genen. Genau hier steckt auch die Individualität, nach der Garrod fragt.

Als das Gen dem Sprachschatz der Wissenschaft hinzugefügt wurde, gelang dem Amerikaner Thomas H. Morgan ein historischer Glücksgriff, indem er die kleine Fliege mit dem heute berühmten Namen *Drosophila melanogaster* als Gegenstand seiner Untersuchung wählte. Er und seine Mitarbeiter waren mit dieser »Liebhaberin des Taus« auf das ideale Versuchstier gestoßen. Es konnte leicht in großen Mengen im Laboratorium gehalten werden, zeigte große Vielfalt der äußeren Erscheinung und brachte neue Generationen in kurzer Folge hervor. Die Fliege *Drosophila* wurde in den kommenden Jahren zum bevorzugten Objekt der Genetiker, und Morgan konnte mit ihrer Hilfe in den 1920er Jahren eine erste Theorie der Gene aufstellen - wobei dies allerdings das letzte war, was er anstrebte. Morgan wollte ursprünglich das genaue Gegenteil, nämlich zeigen, dass es so etwas wie Erbelemente oder Gene gar nicht gibt. Als Embryologe mit großer Kenntnis der Formenvielfalt, die das werdende Leben zeigt, konnte er sich beim besten Willen nicht vorstellen, dass es irgendwelche winzigen Partikelchen in den Zellen geben sollte, die

Vererbung der
Augenfarbe bei
der Taufliege
Drosophila

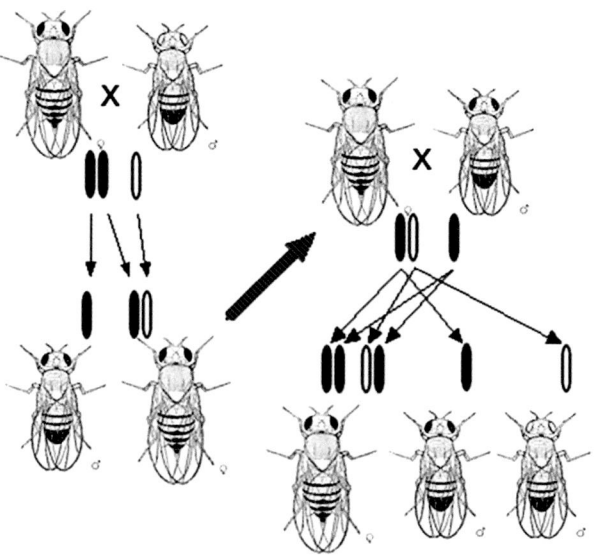

70

ausreichend differenziert und informativ waren, um dafür verantwortlich sein zu können. Morgan machte sich also mit *Drosophila* an die Arbeit, um dem Unsinn der stofflichen Gene ein Ende zu bereiten – doch nur um durch die Resultate seiner Experimente bekehrt und ein überzeugter Anhänger der Mendelschen Genetik zu werden.

Die Experimente, die Morgan sein Damaskuserlebnis bereiteten, sind als Kreuzungen bekannt, was konkret bedeutet, dass im Laboratorium zwei Fliegen mit ausgewählten Variationen Gelegenheit bekommen, Nachkommen zu produzieren, und zwar möglichst viele. Die Forscher zählen nun, welche Eigenschaften von Vater und Mutter wie oft und in welcher Kombination auf die Söhne und Töchter übertragen werden, wie oft die hier zusammengeführten Qualitäten sich in den nächsten Generation wieder trennen, und so weiter und so fort. Eine unglaubliche Fleißarbeit, die unendlich langweilig gewesen sein muss und für die sorgfältigste Buchführung erforderlich war, die zuletzt aber ungeheuer spannende Einsichten ermöglicht hat, und zwar in Verbindung mit anderen Beobachtungen, die das Innere der Zellen betrafen.

Parallel zu dem Abzählen hatten die Fliegenforscher nämlich bei ihren vielfach unterschiedenen Fliegen noch das Aussehen der länglichen Zellstrukturen notiert, die Chromosomen heißen. Diese »farbigen Körper« waren den Biologen seit dem 19. Jahrhundert bekannt, weil sie sich in Zellen leicht mit Hilfe eines Lichtmikroskops erkennen lassen. Der Vergleich beider Beobachtungsreihen lieferte nach vielen mühevollen Jahren eine eindeutige Antwort auf die Frage, wo denn die Gene in einem Lebewesen stecken. Es waren genau die Chromosomen, und zum Entzücken der Fliegenforscher wurde diese Ortung noch mit einem besonderen Sahnehäubchen gekrönt. Es bestand in der Erkenntnis, dass die Gene nicht willkürlich verteilt waren und sich kreuz und quer verteilten. Vielmehr bildeten sie eine Art Perlenkette, das heißt, die Gene waren auf einem Chromosom ordentlich angeordnet, und stets folgte eins nach dem anderen.

Diese Gradlinigkeit reizte natürlich die Genetiker, die nun alle Kraft daran setzten, die genaue Reihenfolge der Gene herauszubekommen, die sie als genetische Karte bezeichneten. Seit 1915 mühten sie sich damit ab, wobei sie vor allem mit Hilfe der kleinen Fliege *Drosophila* zum Erfolg kamen. Immer wieder galt es, die vielen genetisch bedingten Eigenschaften – wie Augenfarbe, Beinlänge oder Körpergröße – zu verfolgen und zu notieren, wie sich diese beobachtbaren Qualitäten – und damit deren Gene – in nachfolgenden Generationen auftrennen oder zusammenfinden. Dabei ließen sich nach langen einsamen Monaten im Labor Häufigkeiten für alle möglichen Genkombinationen angeben, die ihrerseits Rückschlüsse auf die Reihenfolge der verantwortlichen Gene erlaubten. Der Konstruktion einer genetischen Karte stand dann nichts mehr im Wege.

Die Natur der Gene

Wer sich auf ein unbekanntes Gebiet wie das Innere einer Zelle begibt, hat großes Interesse an guten Karten. Entsprechend stand deren Anfertigung im Mittelpunkt vieler genetischer Arbeiten der zwanziger und dreißiger Jahre. So lernte man bald sehr genau viele Orte (Loci) für zahlreiche Gene in einer Zelle kennen, doch eins blieb den Forschern bei diesem Ansatz verborgen – nämlich die Natur der Erbanlagen selbst. Man wusste zwar, wo die Gene lagen. Man wusste aber nicht, woraus sie bestanden.

Der Natur der Gene kamen die Wissenschaftler auf die Spur, nachdem einem von ihnen im Jahre 1927 aufgefallen war, dass sich Gene verändern (mutieren) können, wenn sie von Röntgenstrahlen getroffen werden. Gemeint ist Hermann J. Muller, der Genetik bei Morgan gelernt hatte und mit dem Nobelpreis ausgezeichnet wurde. So wichtig Mullers Entdeckung für die Geschichte der Genetik war, so seltsam ist das, was er für sich daraus gemacht hat. Muller sah nämlich das menschliche Erbmaterial durch Strahlen bedroht, und er vermutete, dass »gesunde« und »gute« Gene nur noch in Genies vorhanden sind, zu denen er Einstein und Lenin zählte. Muller meinte, man müsse versuchen, dem genetischen Erbe (Genpool) der Menschen weitere geschädigte Gene zu ersparen, und er schlug konkret vor, dass »normale« Frauen mit dem Samen von genialen Männern - siehe oben - befruchtet werden sollten.

Der Schluss liegt nahe, dass wissenschaftliches Können nicht unmittelbar zu vernünftigen Handlungsweisen führt, aber unabhängig davon entstand dank Muller die neue Disziplin der Strahlengenetik, und die Gene verwandelten sich in etwas, das mit physikalischen Mitteln getroffen und beeinflusst werden konnte. Die Natur der Gene war damit ein Problem für Physiker geworden, und 1935 wurde vorgeschlagen, sich unter einem Gen einen größeren Verband aus Atomen vorzustellen. Autor dieses Vorschlags war der damals knapp 30jährige Max Delbrück, der den russischen Genetiker Nikolai Timofejew-Ressowski und den deutschen Physiker Karl G. Zimmer in das elterliche Haus in Berlin-Grunewald eingeladen hatte, um hier gemeinsam bei Kaffee und Kuchen das Gen interdisziplinär in den Griff zu bekommen. Die Idee des Atomverbands wurde in der sogenannten Dreimännerarbeit vorgestellt, die das Trio 1935 publizierte. Sie entfaltete ihre historische Wirkung dadurch, dass der berühmte Erwin Schrödinger Delbrücks Idee zehn Jahre später in den Mittelpunkt seiner Vorlesungen zu der Frage »Was ist Leben?« stellte. Damals kam auch das Wort »Molekularbiologie« auf, zunächst als Bezeichnung für ein Förderprogramm der Rockefeller Foundation. Ohne das Geld von Rockefeller wäre die Entwicklung der Molekularbiologie wahrscheinlich langsamer vonstatten gegangen - und sicher nicht so schnell beim Menschen angekommen. Dieses Ziel aber wurde in den USA ganz pragmatisch angegangen.

Der Anschluss an die exakten Wissenschaften
Zu den von Rockefeller geförderten Wissenschaftlern gehörte Delbrück, dem es mit dem »Atomverband« gelungen

Max Delbrück, geboren 1906 in Berlin, arbeitete zunächst in Göttingen als Quantenphysiker, bis er sich auf Anregung von Niels Bohr der Biologie zuwandte. Er emigrierte 1937 in die USA, wo er als Molekularbiologe arbeitete. Er starb 1981 in Kalifornien.

war, die bis dahin eigenständig operierende Genetik an eine der etablierten Wissenschaften anzuschließen - an die Physik nämlich. Die Genetik gehörte nun mit zur Familie der exakten Wissenschaften, und es war zu erwarten, dass es nicht mehr lange dauern konnte, bis sich andere Familienmitglieder zu Wort melden würden. Mit besonderem Nachdruck trat bald die Chemie auf den Plan, die sich der Frage annahm, welche Atome da in welchem Verband zusammenkommen mussten, um ein biologisch wirkendes Genmolekül zu ergeben. Und die erste Antwort gab es noch in den Jahren des Zweites Weltkriegs, wobei sie aus einer Ecke kam, in die bis dahin niemand geschaut hatte. Gemeint ist die medizinische Abteilung der Rockefeller-Universität in New York, in der man sich über zwei Formen eines Bakteriums wunderte, das Lungenentzündungen hervorrufen konnte. Lebensbedrohlich wirkte nur einer der Stämme, und der bald 70jährige Oswald Avery wollte von seinem Team 1944 so genau wie möglich wissen, was den Unterschied zwischen beiden ausmachte. Gemeinschaftlich entzogen sie den Bakterien einen Stoff, mit dem sich die ungefährlichen in die gefährliche Varianten verwandeln ließen. Dieser Träger des »Transformationsprinzips«, wie es hieß, wurde von den Bakterien sogar vererbt, und Avery kam zu der Einsicht, dass er wissen würde, woraus Gene bestehen, wenn er herausfinden könnte, was die eher harmlosen Bakterien umformt.

Das Ergebnis der Analyse zeigte, dass man es chemisch gesehen mit Säuren zu tun hatte. Genauer gesagt - Gene lagen konkret als Moleküle aus Desoxyribonukleinsäure (DNS, englisch DNA) vor. Die DNA ist das, was Chemiker ein Makromolekül nennen, und seine Größe kommt durch viele Untereinheiten zustande, von denen die wichtigsten als Basen bekannt sind. Hiervon verwendet eine Zelle vier Stück, wobei es reicht, die Anfangsbuchstaben ihrer vollständigen chemischen Namen zu kennen. Sie lassen sich als Quartett A, T, G und C schreiben, was in der Kombination ATGC fast so wie ein ABC des Lebens klingt.

Der Stoff mit Namen DNA ist längst weltberühmt, und zwar deshalb, weil er zugleich einfach und elegant gebaut ist, wie heute jeder weiß (oder wissen sollte). Die DNA besitzt eine längliche Form - was ihr den wohlklingenden Namen »Faden des Lebens« eingetragen hat -, wobei sich dem Betrachter das eigentliche Wunder zeigt, wenn er näher herangeht und die Gestalt im molekularen Detail ins Auge fasst. Er wird dann staunend sehen, wie elegant sie als Doppelhelix konstruiert ist.

Diese Doppelhelix, die längst als Ikone unserer Zeit verstanden wird, ist zum ersten Mal 1953 beschrieben worden, und zwar durch das legendäre Duo aus dem Amerikaner James Watson und dem Briten Francis Crick. Ihre gemeinsame Veröffentlichung im März 1953 ist dabei nicht nur wegen des herrlichen Ergebnisses in Form der DNA berühmt, sondern auch wegen eines Satzes, in dem die Autoren gegen Ende ihrer Arbeit lapidar mitteilen, dass etwas ihrer Aufmerksamkeit nicht entgangen sei, nämlich die Tatsache, dass die vorgelegte Doppelhelix unmittelbar einsichtig macht, wie das Leben eine seiner elementaren Aufgabe löst. Sie meinten die Verdopplung des Erbmaterials. Denn wie es aussah, braucht man nur die zwei Hälften (s. Grafik S. 36) zu teilen und anschließend die beiden dabei entstehenden Einzelstränge ergänzen und zu jeweils wieder einer Doppelhelix zu machen. Aus einem Erbmolekül hatte die Zelle damit zwei gemacht und somit die elementare Aufgabe allen Lebens - die Vermehrung - bewerkstelligt.

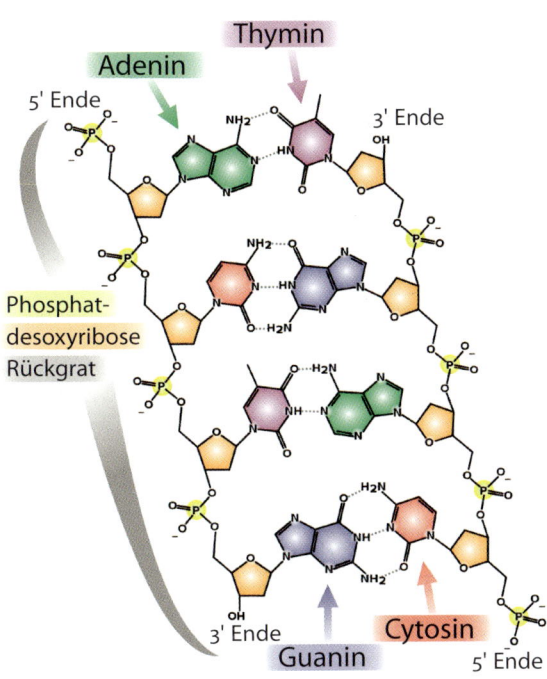

Ein Abschnitt auf der DNA-Doppelhelix (s.a. Grafik S. 79)

1951 lernte der junge Amerikaner **James D. Watson** (geb. 1928) in Cambridge den Engländer **Francis Crick** (Bild) (1916–2004) kennen; von da an arbeiteten sie eng zusammen, um die Struktur der DNA zu entschlüsseln.

Der Trick von Watson und Crick

So leicht die Struktur der DNA auf die Funktion dieses Moleküls schließen ließ, so schwer war es gewesen, den Weg zur Doppelhelix zu finden. Anfang der fünfziger Jahre waren viele Wissenschaftler mit der DNA und ähnlichen Substanzen aus der Zelle beschäftigt, und zwar vor allem Kristallographen auf der einen und Chemiker auf der anderen Seite. Die erste Gruppe bemühte sich, Kristalle aus DNA zu züchten, um dann mit Hilfe von Röntgenstrahlen deren Aufbau zu erkunden. Und die zweite Gruppe versuchte, etwas über die Anordnung der Bausteine zu erfahren, die in der DNA steckten.

Bei diesen Bemühungen war der 1905 geborene Erwin Chargaff am weitesten gekommen, seine Analysen zeigten, dass von den vier Basen jeweils zwei in gleichen Mengen vorlagen. Chargaff wusste also, dass es so viel A wie T und so viel G wie C gab, und an dieser Stelle steht dann in der Zeitung, dass er die Basenpaarung entdeckt habe. Doch genau dies hat er übersehen. Er musste sich vielmehr von Watson und Crick darüber aufklären lassen, was die ermittelten Zahlenverhältnisse bedeuteten. Erst sie haben verstanden, was Chargaff gemessen hatte, der selbst in seinem chemischen Denken stecken geblieben ist. Chargaffs Befangenheit in seiner Disziplin hinderte ihn daran, über den Zaun zu blicken, zum Beispiel dorthin, wo die Kristallographen arbeiteten. Watson und Crick agierten völlig verschieden. Sie machten nichts anderes, als über den Zaun zu blicken, bis sie hatten, was alle suchten, nämlich ein Strukturmodell der Gene.

Zu verlieren hatten Watson und Crick fast nichts – höchstens den Respekt etablierter Männer der Wissenschaft wie Chargaff. Es hat sie kaum gestört und sie bestenfalls nach ihrem Erfolg noch schneller in die Kneipe »Eagle« rennen lassen, die ihrem Laboratorium in Cambridge gegenüber lag, um hier bei einem Bier voller Entdeckerstolz und unüberhörbar laut zu verkünden, dass sie das Rätsel des Lebens gelöst hätten.

So weit ist man natürlich bis heute nicht. Aber ein Triumph war es doch, den es im März 1953 zu feiern gab. Danach, im Verlauf der fünfziger und sechziger Jahre, entstand eine ungeheuer dynamische Molekularbiologie, der kein Rätsel der Vererbung verschlossen zu bleiben schien. Dieser Eindruck machte sich jedenfalls rasch und weltweit breit, als zum Beispiel verstanden wurde, wie die Gene wirken und wie ihre Rolle bei Bedarf reguliert und kontrolliert wird. Die DNA wurde als Software des Lebens erkannt, in der biologische Informationen steckten, und zwar die Anleitungen, die eine Zelle benötigt, um die besondere Hardware anzufertigen, die sie braucht, um sich im Leben behaupten zu können. Einen wesentlichen Teil dieser Hardware stellen einige besonders raffiniert gebaute Moleküle dar, die Proteine heißen und unter anderem für den Stoffwechsel zuständig sind.

Anders ausgedrückt: Man wusste in den sechziger Jahren, dass Gene Proteine herstellen und wie sie dies tun, und man hatte darüber hinaus verstanden, was passiert, wenn ein Gen verändert ist oder nicht funktioniert. In diesem Fall fehlt der Zelle bzw. dem sie tragenden Organismus einfach das entsprechende Protein, und beide werden krank. Mit dieser Einsicht rückte Garrods Frage wieder in Erinnerung. Man hatte nämlich inzwischen gelernt, dass die von ihm beobachteten Stoffwechselstörungen ihren Ursprung in unzulänglich funktionierenden Proteinen haben, und von denen wusste man nun, dass sie ihrerseits durch ungeeignete Gene bedingt werden. Es war zudem verstanden worden, dass auch die Frage, ob jemand anfällig für Infektionen oder empfindlich für Nebenwirkungen von Medikamenten ist, mit Hilfe dieser molekularen Wunderwerke der Natur zu beantworten ist, die unter dem wenig spektakulären Namen »Protein« leider viel zu wenig Popularität genießen. Die Proteine entfalten auf wunderbare Weise zur zellulären Wirklichkeit, was in den Genen als Möglichkeit angelegt ist. Wer sagt, dass die Zellen oder gar das Leben durch die Wissenschaft entzaubert worden seien, hat sich noch nie auf die Bekanntschaft mit einem Protein eingelassen.

Die kurze, aber deutliche Ernüchterung

Mit der erkannten Verbindung zwischen Genen und Proteinen war Garrods Problem zwar wissenschaftlich genauer erfasst worden, doch eine Lösung war nirgendwo in Sicht. Denn so viel man auch über die Funktionen der Gene sagen konnte, so wenig wusste man über ihren speziellen Aufbau. Natürlich kannten die Genetiker ihre allgemeine Form – nämlich die Doppelhelix –, und sie hatten dabei zugleich herausgefunden, dass sich im Inneren dieser Struktur vier chemische Bausteine abwechselten. Aber die Fragen, welche der vier in einem konkreten Abschnitt vorlagen und in welcher Reihenfolge sie angeordnet waren, konnte in den sechziger Jahren nicht einmal im Ansatz geklärt werden. Dabei wäre es gerade diese Kenntnis gewesen, die für die Forscher den größten Reiz gehabt hätte. Schließlich war zu vermuten, dass die Reihenfolge (Sequenz) der vier Bausteine die biologische Information enthielt, mit der sich die Zelle an den Bau der Proteine machte. Dieser Zusammenhang war durch eine wissenschaftliche Leistung sichtbar geworden, die parallel zur Entdeckung der Doppelhelix zur gleichen Zeit am gleichen Ort gelungen war, und zwar dem britischen Biochemiker Fred Sanger. Sanger hatte in jahrelanger und geduldig durchgeführter Arbeit herausgefunden, wie Insulin aufgebaut ist. Insulin ist seiner Funktion nach ein Hormon und seiner Struktur nach ein Protein. Sangers Arbeit zeigte nun, dass Nukleinsäuren und Proteine nach dem gleichen Bauprinzip konstruiert sind. Beide treten in der Natur als Ketten mit zahlreichen Gliedern in Erscheinung, und diese Übereinstimmung machte unmittelbar klar, dass die Zelle in der Lage sein muss, die Reihenfolge der DNA-Bausteine zu »lesen« und so in die Reihenfolge der Proteinbausteine zu übertragen. Sie tut dies mittels des berühmten und viel zitierten genetischen Codes, der in den frühen sechziger Jahren entschlüsselt werden konnte und der

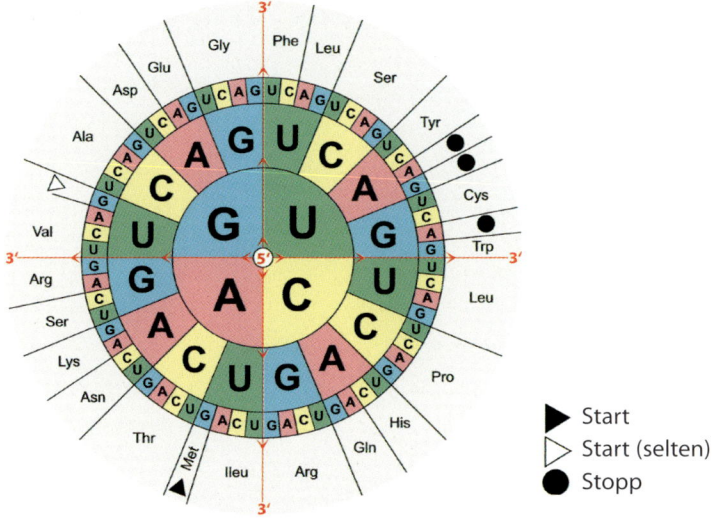

▶ Start
▷ Start (selten)
● Stopp

Biologie-Studenten in den modernen Lehrbüchern wie eine Sonne entgegen lacht.

So hatte man in den sechziger Jahren verstanden, dass das große Geheimnis der Gene - und die Antwort auf Garrods Frage - in der Sequenz ihrer Bausteine steckte, in ihrer Information. Und doch hatte niemand die geringste Ahnung, wie einer Zelle diese Informationen zu entlocken war. Wie sollte es jemals gelingen, Schritte in diese Richtung zu tun? Wie sollte man ein einzelnes Gen erst aus seinem Chromosom herauslösen, dann in einem Reagenzglas isolieren und anschließend in großen Mengen herstellen? Diese Aufgabe hielten viele Biologen für völlig unlösbar, und als die übrige Welt zum Mond aufbrach, machte sich unter den Molekularbiologen so etwas wie Endzeitstimmung breit. Der Höhepunkt der Genetik schien jedenfalls vorüber zu sein, was zur Folge hatte, dass viele Forscher dieses Gebiet verließen. Und damit machten sie einen großen Fehler.

Konsequenzen aus Sequenzen

Die Offenlegung der genetischen Information

3

Wettlauf der Wissenschaftler

Die Entschlüsselung des Humangenoms

Wir werden in den folgenden beiden Kapiteln erst die Entwicklung der Genetik als Wissenschaft der Erbinformation nachzeichnen und dann vom Aufkommen der modernen Informationstechnologien erzählen. Wer sich die beiden auf den ersten Blick eher getrennt und unabhängig wirkenden Bereiche des wissenschaftlich-technischen Treibens anschaut, dem fällt spätestens beim zweiten Hinsehen auf, dass sie etwas Gemeinsames hervorgebracht haben, das auf den schönen Namen Chip hört - den Mikrochip bei den Informationstechnologen und den Genchip bei den Genetikern. Natürlich sind Genchips etwas ganz anderes als Mikrochips - die einen dienen der Erkennung von genetischen Informationen, sie bringen Muster hervor, die Diagnosen speziell von Krebs und allgemein von erblich bedingten Krankheiten ermöglichen, während die anderen elektronische Schaltkreise mit zahlreichen Transistoren darstellen, die dicht gedrängt auf engstem Raum verwoben (integiert) sind. Aber trotzdem lassen sie einen entscheidenden Zusammenhang erkennen. Er besteht darin, dass die heutige Genetik Informationen sammelt und benötigt, die sie ohne die Hilfe der Computer und ihrer Mikrochips weder bekommen noch verwerten könnte. Genetik handelt inzwischen ganz wesentlich von den Sequenzen des Erbmaterials, das aus DNA besteht. Die spezielle Erbsubstanz einer Zelle oder eines Organismus kann durch die Reihenfolge - die Sequenz - der Basen in der dazugehörigen DNA charakterisiert werden, und in dieser Sequenz steckt das, was wir die biologische oder genetische Information nennen, nach deren Vorgabe sich die Organismen bilden. Die Lebenswissenschaften können diese

Sequenzen heute bestimmen, aber sie kennen noch längst nicht alle Konsequenzen, die sich daraus ergeben. Dies hat damit zu tun, dass diese Sequenzen schier endlos lang sind. Die genetische Information in einer menschlichen Zelle besteht aus vielen Milliarden Bausteinen. Wir sind heute in der Lage, diese gigantischen Mengen an biologischen Informationen aus den Zellen zu holen und auf Festplatten in Computern zu schaffen, wo sie der Deutung durch ein Gehirn harren, das sie ohne Hilfe von Computerprogrammen gar nicht lesen oder zur Kenntnis nehmen könnte. In den Datenspeichern, die zugleich größer werden und an Zahl zunehmen, sammeln sich immer mehr sequentielle Informationen, die das Leben in gewisser Weise lesbar machen, und wir wollen in ausgewählten Schritten den Weg nachzeichnen, der uns so weit gebracht hat.

Die Korrektur eines Irrtums

Wer die Geschichte der Genetik oberflächlich betrachtet, kann rasch dem Irrtum verfallen, dass die berühmteste Entdeckung der modernen Wissenschaft - gemeint ist die 1953 publizierte Einsicht in die Struktur des Erbmaterials, die Doppelhelix - eine direkte Konsequenz nach sich gezogen haben sollte, nämlich das Bemühen, die konkrete Reihenfolge der Basenpaare - die genetische Information - zu bestimmen, wie sie zum Beispiel in einem Bakterium oder in einer Hefezelle vorliegt. Doch davon kann keine Rede sein. So funktioniert Wissenschaft nicht.

Das ästhetisch befriedigende Modell der DNA musste sich erst einmal in der wissenschaftlichen Praxis bewähren - selbst seine Urheber hatten lange Zeit hindurch die Befürchtung, dass irgendwann die eine oder andere hässliche Tatsache auftauchen könnte, die ihrem schönen Modell (oder wenigstens seinem Universalanspruch) den Garaus machen würde. Außerdem gab es für Biochemiker, die versuchen wollten, die Sequenz eines gegebenen DNA-Moleküls zu bestimmen, zunächst keine Möglichkeit, dieses oder doch wenigstens ein überschaubares DNA-Fragment näher zu untersuchen, etwa unter einem Mikroskop. Die Vertreter der Molekularbiologie mussten rund zwanzig Jahre mit der Doppelhelix vor Augen warten, bis sie das Problem ihrer Sequenz anpacken und technisch lösen konnten. Eine ganz wesentliche Voraussetzung dazu war das unerwartete Erscheinen der Gentechnik, mit deren Hilfe die neue Genetik möglich wurde, die uns heute in Atem hält.

Die Möglichkeit der Gentechnik

Das oben erwähnte »überschaubare DNA-Fragment« meint ein Stück DNA, das kurz genug ist, um mit traditionell verfügbaren biochemischen Methoden von einem Genetiker - etwa im Rahmen einer Doktorarbeit - analysiert zu werden. Und »kurz genug« meint dabei eine Kette mit höchstens ein paar Hundert Bausteinen (Basenpaaren), und hier steckt das Problem. Die DNA-Moleküle, die von und in der Natur hervorgebracht werden, sind ausnahmslos wesentlich länger. Sie erstrecken sich von einigen Tausend bis zu vielen Millionen Basenpaaren, und jeder Versuch, molekulare Fäden solcher Ausmaße mit Pipetten oder im Reagenzglas zu handhaben, führte unweigerlich zu ihrer Zerstörung.

So schön sie auch waren - die langen Genmoleküle der Natur zerfielen den Wissenschaftlern bei ihrer Arbeit lange Zeit buchstäblich unter den Händen.

Doch Ende der sechziger Jahre bemerkten die Molekularbiologen, dass Bakterien in der Lage sind, das Genom einiger Viren zu zerlegen, die sie anzugreifen und zu fressen versuchen. Für diese Viren stellten solche Bakterien eine »restricted area« dar, wie im Amerikanischen ein Gelände heißt, dessen unerlaubtes Betreten bestraft wird. Diese Ausdrucksweise wurde in die technische Sprache der Wissenschaft übernommen. So hieß es nun, dass Bakterien selbst dafür sorgen, eine verbotene Zone zu sein, und Eindringlinge bestrafen, indem sie deren DNA »restringieren« (zerlegen). Dazu verwenden sie raffinierte molekulare Werkzeuge, die Restriktionsenzyme heißen und die man sich als molekulare Scheren vorstellen kann. Einige Restriktionsenzyme konnten bald aus Bakterien isoliert werden und wurden interessierten Wissenschaftlern gezielt für die Zerlegung von Genmaterial in handhabbare Streifen zur Verfügung gestellt – und zwar gegen Geld von biochemisch tätigen Firmen, die den Wissenschaftlern diese Präparierarbeit abnahmen und ihnen mehr Zeit für kreative Experimente gaben.

Bald nach den molekularen Schneideinstrumenten wurden auch ihre Gegenstücke entdeckt, nämlich Zellbausteine, die das zerschnippelte Erbmaterial wieder zusammensetzen konnten. Wer beides unternahm – also erst DNA zerlegte und dann im Reagenzglas die Einzelteile neu kombinierte (rekombinierte), der betrieb, was ab 1973 den Namen Gentechnik trug.

Mit der Gentechnik eröffnete sich die Möglichkeit, kurze DNA-Abschnitte erstens herzustellen und zweitens so anzureichern, dass ausreichend Material für biochemische Analysen zur Verfügung stand. Mit anderen Worten, seit der Mitte der siebziger Jahre bestanden die Voraussetzungen dafür, Verfahren zu entwickeln, mit deren Hilfe die Sequenz von DNA-Fragmenten bestimmt werden konnte, und es dauerte nicht lange, bis tatsächlich Wege zur Gensequenzierung, also der Offenlegung der Erbinformation, aufgezeigt wurden. Vor allem zwei Strategien hatten es dabei den Wissenschaftlern angetan. Die erste geht auf den Briten Fred Sanger und die zweite auf den Amerikaner Walter Gilbert zurück, und beide erlauben es mit großer Zuverlässigkeit (bei einem nur anfänglich großen technischen Aufwand), DNA-Fragmente von einigen hundert Basenpaaren zu sequenzieren. Und wie nicht anders zu erwarten, machten sich bald die Mitarbeiter einiger Laboratorien an diese Arbeit.

Die neue Genetik und das Genomprojekt

Es sollte betont werden, dass die ersten DNA-Analysen dieser Art keineswegs im Sinn hatten, komplette Genome zu ent-

Der größte Zweig der Gentechnik ist die **»grüne« Gentechnik,** der genetische Umbau von Nutzpflanzen. Medizinische Gentechnik wird **»rote« Gentechnik** genannt, und solche, die Bakterien für die Beseitigung von speziellen Abfällen verändert, **»weiße«.**

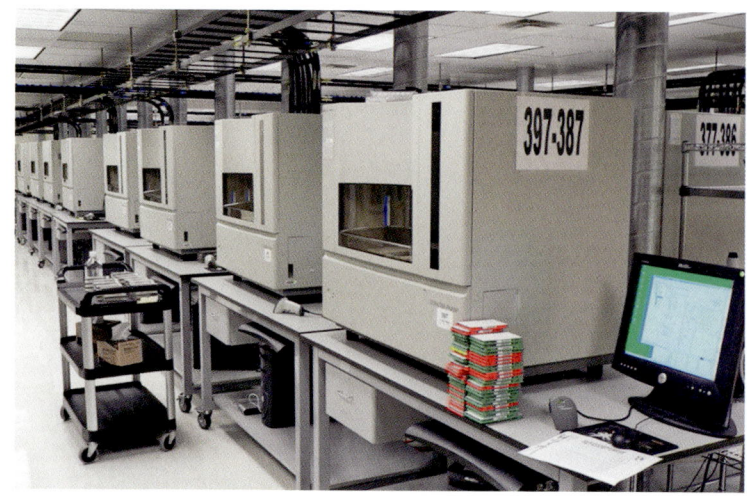

ziffern. Diese Aufgabe erschien allen Beteiligten angesichts
der Millionen und Milliarden Kettenglieder (Basenpaare)
der Genome viel zu groß. Und zwar auch deshalb, weil die in
den siebziger Jahren verfügbaren Computer - wir befinden
uns in den Anfangsjahren von Apple und Microsoft - mit ihren noch langsamen Operationen, den viel zu geringen Speicherkapazitäten und eher bescheidenen Rechenleistungen
den Biologen nicht gerade viel Mut machten, sich auf Datenmengen von vielen Millionen Bytes einzulassen.

Die ersten Wissenschaftler, die sich als Genentzifferer
oder Gensequenzierer betätigten, waren mehr an einzelnen Genen als an kompletten Genomen interessiert, und sie
konzentrierten sich besonders auf Gene, die mit der Entstehung von Krebs in Verbindung gebracht werden konnten.
Die Idee von sogenannten Onkogenen wurde damals etab-
liert, nachdem erkannt worden war, dass die Produkte dieser
Gene in der Lage sind, eine normal wachsende Zelle in eine
Tumorzelle zu verwandeln, die sich unkontrolliert vermehrt
und dem gesunden Gewebe dabei die Lebensgrundlage entzieht. Nach und nach stellte sich im Rahmen dieser Arbeiten
immer mehr die Gewissheit ein, dass Krebs auch - vielleicht
sogar meist - eine genetische Krankheit ist. Und Mitte der

achtziger Jahre schlug Renato Dulbecco, ein amerikanischer Nobelpreisträger italienischer Abstammung, vor, ernsthafte Konsequenzen aus dieser Erkenntnis zu ziehen.

Dulbeccos einfache Logik war unwiderstehlich: Wenn man Krebs besiegen will, muss man ihn verstehen, und wenn Krebs genetisch bedingt ist, kann man ihn nur verstehen, wenn man die Gene kennt. Also sollte man alles daran setzen, die Gene kennenzulernen, und das heißt nicht mehr und nicht weniger, als sich an die Aufgabe heranzuwagen, das menschliche Genom zu sequenzieren, und zwar komplett - alle drei Milliarden Basenpaare, die das genetische Material einer menschlichen Körperzelle ausmachen, wenn man nur den einfachen (haploiden) Chromosomensatz rechnet - oder eben sechs Milliarden, wenn man den üblicherweise vorhandenen zweifachen (diploiden) Satz rechnet.

Dulbecco konnte diesen verblüffenden und zunächst eher belächelten Vorschlag auch deshalb machen, weil den Biologen damals ein weiterer methodischer Fortschritt gelungen war, der ein solches Genomprojekt tatsächlich praktikabel erscheinen ließ. Auch dieser Fortschritt basierte auf der Gentechnik, genauer auf ihren Werkzeugen, den Restriktionsenzymen. Mit ihrer Hilfe lässt sich - wie erwähnt - das genetische Material einer Zelle (zum Beispiel einer menschlichen) zerstückeln, fragmentieren. Die dabei entstehenden Restriktionsfragmente lassen sich durch traditionelle Methoden der Biochemie trennen und sortieren, wobei die Ergebnisse in Form schöner Streifenmuster (Banden) präsentiert werden können.

Dieser Tatbestand war nicht weiter aufregend, bis einige Molekularbiologen unter der Führung von David Botstein und Ron Davies im Jahre 1980 feststellten, dass die dabei produzierten Schnittmuster erstens von Individuum zu Individuum verschieden sind und zweitens weitervererbt werden. Das Genom eines jeden einzelnen Menschen besaß andere Stärken und Schwächen gegenüber den Restriktionsenzymen als das eines anderen. Wo bei dem einen der DNA-Strang

Restriktionsfragmente lassen sich sortieren, wenn sie sich auf einem Substrat, einem Gel, bewegen können. Bei Anlegung einer positiven Spannung an einem Ende der Anordnung setzen sich die negativ geladenen Basen der RNA-Fragmente in Richtung Spannungspol in Bewegung, und sie sind dabei umso schneller, je kürzer sie sind.

zerschnitten war, blieb er bei einem anderen ungetrennt und umgekehrt. Die einer Person zugehörende Vielgestaltigkeit der Restriktionsfragmente bekam nun den leicht nachvollziehbaren Namen Polymorphismus, und wenn man die beiden Ausdrücke zusammenzieht, entsteht ein Wortungetüm, das es in sich hat und das man erst üben muss, bevor es einem leicht über die Lippen geht. Die Rede ist von dem Restriktionsfragmentlängenpolymorphismus, den die Biologen rasch RFLP abkürzten und »Riflip« aussprachen. Mit diesem Phänomen hatten Botstein und Davies einen Weg entdeckt, um auch beim Menschen das tun zu können, was die Genetiker schon seit Jahrzehnten bei anderen Organismen – wie Bakterien, Hefepilzen und Fliegen – exerzierten: nämlich eine Genkarte anzufertigen.

Die Idee zu solch einer genetischen Karte war bereits 1915 aufgekommen, als man bei Fliegen die Vererbung von sichtbaren Mutationen – etwa der Augenfarbe oder der Flügelform – verfolgte und versuchte, den Ort der dazugehörigen Gene oder Genvarianten auf den Chromosomen zu bestimmen. Mit Hilfe der Riflips war es nun – wie 1980 gezeigt wurde – möglich, die Idee der genetischen Karte in die Tat umzusetzen. Ein Polymorphismus lässt auf eine veränderte Information – eine Sequenzvariation – in der DNA schließen, die durch ein Restriktionsenzym bestimmt wird, das an diesem Stück DNA seine Arbeit (das Zerschneiden) verrichten konnte oder nicht.

Auf diese Weise ließen sich zunächst – in mühevoller Kleinarbeit, die lange Zeit gut für Doktorarbeiten geeignet war – Sequenzmarkierungen spezifischen Orten auf einem Chromosom zuordnen. Und im Anschluss daran ließen sich Gene, die zum Beispiel an der Entstehung von Krankheiten (wie etwa Krebs) beteiligt waren, auf dem Chromosom lokalisieren. Dies gelang, nachdem man deren Vererbungsmuster – ebenfalls in mühevoller Detailarbeit, die mit detektivischem Scharfsinn durchzuführen war – mit denen der Wegzeichen abgeglichen und zusammengefügt hatte.

Chromosomen sind Körper im Zellkern, die außer der DNA deren »Verpackung« enthalten, die hauptsächlich aus Proteinen besteht. Jeder Mensch hat 46 Chromosomen, von denen bei Frauen zwei sogenannte X-Chromosomen sind; Männer besitzen stattdessen ein X- und ein Y-Chromosom. Seit 1910 ist nachgewiesen, dass Chromosomen Träger des Erbguts sind.

Die Möglichkeit, die menschlichen Chromosomen zu kartieren, wurde als »neue Genetik« begrüßt, und sie führte rasch zu ersten Erfolgen. 1983 gelang es, das Gen, das in einigen Variationen die tödlich verlaufende Krankheit Huntington Chorea hervorbringen kann, auf dem kurzen Arm von Chromosom 7 zu lokalisieren. 1987 wurde eine erste Genkarte des Menschen publiziert, die rund 400 Markierungen enthielt; im folgenden Jahrzehnt gab es dann bereits 10 000 Wegzeichen (»Marker«). Inzwischen waren auch andere Markierungsmethoden als die durch die Riflips gefunden worden. Im Sog dieser Kartierungen wandelte die Medizinische Genetik ihr Gesicht, da sie bald mehr als 1000 für Krankheiten verantwortlicher Gene wohldefinierten Orten (»Loci«) auf den Chromosomen zuordnen konnte.

Der Wettlauf um das humane Genom

Damit ist der Hintergrund umfassend ausgeleuchtet worden, vor dem Dulbecco seinen Vorschlag einbrachte, das humane Genom zu sequenzieren. Natürlich traf der Plan schon allein deshalb auf Skepsis, weil es um mehr als drei Milliarden Basenpaare ging, die es in die richtige Reihenfolge zu bringen galt. Die damaligen Methoden erlaubten bestenfalls das Ermitteln von 300 Basenpaaren an einem Stück, was bedeutete, dass Heerscharen von Assistenten (oder noch billiger: Doktoranden) benötigt würden, die jahrelang repetitive und damit stumpfsinnige Arbeiten zu verrichten. Außerdem ließ sich abschätzen, dass es rund einen Dollar kosten würde, die Position einer Base ausfindig zu machen, und wenn deshalb tatsächlich drei Milliarden Dollar für das Projekt ausgegeben wurden, müssten andere Bereiche der Forschung zurücktreten und ihre Ziele mit stark geschrumpften Budgets verfolgen.

Das Geld ist eine Sache, die Größenordnung der Aufgabe eine andere. Jedes der drei Milliarden Basenpaare trägt jeweils eine Information. Das entspricht etwa der Menge der Buchstaben von 1000 Büchern mit 1000 Seiten oder eben ei-

Die frühe Schätzung, dass das **Humangenom-Projekt** drei Milliarden Dollar kosten würde, hat sich als erstaunlich zutreffend erwiesen, was eigentlich ein Grund für die Forscher sein sollte, stolz zu sein.

ner ganzen Bibliothek, in der die gesammelten Werke nicht nur von Thomas Mann, sondern auch von Goethe, Shakespeare und vielen anderen Größen der Weltliteratur Platz finden würden.

Wie lange würde man brauchen, um diese Menge zu lesen? Als das Humangenom-Projekt konzipiert wurde, hätte man mit den verfügbaren Techniken etwa ein Jahr (und viel Geduld) gebraucht, um gerade einmal so um die 12 000 Basenpaare zu sequenzieren. Ohne die optimistische Annahme, dass große technische Fortschritte hier Abhilfe schaffen würden, wäre an dieser Stelle jede weitere Planung sinnlos gewesen. Doch Wissenschaftler haben Vertrauen in die eigenen Fähigkeiten, und bald kamen Maschinen auf den Markt, die für 12 000 Basenpaare nur noch 20 Minuten benötigten, und der sicher schon wieder veraltete »letzte Stand« der technischen Dinge besagt, dass es möglich ist, 12 000 »Buchstaben« des Genoms pro Minute lesbar zu machen.

Damit konnte zwar zunächst natürlich niemand rechnen, aber unabhängig davon galt die schiere Quantität, die zur Sequenzierung des menschlichen Genoms zu bewältigen war, niemals als gutes Argument gegen das Projekt, vor allem deshalb nicht, weil inzwischen die Computerkapazitäten dank besserer Chips mit besserer Software ungeheuer groß geworden waren und weiter zunahm. Es gab aber ein besseres Argument, und das stammte aus der Biologie selbst, die nämlich längst bemerkt hatte, dass nicht alles Gold war, was da genetisch glänzte. Anders ausgedrückt: Man vermutete schon länger, dass nur rund zehn Prozent des menschlichen Erbmaterials das darstellte, was man Gene nennt. Zwischen diesen informativen und relevanten Segmenten lagen viele Stellen, die anscheinend ohne Bedeutung waren und abfällig als »junk« tituliert wurden. Warum - so fragten viele Molekularbiologen - soll man all diese DNA sequenzieren, wenn man nur die wichtigen zehn Prozent braucht.

Doch jedes Ziel, das erreichbar ist, lockt uns an, selbst wenn mehr Management als Wissenschaft benötigt wird, um es zu erreichen. Nach und nach sammelten sich die Wissenschaftler, die sich zutrauten, das menschliche Genom zu einem vernünftigen Preis zu entziffern. Sie wollten das Projekt in Angriff nehmen und begannen damit vor allem in den USA und in Frankreich. Allen voran entwarf der charismatische Walter Gilbert schon früh einen Weg, durch welche Schritte es gelingen könnte, eine komplette Sequenz zu erreichen.

Dabei kam es unter anderem darauf an, die langen DNA-Moleküle, aus denen das Genom besteht, erstens geeignet zu fragmentieren, zweitens die Bruchstücke in ausreichender Menge herzustellen und drittens deren Basenfolge zu bestimmen. Um ausreichend Material für die Sequenzierung herzustellen, wurden die produzierten DNA-Fragmente mit Hilfe der Gentechnik kloniert. Die Sequenzierung des Genoms erfolgte dann Klon nach Klon - oder Clone-by-clone, wie es im Amerikanischen heißt.

Der ursprüngliche Plan, sich direkt am Menschen und seinem Genom zu versuchen, wurde bald zugunsten der Strategie aufgegeben, erst die kleinen Genome von Organismen zu sequenzieren, mit denen man viel experimentelle Erfahrung hatte - also von Bakterien, Hefepilzen, Fliegen und Würmern. Alle diese Bemühungen wurden ab 1990 unter dem Dach des Humangenom-Projektes zusammengefasst und organisiert, das den ersten Versuch der biologischen Wissenschaft darstellte, eine großräumige Infrastruktur aufzubauen, um die Mechanismen und Gesetze des Lebens zu erkunden.

Das erste große Projekt, das auf diese Weise angegangen wurde, bestand in der Sequenzierung der 12 Millionen Basen, die das Genom der Hefe ausmachen. Zwischen 1992 und 1996 brachten zwölf kooperierende Laboratorien die Sequenzen individueller Chromosomen hervor, bis die vollständige Sequenz der Hefe vorlag. Durch den dabei erzielten Erfolg ermutigt, wagte man sich 1998 an die 97 Millionen Basen des kleinen und niedlichen Wurms mit dem schönen Namen *Caenorhabditis elegans,* was allein deshalb bemerkenswert ist,

Die **Strategie Gilberts** war es, aus der Kartographie des menschlichen Genoms besonders interessante DNA-Abschnitte herauszulösen und zu analysieren und nach und nach diese bereits analysierten Abschnitte zu einem Gesamtbild des menschlichen Genoms zusammenzufügen.

weil damit erstmals das Genom eines vielzelligen Organismus sequenziert wurde.

Die für die Finanzierung der öffentlichen Forschung zuständigen Behörden zögerten einige Zeit, ihre Ressourcen einem Projekt anzuvertrauen, von dem niemand genau sagen konnte, wo es enden würde. Erst nachdem in den USA das Department of Energy unter seinem Direktor Charles DeLisi ab 1987 bereit war, Geld in Genomprojekte zu stecken, reagierten auch die National Institutes of Health (NIH), also die Behörde, die mit Abstand weltweit das meiste Geld für biomedizinische Forschungen zur Verfügung stellt. Im September 1988 wurde unter ihrer Führung ein Büro für Genomforschung eingerichtet, das bald in ein »National Center for Human Genome Research« (NCHGR) umgewandelt und einige Jahre von James Watson, dem Mitentdecker der Doppelhelix, geleitet wurde.

Zu dieser Zeit war das Sequenzieren immer noch langsam und teuer, und nur größte Optimisten konnten es schon wagen, von einem möglichen Abschluss des Projektes zu sprechen. Noch sehr viele wissenschaftliche und technische Fortschritte wurden benötigt, um überzeugend voranzukommen,

DNA-Sequenz als
Ausdruck eines
Sequenziergeräts

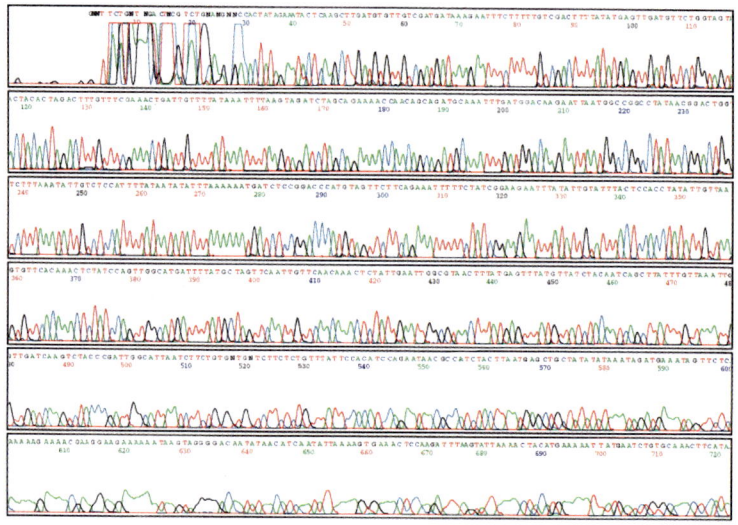

und die kamen zunächst aus Frankreich, genauer aus den Pariser Laboratorien von Daniel Cohen und Jean Weissenbach, die mit neuen Strategien nach dem Vorbild der Riflips immer genauere Genkarten anfertigten und damit das Genom immer besser zugänglich machten.

Während die Erforschung des Humangenoms dank der Entwicklung zunehmend leistungsfähiger Computer und dank Geldspenden der Computerhersteller und anderer kapitalkräftiger Firmen Schritt für Schritt vorankam, tauchte zu Beginn der neunziger Jahre eine schillernde Figur in der Genomforschung auf, die ihr eine neue Geschwindigkeit und eine kommerzielle Dimension gab. Gemeint ist der amerikanische Biochemiker Craig Venter, der 1992 das erste Unternehmen gründete, dessen Produkt Genomdaten in Form von Gensequenzen waren. Es heißt The Institute for Genomic Research, ist in Rockville im US-Bundesstaat Maryland beheimatet und in aller Welt unter seiner bewusst raubtierhaft klingenden Abkürzung bekannt: TIGR. Der auf dem Tiger reitet, also Venter, ist überzeugt davon, dass sich die genetischen Informationen verkaufen lassen - zum Beispiel an die medizinischen Forschungsinstitute, die sich für Krebs interessieren, oder an die Pharmaindustrie, die nach Angriffspunkten für neue Medikamente sucht. Folglich sinnt er nach Wegen, die von seinen Mitarbeitern sequenzierten Gene bzw. Genabschnitte patentieren zu lassen. Ihm geht es nicht um Vollständigkeit bis ins letzte vielleicht nutzlose Detail. Ihm geht es um anwendungsfähige Ergebnisse, und sie will er so schnell wie möglich bekommen und anbieten können. Zunächst ersinnt Venter ein unter dem Stichwort »expressed sequence tags« (EST) bekanntes Verfahren, mit dem es möglich wird, die aktiven und somit interessanten Gene in einem Genom auszusondern und von dem verbleibenden »Abfall« der übrigen Sequenzen zu trennen. Und etwas später findet er einen Weg - die Schrotschussmethode oder Shotgun-Sequenzierung - auf dem sich auf zwar unelegante, dafür aber schnelle Weise viel mehr DNA-Sequenzen

Bei der **Shotgun-Sequenzierung** wird die DNA zunächst kloniert und grob zerteilt. Zusammenhängende DNA-Abschnitte, die sich an ihren Enden überlappen – die Experten sprechen von Contigs –, kann man durch erneute Zerlegung der kleineren Fragmente generieren, die jetzt zur Sequenzierung vorbereitet werden. Die Hauptaufgabe besteht zuletzt darin, die genetischen Informationen (DNA-Sequenzen) der Schrotschussfragmente in die richtige Reihenfolge zu bringen.

ermitteln lassen als mit den herkömmlichen Methoden, die in den öffentlich finanzierten Genomprojekten eingesetzt werden.

Venters Verfahren setzt mehr auf Computerkapazitäten als auf raffinierte Überlegungen. Er nutzt jede Möglichkeit der Automatisierung und wirbelt dabei die Welt der Genomforschung wild durcheinander - zuerst und nachhaltig mit der Sequenz von Haemophilus influenza. Diese und andere Projekte bringen ihm am Ende des 20.Jahrhunderts die große Aufmerksamkeit des Publikums - vertreten durch Magazine und Fernsehstationen - ein, was oft den Eindruck entstehen lässt, als hätte Venter das Humangenom mit seinen Streichen fast im Alleingang entschlüsselt. Dem ist entschieden zu widersprechen, denn bei allen Vorzügen von Venters Schrotschussmethode hatte das Verfahren auch große Schwächen.

Venter sollte noch die Hilfe der anderen Seite brauchen, also der Vertreter der öffentlichen Wissenschaft, deren Führung inzwischen Francis Collins übernommen hatte. Er hatte Watson 1992 als Direktor des NCHGR abgelöst, und ihm war der Gedanke an unveröffentlichte Daten, die als Ware gehandelt werden, ein Gräuel. Für ihn ging es nicht in erster Linie um Geld, sondern um die Wissenschaft. Collins und seine Kollegen aus den Universitäten beschlossen deshalb 1996 die sogenannten Bermuda-Prinzipien, die alle Teilnehmer an Genomprojekten verpflichteten, ihre Daten innerhalb von 24 Stunden einer allgemein zugänglichen Datenbank zur Verfügung zu stellen. Zahlreiche finanzstarke Stiftungen - allen voran der britische Wellcome Trust -, förderten diesen Gedanken ideell und materiell.

Venter nimmt den Fehdehandschuh auf, indem er eine weitere Firma gründet, die er nach dem lateinischen Wort für Geschwindigkeit Celera nannte. Und er ist wirklich schnell! Im Mai 1998 schockiert er seine Kontrahenten, als er verkündet, er werde mit seinen Verfahren das menschliche Genom innerhalb von drei Jahren komplett sequenzieren. Er ist damit der erste Wissenschaftler, der einen Termin für die Erreichung dieses Ziels nannte, und wenn auch niemand behaupten sollte, dass Venter sein kühnes Versprechen eingelöst hat, so muss doch zugegeben werden, dass ohne seine ungewöhnliche Umtriebigkeit alles schleppender und gemütlicher zugegangen wäre.

Bei Celera stehen rund 300 automatische Informationslesemaschinen (Sequenziergeräte) - alle vom Typ, der ABI PRISM DNA Analyzer heißt und einige Hunderttausend Dollar kostet. Diese Geräte laufen mit voller Kapazität Tag und Nacht, was unter anderem die jährliche Rechnung des Elektrizitätswerkes auf die schwindelerregende Höhe von 1 Million Dollar bringt. Die kontinuierlich produzierten Sequenzdaten - in der Größenordnung von Terabytes - werden von speziell angefertigten Computern montiert, wobei die Berechnungen für die erste »assembly« 500 Millionen Billionen Sequenzvergleiche nötig macht. Die abschließenden Berechnungen benötigten 64 Gigabytes an Speicherkapazität. Spätestens 1999 reagierten die aus öffentlichen Mitteln finanzierten Wissenschaftler auf diese Herausforderung. In einer groß angelegten weltweiten Kooperation mit Schwerpunkten im britischen und im amerikanischen Cambridge und wesentlichen Zuarbeiten aus Japan und Deutschland holten sie Chromosom für Chromosom und Sequenz für Sequenz Venters Vorsprung auf. Und im Juni 2000 entschlossen sich das öffentliche Genomprojekt und die private Celera-Initiative, ihre Daten zusammenzulegen, um gemeinsam von einer ersten umfassenden Analyse des menschlichen Genoms berichten zu können. *Das humane Genom* wurde dann zum ersten Mal im Februar 2001 publiziert. Allerdings waren auch danach noch viele Feinarbeiten und Sequenzangleichungen nötig. Im Frühjahr 2003 wurde das offizielle Ende des Humangenom-Projektes bekannt gegeben, pünktlich zum fünfzigsten Jahrestag der Entdeckung der Doppelhelix. Es war schon eine erstaunliche Geschichte, die sich in diesem halben Jahrhundert abgespielt hatte, von der Entdeckung einer phantastischen Struktur bis zur vollständigen Erkundung des wahrscheinlich kompliziertesten Moleküls, das die Natur »erfunden« hat.

Übrigens – jetzt haben wir das humane Genom und wissen gar nicht, wessen DNA-Sequenz denn da vorliegt. Wessen Basenpaare kennen wir nun in der aufgereihten Form?

Die Antwort lautet, dass es nicht einen einzelnen DNA-Spender, sondern eine Zahl von ihnen gibt. Sie haben sich aufgrund von Anzeigen in lokalen Zeitungen bei wissenschaftlichen Laboratorien gemeldet, wo ihnen Zellproben abgenommen und aufbewahrt und weitergegeben wurden, dass keiner mehr wissen konnte, mit wessen DNA er gearbeitet hat. Von Anfang an wurde darauf geachtet, Individuen zu nehmen, die sich verschiedenen Volksgruppen zugehörig fühlten. Im Humangenom stecken unter anderen die Sequenzen von afrikanischen, asiatischen, amerikanischen und europäischen Menschen. Natürlich unterscheiden sich die einzelnen Spender untereinander. Aber aus ihnen allen lässt sich die eine gemeinsame Sequenz – eine Konsensus-Sequenz – ableiten, die wir jetzt »menschlich« nennen. So zeigt die Wissenschaft am Genom, dass es viel gibt, was uns eint, und nur wenig, was uns trennt.

Das Geheimnis des Lebens

In Erwartung einer neuen Wissenschaft

An der modernen Bioforschung, die sich mit Genomen befasst und die dazugehörige DNA erst sequenziert, dann ediert und annotiert und zuletzt mit anderen Folgen von genetischen Buchstaben vergleicht, fällt auf, dass ihre Vertreter sich nicht lange damit aufhalten, die erreichten Daten vorzustellen. Vielmehr lassen sie fast noch im gleichen Atemzug den Blick über den plötzlich beengenden Zaun der Sequenzenentschlüsselung schweifen und verweisen auf das, was im Anschluss an diese Erfolge der Wissenschaft möglich wird. Vorträge über das humane Genom heißen immer gleich »The Human Genome and Beyond«, und bei diesen Gelegenheiten wird neben dem Genom immer noch etwas anderes beschworen. Da ist zunächst das Proteom. Damit ist eine Art Katalog all der Proteine gemeint, die in einer Zelle agieren und ein dynamisches Netzwerk bilden, das dann von der dazugehörigen Wissenschaft namens Proteomik erforscht wird, wie es in Analogie zu Genomik heißt. Und selbst wenn man noch nichts von dem Proteom in der Hand hat, so weiß man doch schon heute, dass danach noch nicht Schluss sein wird. Vielmehr wird die Aufmerksamkeit sich einem Transkriptom oder Metabolom zuwenden, das heißt der Liste aller DNA-Elemente, deren Informationen chemisch übertragen werden. Dies sind die Stoffwechselprodukte einer Zelle, die einzeln auch als Metabolite bekannt sind, was sich unschwer vom wissenschaftlichen Wort für den Stoffwechsel selbst, vom Metabolismus, ableitet.

Wenn der inflationäre Gebrauch der Endsilbe »om« auch vermutlich nicht von Dauer sein wird, so bleibt doch anzumerken, dass viele Genetiker und Mediziner mit solchen

Niels Bohr und
Albert Einstein im
Haus des Physikers
Paul Ehrenfest in
Leiden

Worthülsen zu erkennen geben, dass sie sich in Erwartung einer neuen Art von Biowissenschaft befinden. Diese neue Entwicklungsstufe der Biowissenschaft soll die Folge der informationellen Durchmusterung der Genome des Lebendigen sein, die in unseren Tagen stattfindet. Historisch ist die Hoffnung auf etwas grundlegend Neues gerechtfertigt, denn im Verlauf der Geschichte ist es oft so gewesen, dass eine zunehmende Menge an Daten - zum Beispiel über die Zusammensetzung der Erdschichten oder über die Verteilung und Entfernung der Sterne - die Atmosphäre schufen, in der große Persönlichkeiten wie Charles Darwin oder Niels Bohr den gesammelten Informationen einen Sinn unterlegen und ein neues Bild der Welt entwerfen konnten. Warum soll dies nicht wieder möglich sein?

Bohr ist 1885 in Kopenhagen geboren worden, und seinen großen Auftritt in der Physik kann man auf 1912 datieren. Die Ideen zu dem, was er damals vortrug, sind ihm in den Jahren zuvor gekommen - vielleicht schon 1910. Wir können uns also jemanden vorstellen, der 1985 geboren worden ist und sich in den nächsten Jahren so unkonventionell und originell mit den Daten der genetischen Objekte (Genome) befasst, wie es Bohr zu seiner Zeit mit den Daten der physikalischen Objekte von atomarer Größenordnung getan hat. Wenn dies der Fall ist, wird er oder sie uns in einigen Jahren erklären, was da zu sehen ist, wenn wir auf die Sequenzen eines evolutionären Genoms schauen, so wie Bohr uns erklärte, was da wirklich zu sehen ist, wenn wir auf die Spektren der Atome schauen. Was mag der erwartete Bohr der Biologie zur Zeit denken? Solange wir dies nicht wissen, bleibt uns nur, selbst den Versuch zu unternehmen, uns wenigstens ein erstes und vielleicht noch grobes Bild von den Genomen zu machen.

Einsichten in das Leben

Von Bohrs Zeitgenossen Bertolt Brecht stammt die Bemerkung, dass die Lage, in der sich die Menschen in der ersten Hälfte des 20. Jahrhunderts befanden, dadurch so kompliziert wurde, dass die einfache Wiedergabe der Realität immer weniger über diese Realität aussagte. Was die Materie wirklich war, zeigte der Blick auf ihre Oberfläche nicht. Und was die Menschen wirklich dachten und wollten, zeigte sich nicht, wenn man ihr Aussehen in einem Schnappschuss festhielt. Die eigentliche Realität - so meinte der Autor - sei »in die Funktionale gerutscht«.

Diese Worte zitiert Walter Benjamin in seiner *Kleinen Geschichte der Photographie*, denn die Wiedergabe der Realität, die Brecht meinte, ist ihre Reproduktion in Form fotografischer Aufnahmen. Wenn auf ihnen Menschen zu sehen sind, erkennen wir sie einzeln sofort wieder, ohne allerdings damit auch nur das Geringste über die Beziehungen auszumachen, deren Verflechtungen erst eine Gesellschaft - und damit die eigentlich wichtige Realität - hervorbringen.

Vielleicht lohnt es sich, an diese Einsicht zu denken, wenn man auf die Genomsequenzen schaut, die ja wie eine fotografische Wiedergabe der molekularen Wirklichkeit erscheinen und ebensowenig wie die angesprochenen Aufnahmen einer Kamera Auskunft über das Funktionieren der Gene geben. Sequenzen liefern ein Bild (ein Foto) von den Genen, ohne uns unmittelbar ein Bild (eine Vorstellung) von ihnen zu geben. Die Sequenzen zeigen keineswegs das Leben selbst, und die Aufgabe der Wissenschaft besteht deshalb darin, in den gesammelten Daten einen Sinn ausfindig zu machen.

Eine uralte Frage an die Biologie lautet, wie Leben entstanden sein kann, und eine mögliche Lösung dieses Problems liegt darin, dass man versucht, sich die einfachste Form auszudenken, in der Leben existieren kann. Die Genom-sequenzen können leicht dazu verleiten, an diesem Spiel teilzunehmen, und so hat es einige Bemühungen gegeben, ein minimales Genom zu konstruieren, womit das Genom gemeint ist, das über die kleinste Zahl von Genen verfügt, die ein – dann sicher einzelliges – Wesen benötigt, um sich vermehren und an seiner Umwelt teilhaben zu können. Auf verschlungenen gedanklichen Wegen ist man dabei auf die Zahl 256 gekommen, die einige Leute weniger erfreut und mehr besorgt, denn wenn es Leben in dieser sehr kleinen Form geben kann, dann lässt es sich im Reagenzglas herstellen – eine Leistung, die vom Publikum sicher mit gemischten Gefühlen aufgenommen würde.

Was an den Bemühungen um ein Minimalgenom auffällt und vielleicht sogar gefällt, ist die Zahl 256 selbst, die sich als 2^8 schreiben und sofort die Anhänger des Pythagoras aufhorchen lässt, denen als Zahlenmystikern bereits aufgefallen ist, dass das Leben mit vier Basen auskommt, die ihrerseits aus vier Atomen bestehen (Wasserstoff, Sauerstoff, Kohlenstoff, Stickstoff). »Alles ist Zahl«, lautet das Motto der Pythagoräer und ihrer modernen Nachfolger, und sie werden auch im Bereich der Genome fündig werden. Sie können sich darüber freuen, dass die Idee der Quanteninformation sogar eine Begründung für die heilige Vierzahl – die Tetraktys – in den Genen liefern kann. Was die Zahl oder die Zahlen angeht, so lautet eine der sicher noch für lange Zeit gestellten Fragen, wie viel Gene denn nun in einem Genom stecken oder angelegt sind. In der Literatur schwirren oft seltsame Angaben herum: der Fliege *Drosophila melanogaster* werden nur rund 14 000 Gene zugewiesen, während in dem kleinen Wurm *Caenorhabditis elegans* gut 18 000 Gene stecken sollen. Beim Menschen schwirren Zahlen umher, die etwas niedriger als 30 000 Gene liegen, die aber immer weniger ernst genommen werden.

Früher war bekanntlich alles besser, und diese Binsenweisheit verschont auch die Genetik nicht, für die man sagen kann, dass ihre alten Vertreter noch gewusst haben, was ein Gen ist. In der modernen Genomforschung ist dieser würdige Begriff allerdings unter die Räder des Fortschritts geraten. Das Gen, das früher ein elegantes Konzept zum Verstehen des Lebendigen war, wird heute als DNA-Sequenz erfasst, die gelesen (»exprimiert«) werden kann. Es ist eine Art Text zwischen dem Startsignal und einem Stopp-Codon.

Vielleicht wäre es besser, man würde den Ausdruck »Gen« unbenutzt lassen, wenn man Genomsequenzen analysiert und stattdessen von »genetischen Orten« reden, also von Abschnitten der DNA. Hier könnten sich die Kenntnisse der alten Genetik mit den Ergebnissen der neuen Genomforschung treffen. Die alte Genetik begann ihre Arbeit mit sichtbaren (phänotypischen) Mutationen, und sie versuchte, deren Position auf den Chromosomen zu finden (Kartieren). Die neue Genetik beginnt ihre Arbeit mit (genotypischen) Zeichenfolgen des Genoms, von denen sie nicht weiß, wie sie sich auf das Erscheinungsbild des Organismus auswirken. Sie kann sie nur zählen, und dabei fallen oft seltsame Konstruktionen der Natur auf. So zeigt die Genomanalyse, dass Organismen auf höheren Stufen der evolutionären Leiter oft eng verwandte Sequenzen (Gene) besitzen, die ähnlichen, aber trotzdem leicht verschiedenen Aufgaben dienen. So gibt es in Wirbeltiergenomen drei unterschiedliche genetische Orte, mit deren Informationen der Bau eines Proteins durchgeführt wird, das in den Lehrbüchern Aldolase heißt. Die Aldolase gehört zum Grundinventar lebender Zellen. Sie spielt eine Rolle in der sogenannten Zellatmung, bei der Zucker aus der Nahrung (Glukose) zur Energiegewinnung umgeformt wird. Einen Schritt dieses Stoffwechsels katalysiert die Aldolase, die höhere Organismen in drei Varianten herstellen, vermutlich um auf jeden Fall einen Weg verfügbar zu haben, auf dem die nötige Energie zu gewinnen ist.

Die Taufliege *Drosophila* melanogaster, das beliebteste Labortier der Genforscher

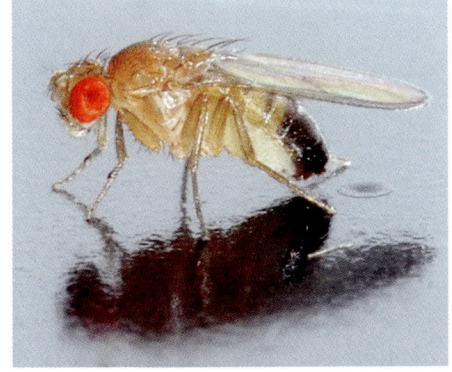

In Erwartung einer neuen
Wissenschaft

101

In der Fliege *Drosophila* finden die Genomforscher zwar nur einen genetischen Ort für die Aldolase; ihre biochemischen Kollegen können ihnen aber sagen, dass die Zellen der Fliege die Mosaikstruktur des Aldolase-Gens unterschiedlich verarbeiten und dieses dadurch so nutzen können, dass auch ihnen drei Varianten des Proteins zur Verfügung stehen. Offenbar gehört dies zum genetischen Stil von *Drosophila*, denn auch bei den Proteinen mit Namen Myosin, aus denen unter anderem die Muskeln aufgebaut werden, bringt die Fliege alle benötigten Varianten durch eine Kombination der Bestandteile des entsprechenden Gens zustande. Im Gegensatz dazu hat der Wurm *C. elegans* vier verschiedene Myosin-Gene in seinem Genom angelegt.

Offenbar müssen die unterschiedlichen genetischen Strategien zur Herstellung einer vergleichbaren Vielfalt von Proteinen gut verstanden sein, bevor man sich ernsthaft an die Aufgabe macht, Ergebnisse aus der Genomanalyse sinnvoll zu deuten. Die Wissenschaft, die einmal eine Genomik werden will, steckt nach wie vor in den Kinderschuhen, und es wird noch einige Zeit dauern, bevor wir manches begreifen. Zum Beispiel die Beobachtung, dass Fliegen zur Herstellung einer bestimmten Klasse von Proteinen, die mit dem genetischen Material selbst in Wechselwirkung treten - sie heißen aufgrund ihrer Form und wegen des zusätzlichen Einbaus eines Metallatoms Zink-Finger-Proteine -, mehr als doppelt so viele Gene angelegt haben wie der Wurm. In *Drosophila* zählen die Genetiker nämlich 352 Zink-Finger-Gene, während *C. elegans* mit 132 zufrieden ist. Was in dieser Reihe das humane Genom angeht, so belassen es die Wissenschaftler nicht beim Staunen darüber, dass wir mehr als doppelt so viele Zink-Finger-Gene wie die Fliege haben, sondern fangen auch mit Versuchen an, dies genauer zu verstehen.

Zink-Finger-Proteine gehören ihrer Funktion nach zu der Gruppe der Transkriptionsfaktoren, was heißt, dass sie an dem Schritt beteiligt sind, bei dem eine DNA-Sequenz auf die Protein-Hardware der Zellen übertragen wird. Sie führen die Transkription dabei zwar nicht selbst durch, sie regulieren oder steuern sie aber. Zink-Finger-Proteine können Gene an- und abschalten, und es besteht schon lange der Verdacht, dass die entscheidenden Sequenzen für die Evolution des Lebens nicht in den proteinkodierenden Abschnitten, sondern in den dazugehörigen regulierenden Passagen zu finden sind. Die Offenlegung der Genomsequenzen erlaubt nun, diese Hypothese einem präzisen Test zu unterwerfen, der sicher in den nächsten Jahren durchgeführt werden wird.

Die erste Analyse der Genome ergibt eine umfassende Liste der Proteine und ihrer Teile, die im Leben benutzt werden - so kann man nachlesen, dass menschliche Zellen dreißig Gene für Wachstumsfaktoren haben, die das Bindegewebe hervorbringen (Fibroblasten), und 765 Gene, die beim Zustandekommen von Antikörpern eine Rolle spielen. (Fliegen und Würmer haben im ersten Fall neun bzw. sechs und im zweiten Fall 140 bzw. 64 Gene.) Aber die entscheidende Information zum Verständnis der Lebensdynamik bleibt ein Geheimnis - so offen sie auch vor uns liegt. Gemeint ist die Sequenzinformation, die festlegt, wann und wo, für wie lange und unter welchen Umständen ein Gen ein- oder ausgeschaltet ist.

Diese Steuerinformation kann den Sequenzdaten nicht entnommen werden, was allein deshalb zu bedauern ist, weil sie essentiell an der Evolution beteiligt sein muss. Die Entwicklung von Leben geschieht sicher weniger dadurch, dass es sich mehr Proteine zulegt, als dadurch, dass es mit den vorhandenen Proteinen raffinierter umgeht und ihre Verwendung moduliert.

Die ersten Preise für Genomforscher werden vermutlich an die vergeben werden, die angeben können, welche Variationen von Proteinen für die Entwicklung des Lebens eine entscheidende Rolle spielen. Sie können aber auch an die Biologen fallen, die einen ersten Überblick über das Spektrum der genetischen Variationen liefern, die den menschlichen Genpool ausmachen.

Genpool wird die Menge aller Gensequenzen genannt, die in einer Population gefunden werden. Es gibt also einen Genpool aller Menschen, einen Genpool der Säugetiere, der Wirbeltiere usw.

Es könnte sich hier um ein gar nicht so verzwicktes Problem handeln, da die Menschheit eine relativ junge Spezies ist. Die derzeit vorhandene Population von rund 6 Milliarden Menschen – so die genetisch gut begründete Ansicht der Anthropologen – stammt von einigen Tausend Vorfahren ab, die vor rund 200 000 Jahren in Afrika gelebt und sich von dort über alle Welt ausgebreitet haben. Von solch relativ kleinen Gruppen lässt sich annehmen, dass sie nur eine begrenzte Vielfalt in den Genen produzieren und bewahren kann. Man rechnet mit ein paar allgemein verbreiteten Varianten in den kodierenden Sequenzen eines jeden Gens in dem Genom, und die nur wenigen Tausend Generationen bis heute haben an diesem Spektrum sicher nicht sehr viel ändern können. Aus alldem kann man die Hoffnung schöpfen, dass es bald möglich wird, die gemeinsamen Varianten (Allele) aller menschlichen Gene zu katalogisieren.

Neben der allgemeinen Evolution (Phylogenese) interessiert die Genomforscher noch die individuelle Entwicklung (Ontogenese) eines Lebewesens, also sein Weg von einer befruchteten Eizelle zu einem ausgereiften Erwachsenen. Aus der nahezu formlosen Eizelle wird in zahlreichen Entwicklungsstufen ein hochgradig gestalteter Organismus, und es ist keine Frage, dass das Genom mit seinen Informationen zu diesem Vorgang beiträgt. Aber wie macht es dies?

Wer diese Frage beantworten will, wird bald merken, dass neue Begriffe für das nötig werden, was Gene bzw. DNA-Sequenzen dabei bewirken. Gene informieren, Gene kodieren, Gene regulieren – aber reicht dieses Vokabular, um damit die regelmäßige Folge von Differenzierungen und Gestaltbildungen erklären zu können, die auf dem Weg von der Eizelle über den Embryo und den Fötus zum Organismus zu beobachten sind?

Die DNA ist keine Software

Die meisten Biologen greifen an dieser Stelle auf eine Vorstellung aus den sechziger Jahren zurück, nach der sich die

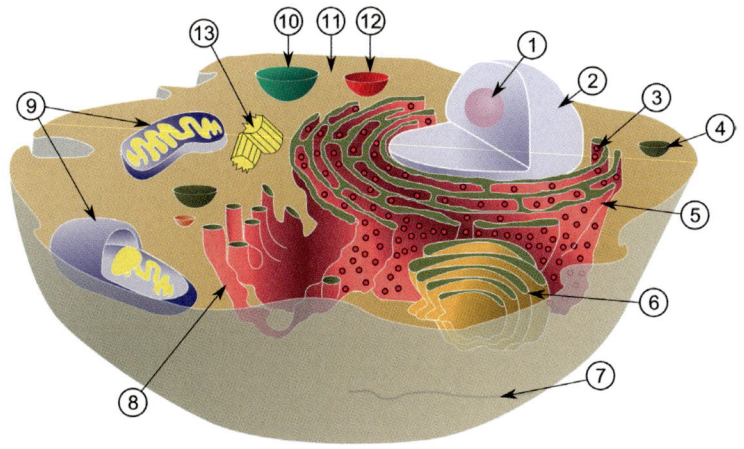

biologische Entwicklung als Folge eines genetischen Programms einstellt. Das Genom wird in diesem Bild als die
Software gesehen, deren Hardware dann unser Körper mit
all seinen molekularen Bauteilen ist. Die Nähe der Genomforschung zur Computerindustrie hat diesen Gedanken fest
verankert und so populär werden lassen, dass die lebende
Legende namens Bill Gates davon sprechen konnte, ein Gen
bzw. ein Genom sei das raffinierteste Programm, das ihm je
unter die Augen gekommen sei - »by far the most sophistica-
ted program around«.

Zeigt der Blick auf das Genom tatsächlich die Software des
Lebens? Es gibt Gründe, dies zu bezweifeln.

Die Software eines Computers wie das Windowsprogramm,
mit dem auch der Laptop funktioniert, auf dem gerade dieser
Text geschrieben wird, entsteht in einer Vielzahl von Schritten. Zuerst legen die Programmierer in einer gegebenen Programmiersprache (bei Microsoft Windows trägt sie den Namen C++) einen Code fest; dann überführt ein sogenannter
Compiler dieses Programm in eine anwendungsfähige Datei,
so dass ein Computernutzer nichts selbst programmieren
muss, sondern bequem mit seiner Arbeit beginnen kann.

Halten wir also fest: Es gibt zwei verschiedene Dinge, einen
Primärcode und eine komplexe Funktionseinheit, die durch

einen bestimmten Code hervorgebracht wird, und zwar auf höchst verwickelte Weise mit einer eigenwilligen Sprache. Wenn wir lebendige Organismen betrachten, treffen wir in ihnen und ihren Zellen auf eine Art Compiler in Form all der Regeln, denen die biochemischen Prozesse unterliegen, die etwa zur Embryogenese gehören.

Wenn es nun ein Windows-Genom-Projekt in Analogie zum Humangenom-Projekt gäbe, bestünde das erste Ziel darin, den C++-Primärcode von Microsoft bis zum letzten Bit zu entschlüsseln. Die nächste Frage aber wäre, was man wüsste, wenn dies gelungen wäre. Die Antwort darauf hängt wiederum davon davon ab, ob bekannt ist, wie der Compiler funktioniert. Wenn dies nicht der Fall ist, hätten die Forscher vor allem Kauderwelsch vor Augen, in dem sie bestenfalls grobe Strukturen erkennen und zum Beispiel ermitteln könnten, wie sich alte Windows- Versionen von neuen unterscheiden. Sie könnten vielleicht auch sagen, welche Teile des Codes dafür sorgen, dass Informationen auf dem Bildschirm angezeigt werden, aber mehr ist nicht möglich.

Den Compiler, also die vielen Ausführungsregeln des Lebens in einer Zelle, aber kennen wir kaum ansatzweise, und es ist nicht davon auszugehen, dass er so funktioniert wie der Compiler bei Windows.

Vielleicht kämen die Forscher weiter, wenn sie sich entschließen könnten, auf den Programmbegriff, auf die 1:1-Analogie mit dem Computer, zu verzichten.

Denn was soll es heißen, wenn man sagt, eine Eizelle spult ein Programm ab, wenn sie Instruktionen zum Bau eines Organismus gibt? In dieser Konzeption muss es jemanden oder etwas geben, der oder das diese eintreffenden Anweisungen interpretiert und umsetzt. Dieses Etwas wiederum muss so unabhängig von den programmatischen Instruktionen sein wie ein Mechaniker von den Bauplänen des Autos, das er zusammensetzt. Damit stellt sich eine offenkundige Frage, die bislang ohne Antwort bleibt: Wer oder was ist der Mechaniker des Lebens, und wie ist er zustandegekommen?

Natürlich kann man als Lösung vorschlagen, er sei von Anfang an da gewesen. Doch damit würde man nur das uralte vitalistische Kaninchen aus dem Zylinder ziehen und das Leben durch etwas Geheimnisvolles erklären, das selbst unerklärt bleibt, am besten das Leben selbst. Im Kontext der heutigen Wissenschaft ist eine solche »Erklärung« nicht möglich. Hier muss auch der Mechaniker auf biochemische Weise entstanden sein, und auch um ihn zu erklären, können wir nur auf die Gene zurückgreifen. Sie müssen ihn gemacht haben, und damit muten wir den Genen - im Denkschema des Programms - etwas Unmögliches zu, nämlich etwas gemacht zu haben, bevor es sie selbst gegeben hat. Wir verwickeln uns in ein zirkuläres Argument, da (in der Computersprache) eine Software nicht auf einer Hardware laufen kann, für die sie noch keine Bauanleitung geliefert hat und die dennoch erst mit ihrer Hilfe hergestellt werden kann.

Es ergibt keinen Sinn, das Leben als Computer zu betrachten und dessen Zweiteilung in Hardware und Software in die Biologie zu übertragen, etwa dadurch, dass man die Gene als Software und die Proteine als Hardware bezeichnet. Beim Computer existiert das Programm unabhängig von der Hardware. Man kann ein Gerät bekanntlich ohne Software kaufen. Und dies Gerät ist darüber hinaus auf keinen Fall von einem der Programme hergestellt worden, die später auf ihm laufen.

Kein Leben - vor allem kein menschliches Leben - wird so nach Plan angefertigt, wie es bei einem Industrieprodukt geschieht, etwa einem Auto, einer Waschmaschine oder einem Computer. Will man die Entwicklung des Lebens verstehen, stiftet es nur Verwirrung, wenn man den Plan und seine Ausführung trennt. Beide gehören nämlich eng zusammen, wie die jüngsten Einsichten der Entwicklungsbiologen zeigen. Die Gene und ihre Auswirkungen gehören sogar so eng zusammen, dass man geneigt sein könnte, an Stelle des Maschinenbildes ein viel schöneres zu benutzen. Es zeigt kein Programm, das abläuft, wenn Lebewesen, nicht zuletzt

Die amerikanische Genetikerin **Barbara McClintock** (1902–1992) war eine der wenigen Frauen, die sich in der Mitte des 20. Jahrhunderts in der männlich dominierten naturwissenschaftlichen Spitzenforschung durchsetzen konnten.

Menschen, entstehen. Es zeigt vielmehr so etwas wie einen Schöpfungsvorgang, wobei weniger die Kreativität eines Gottes, sondern die eines Künstlers gemeint ist. Vielleicht entstehen wir (und andere Lebensformen) so, wie die Werke eines Malers entstehen. Beim Malen fängt der Prozess des Hervorbringens mit einer Vorstellung im Kopf des Künstlers an, und seine Fortführung hängt von den Ergebnissen ab, die im Laufe der Bildentstehung auf der Leinwand sichtbar werden. Bei der Embryonalentwicklung fängt der Prozess mit Vorgaben im Kern der Zelle an, seine Fortführung hängt aber von den Bildungen ab, die im Laufe der Zeit entstehen, auf die auch die Umwelt wirkt und die wiederum auf die Umwelt zurückwirken.

Wer die Entstehung eines Bildes beschreibt und dabei den Macher vom Gemachten trennt, geht an der Sache vorbei. Dies gilt auch für die Entwicklung. Bei ihrer Beschreibung sollte man nicht versuchen, das Bildende von dem Gebildeten zu trennen, weil die Gene und ihre Produkte in kontinuierlicher Wechselwirkung stehen. Es ist übrigens dieses Zusammenspiel, das empfindlich gestört wird, wenn es an das Klonieren geht. Ein Menschenklon zum Beispiel muss dann ohne all die Kreativität auskommen, die das Leben im Verlauf der Evolution erwerben musste, um zu lernen, sich selbst hervorzubringen. Mit dem Klonieren fallen wir hinter die Geschichte des Lebens zurück, weshalb nur dringend von allen Experimenten in diese Richtung abgeraten werden kann.

Wenn wir einem Genom schon so etwas wie Kreativität zubilligen, dann können wir es auch mit einem Gehirn vergleichen, was konkret bedeutet, dass wir das, was Gehirne tun, mit dem vergleichen, was Genome tun. Gehirne erlauben es Menschen, eine Gesellschaft zu bilden, und Genome erlauben es Zellen, einen Organismus zu bilden. Das Genom als ein hochsensibles Zellorgan zu bezeichnen, dass ungewohnte und unerwartete Ereignisse registriert und darauf reagiert, ist kein aus der Luft gegriffener Einfall des Autors, sondern ein Vorschlag, den die amerikanische Genetikerin Barbara McClintock gemacht hat, als sie 1983 nach der Überreichung des Nobelpreises für Medizin die Gelegenheit hatte, ihre Sicht der Dinge einem breiten und aufmerksamen Publikum vorzustellen. Mit solchen Überlegungen ist das Genom »in die Funktionale gerutscht«, wie Brecht hätte sagen können. Allerdings ist bislang noch nicht genau zu erkennen, wo es dabei angekommen ist.

Aussichten für das Leben

Gentests und medizinische Praxis

Als James Watson – wie erwähnt – für kurze Zeit Direktor des Genomprojektes war und dem Unternehmen den entscheidenden Anstoß verpasste, sorgte er scheinbar nebenbei auch dafür, dass man in Wissenschaft und Öffentlichkeit damit begann, sich auf die ethischen, juristischen und sozialen Folgen des neuen Wissens einzurichten. Auf einer Pressekonferenz erklärte Watson im Jahre 1990 – ohne vorherige Absprache mit Kollegen oder Vorgesetzten –, dass es mit zum Humangenom-Projekt gehöre, die »ethical, legal, and social issues« zu erörtern, und er hielt es für angemessen, für ein solches »ELSI«-Programm zwischen drei und fünf Prozent des Budgets aufzuwenden, das für Kartieren und Sequenzieren bereitgestellt wurde. Watsons Reputation in der Öffentlichkeit ließ nach dieser Verlautbarung jede kritische Stimme verstummen, und so bemühen sich seit diesen Tagen Ethiker, Juristen und Soziologen darum, der Öffentlichkeit die Konsequenzen der Sequenzen vorzustellen.

Es gibt viele Fragen, die in dem Zusammenhang auftauchen. Wie geht man fair mit genetischen Informationen um? Muss oder kann man diejenigen, die genetisch benachteiligt sind – was immer das bedeutet – finanziell oder auf andere Weise entschädigen? Wie sorgt man dafür, dass genetische Informationen privat bleiben? Wer darf meine Gendaten kennen? Meine Familie? Mein Arzt? Mein Arbeitgeber?

Natürlich hängen die Antworten auf diese Fragen nicht zuletzt von dem Gehalt der Informationen ab, die bei genetischen Analysen – sogenannten Gentests – gewonnen werden können. Wenn Gentests einmal halten, was ihre Anbieter versprechen, dann werden sie in Zukunft einem Individuum

Auf der amerikanischen Website **www.genetests.org** erhält man einen Einblick in das heutige Gentest-Business.

erlauben, seine genetisch bedingte Anfälligkeit für Krankheiten zu ermitteln, einschließlich der Störungen eines gesunden und normalen Lebens, die erst im Alter auftreten. Gentests sind prädiktiv, wie man sagt, um sie von anderen Untersuchungen zu unterscheiden. Prädiktive Tests unternimmt man, während man noch gesund ist, und sie sagen einem (im Idealfall), wann man krank wird. Niemand soll sagen, dass es leicht ist, mit solch einer Information zu leben, mit der erneut ein Paradies der Unwissenheit verlassen wird. Dieser Schritt fällt vor allem dann nicht leicht, wenn es keine Möglichkeit gibt, der Krankheitsanfälligkeit mit Hilfe einer Therapie zu begegnen.

Nun kann man vorschlagen, prädiktive Gentests zu verbieten - was zum Beispiel auch die absehbaren Probleme mit privaten Lebensversicherungen beseitigen würde -, aber bereits im Jahr 2000 gab es mehr als 700 Gentests auf dem Markt, und solche Zahlen entwickeln ihre kommerzielle Eigendynamik, auf die eine Gesellschaft vorbereitet sein sollte. Man kann noch so oft vom Recht auf Nichtwissen reden. Menschen streben nun einmal nach dem Gegenteil. Und wenn zum Beispiel die Gentests, mit denen die Länge von sogenannten Triplett-Repeats bestimmt werden kann, immer billiger und zuverlässiger werden, wird es mehr Menschen geben, die ihn durchführen, wenn ihre Familiensituation dies nahelegt. Es geht bei dem Test zum Beispiel um die Folge CAG in der Erbsubstanz, wobei alle Erkenntnis der Wissenschaft darauf hinausläuft, dass jemand, der diese Dreierkombination (Triplett) weniger als 39mal hintereinander an einer bekannten Stelle in seinem Genom hat, nicht von der Krankheit Huntington Chorea betroffen wird (»normal«), während jemand, der mehr als 39 Wiederholungen von CAG aufweist, erkranken wird (»abnormal«). Das Interesse an Nachweisen von Triplett-Repeats ist allein deshalb sehr gestiegen, weil sich herausgestellt hat, dass sie die molekulare Grundlage einer Reihe von menschlichen Krankheiten bilden, die das Nervensystem betreffen.

Als **Triplett-Repeats** (Wiederholungen der Tripletts von DNA-Basen) werden Erbkrankheiten bezeichnet, die auf unkontrollierte Wiederholungen von Tripletts in Genomabschnitten zurückgehen.

Genetische Tests erlauben es unter anderem, die Disposition von Personen für bestimmte Krankheiten schon Jahrzehnte vor dem etwaigen Ausbruch der Krankheit zu erkennen, und es ist die Frage, welche gesetzlichen Regelungen für genetische Diagnostik denkbar und nötig sind. Auch sie hängen von den Möglichkeiten ab, die sich für die Medizin aus der Kenntnis des humanen Genoms ergeben. Nach der erwähnten Präsentation der Daten im Februar 2001 wurde zum Beispiel prognostiziert, dass bis zum Jahre 2030 eine umfassende genetische Gesundheitsversorgung die Norm sein und die durchschnittliche Lebenserwartung (in Nordamerika und Westeuropa) bei 90 Jahren liegen würde.

Im Januar 2002 hat der damalige Leiter des Max-Delbrück-Centrums für Molekulare Medizin in Berlin-Buch (MDC), Detlev Ganten, eine große Zukunft für eine Biomedizin entworfen, die sich am Genom orientiert. Ganten rechnet unter anderem damit, dass die genetische Sequenzierung bis zum Jahre 2030 so zuverlässig und preisgünstig durchgeführt werden kann, dass sie als Massentechnologie zum Einsatz kommt und vielleicht sogar zu den Routineuntersuchungen gehört, die jeder über sich ergehen lassen muss, der in ein Krankenhaus eingeliefert wird. Gendiagnosen können schon heute sinnvolle Informationen für den Anästhesisten liefern, der durch DNA-Sequenzen auf Unverträglichkeiten hingewiesen wird. Ganten erwartet, dass bis zum Jahre 2040 das Gesundheitswesen »genombasiert« sein und dadurch den Menschen individualisierte Präventionsmaßnahmen anbieten können wird.

Diese Vorhersagen beruhen vor allem auf der Annahme, dass mit Hilfe der Genomsequenzen eine neue Wissenschaft begründet werden kann, die dem individuellen Genom eines Menschen Rechnung trägt, wenn er sein Medikament bekommt. Diese Wissenschaft heißt Pharmakogenetik oder Pharmakogenomik.

Es geht – wie das Wort sagt – um die Erkundung der Verbindungen, die zwischen Arzneimitteln (Pharmaka) und den genetischen Vorgaben der individuellen Menschen bestehen, die sie einnehmen. Die Gene steuern in den Organen und ihren Zellen den Aufbau der Moleküle (Proteine), mit denen die Medikamente in Wechselwirkung treten und über die sie ihren Einfluss ausbreiten. Dabei entstehen oft nicht nur die erwünschten Wirkungen, sondern auch unerwünschte Nebenwirkungen, und schon seit langer Zeit versucht die Wissenschaft intensiv zu verstehen, wie das Verhältnis von Arznei und individueller Zellarchitektur für den Patienten optimiert werden kann.

Es lohnt sich, dies genauer auszuführen. Menschen sind durch ihre Genome individuell verschieden, wie man heute sagen kann, wie aber zu Beginn des 20. Jahrhunderts nicht bekannt war. Damals war es für wissenschaftlich argumentierende Ärzte ein unlösbares Rätsel, wie das zustande kommt, was man organische Individualität einer Person oder eines Patienten nennen könnte. Natürlich sehen wir von außen alle verschieden aus, und auch die inneren Organe lassen sich mit geübtem Auge unterscheiden, wenn sie sichtbar gemacht werden. Aber wo finden sich diese Unterschiede, wenn man weiter in das Innere geht und die Moleküle in den Zellen betrachtet? Wo steckt die Individualität der Strukturen, mit deren Hilfe die Medikamente ihre Wirkung entfalten?

Dass es so etwas wie die »chemische Individualität« einer einzelnen Person geben muss, hat zuerst der britische Arzt Archibald Garrod erkannt, der diesen Begriff kurz nach 1900 geprägt hat. Garrod erkannte sogar, dass die »chemische Individualität« eines Menschen zu seinen vererbbaren Eigenschaften gehört und den Mendelschen Gesetzen folgt. Er forderte im ersten Jahrzehnt des 20. Jahrhunderts die Wissenschaft auf, alle Anstrengungen darauf zu richten, die Grundlage dieser genetischen Besonderheit zu finden, um sie für die Bemühungen der Medizin und für die Gesundheit der Menschen nutzbar zu machen.

Garrods Wunsch kann heute - rund einhundert Jahre später - im Rahmen des Humangenom-Projekts erfüllt werden, dessen Sequenzen genau angeben können, worin die chemische Individualität eines Menschen besteht, die nicht nur seine Reaktionen auf Medikamente bestimmt. Das Schlüsselwort heißt dabei Vielgestaltigkeit - Polymorphismus -, womit die Entdeckung beschrieben wird, dass Gene von Menschen in unterschiedlichen Formen vorliegen, was konkret bedeutet, dass in der Erbsubstanz verschiedener Menschen Abschnitte aus DNA auftauchen, die zwar die gleiche Funktion haben, aber aus individuell abweichenden Basensequenzen bestehen.

Im Anschluss an diese Entdeckung formiert sich außer der schon genannten Pharmakogenomik noch eine weitere neue Wissenschaft, die Toxikogenomik. Sie will die traditionelle Toxikologie erweitern und Fragen der Art beantworten, wie es kommt, dass die einen Menschen durch Umwelteinflüsse Schaden nehmen, während die anderen unbetroffen bleiben.

Die Wissenschaftler suchen die Antwort in den polymorphen (vielgestaltigen) Genen, wobei sich das Interesse der Pharmakogenetiker immer mehr auf Variationen in *einer einzelnen Position* im genetischen Material (Genom) richtet. Der englische Ausdruck dafür klingt zunächst etwas lang und umständlich - single nucleotide polymorphism (Einzel-Nukleotid-Polymorphismus). Die drei Wörter lassen sich aber durch ihre Anfangsbuchstaben einfach als SNP abkürzen, und diese Kombination kann sogar als einsilbiges »Snip« ausgesprochen werden. Es lohnt, sich diesen Begriff zu merken, weil derzeit alle pharmakogenetischen Überlegungen von ihm ausgehen.

Hinweise auf Existenz und Auswirkung von relevanten individuellen Genvarianten haben biogenetisch orientierte Ärzte schon vor Jahren gefunden, als man Krankheiten untersuchte, die durch Veränderungen in einzelnen Genen zustande kommen (die sogenannten monogenetischen Krankheiten). Vor allem bei der Muskoviszidose, die durch typische Ansammlungen von zähem Schleim in der Lunge charakterisiert ist, konnte gezeigt werden, dass es individuelle Polymorphismen auf genetischer Grundlage gab, die zu unterschiedlichen Ausprägungen der Krankheit führten. Inzwischen weiß man, dass Mannigfaltigkeiten dieser Art auch bei Gesundheitsstörungen eine Rolle spielen, die nicht durch einen, sondern durch zahlreiche Faktoren (multifaktoriell) bedingt sind, wie dies zum Beispiel bei Morbus Alzheimer der Fall ist. Mit Beobachtungen dieser Art tauchte irgendwann unter den Genetikern der Gedanke auf, dass es sich lohnt, das Erbgut (Genom) eines Menschen durch seine SNPs zu beschreiben. Vielleicht lassen sich für jeden Menschen charakteristische Snip-Muster aufstellen, aus denen dann Schlüsse auf die individuelle Wirksamkeit gegebener Medikamente oder auf die entsprechende Anfälligkeit für bekannte Krankheiten möglich werden. Für die Umsetzung dieser Idee sprach die Erwartung, dass sich solche Snip-Muster im Gefolge des Humangenom-Projektes ergeben würden.

Wissenschaftler bezeichnen nicht jede individuell veränderte Position im Genom als Snip. Sie tun dies erst dann, wenn ein SNP in einer gegebenen Gruppe von Menschen (Population) mit einer Häufigkeit von mehr als 1% auftritt. Wenn diese Grenze nicht erreicht wird, handelt es sich bei den punktuellen Änderungen um zufällige Mutationen, die spontan aufgetreten sind und nicht an die Nachkommen weitergegeben werden. Anders als solche Punktmutationen sind die Snips stabil. Sie werden von einer Generation zur nächsten vererbt, und sie bleiben über viele solcher Folgen unverändert, wie die Genomforschung in den letzten Jahren zeigen konnte.

Im Humangenom findet man ein SNP etwa alle 500 bis 1000 Basenpaare. Bei drei Milliarden Basenpaaren insgesamt bedeutet dies, dass jeder Mensch drei bis sechs Millionen Snips in seinem Erbgut mit sich trägt. Die Zeichen der Individualität sind dabei nicht gleichmäßig auf alle Chromosomen verteilt, vielmehr scheinen sie ab und zu gehäuft aufzutreten, was in der vornehmen Sprache der Wissenschaft mit dem englischen Wort für Haufen - Cluster - ausgedrückt wird.

Wichtig ist noch der genaue Ort, an dem ein SNP lokalisiert ist. Die meisten SNPs bzw. die dazugehörenden Cluster befinden sich in nicht-kodierenden DNA-Stücken, was im Normalfall bedeutet, dass sie keine nachweisbaren Veränderungen im Organismus hervorrufen. Wissenschaftler interessieren sich aus naheliegenden Gründen vor allem für Snips in kodierenden und regulierenden Genregionen, denn diese können sich sehr wohl auswirken und ihren Träger belasten. So wurde in dem Kontrollabschnitt eines Gens mit Namen TNF-Alpha ein Snip gefunden, der ein erhöhtes Risiko nach sich zieht, an Malaria zu erkranken. Und weiter konnten inzwischen 560 Snips in rund 100 Genen identifiziert werden, die sich bei koronarer Herzkrankheit, Diabetes mellitus Typ 2 und Schizophrenie auswirken.

Diese und andere Snips werden nicht nur in Hinblick auf die möglichen Beiträge zur Auslösung von Krankheiten geprüft. Es wird auch untersucht, wie ihre Struktur die Proteine des Körpers beeinflusst, die für den Abbau eines Medikaments in den Zellen zuständig sind. Man spricht dabei oft von »Entgiftungsenzymen« und weiß, dass sie mit zur Verträglichkeit von Arzneimitteln beitragen. Es gibt im menschlichen Körper mehr als einhundert verschiedene Proteine, die Medikamente abbauen und in kleine Molekülbruchstücke zerlegen. Für alle diese Proteine gibt es Gene, und in jedem von ihnen kann ein SNP zu finden sein. Auf diese Weise wird leicht erklärbar, warum die Verträglichkeit einer Arznei eine höchst individuelle Eigenschaft ist, die im Rahmen der Pharmakogenetik erfasst und genutzt werden kann.

Viele Wissenschaftler schätzen heute, dass die SNPs für den größten Teil (90%) der genetischen Inhomogenität unter den Menschen verantwortlich sind und insofern auch maßgeblich zu den sichtbaren (phänotypischen) Unterschieden zwischen ihnen beitragen. Konkret können die individuellen Varianten in der Basensequenz erklären, warum spezifische

Medikamente bei einigen Patienten helfen, während sie bei anderen wirkungslos bleiben oder gar unerwünschte Nebenerscheinungen mit sich bringen.

Man hofft in Zukunft immer stärker, SNPs als sichere Indikatoren für die Verträglichkeit und die Wirksamkeit von Medikamenten nutzen zu können. Darüber hinaus glaubt man, mit ihrer Hilfe Gene mit Krankheitswert besser und schneller erkennen zu können.

Es ist klar, dass großes Interesse an Karten besteht, auf denen die SNPs der Menschen oder eines Menschen verzeichnet sind. Pharmaunternehmen und Universitäten haben unter finanzieller Mithilfe der britischen Stiftung *The Wellcome Trust* ein SNP-Konsortium gegründet, das bereits Anfang September 2000 verkünden konnte, 800 000 SNPs identifiziert zu haben. Die entsprechenden Informationen und Karten sind öffentlich zugänglich.

Genchips

Eine individuelle SNP-Analyse scheint für einen einzelnen Patienten allerdings viel zu teuer zu werden. Abhilfe an dieser Stelle erwartet man in Zukunft von den eingangs erwähnten Genchips, die technisch DNA-Microarrays heißen und Informationen über die Aktivität einzelner Gene liefern.

Die Technik ist in den 1990er Jahren entstanden und geht auf Arbeiten des amerikanischen Biologen Stephen Fodor zurück, der zur Entwicklung und Vermarktung von Genchips eine Firma namens Affymetrix gegründet hat. Microarrays werden mit kurzen DNA-Stücken ausgestattet, die das Spiegelbild eines Abschnittes aus dem Genom mit einem definierten SNP-Muster ausmachen. Wenn der untersuchte Patient dieses Muster besitzt, dockt seine DNA-Probe am Chip an. Dank zugesetzter spezieller Farbstoffe beginnt die entsprechende Position zu leuchten, ein Muster wird erkennbar und ein entsprechender Detektor erfasst das Ergebnis. Eine dazugehörende Datenbank – so könnte ein absehbares Szenarium der

Microarrays sind Analysevorrichtungen, die es erlauben, biochemisch codierte Informationen in computertaugliche Datenfolgen zu verwandeln.

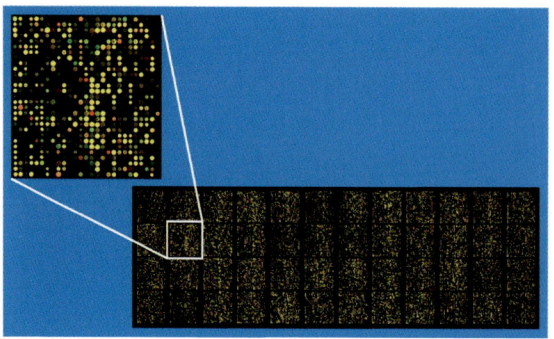

Ausschnitt eines Genchips (DNA-Chip) mit etwa 37 500 Einzel-proben, die auf dem Ausschnitt zu erkennen sind

biomedizinischen Zukunft ausse-hen – verrät anschließend, welche Medikamente in welchen Kombi-nationen und Dosierungen der eben analysierten genetischen Ausstattung des Patienten entge-genkommen; sie prognostiziert die Erfolgsaussichten der Thera-pie und die Wahrscheinlichkeit unerwünschter Wirkungen.

Der erste Genchip ist 1994 auf den Markt gekommen. Mit seiner Hilfe konnte festgestellt werden, ob das untersuch-te genetische Material Abschnitte beherbergt, die zu dem als HIV bekannt gewordenen Virus gehören, der die Im-munschwäche AIDS verursacht. In Deutschland hat sich im Jahre 2008 ein Nationales Genomforschungsnetz (NGFN) vorgenommen, 25 000 Patienten mit Genchips zu unter-suchen, die mehr als eine halbe Million Snips (und andere Genvarianten) nachweisen können. Es soll um die genetisch feststellbaren Ursachen unter anderem von Übergewicht, Alzheimer-Krankheit und Schizophrenie gehen, und die Be-treiber erwarten, damit »eine neue Welt der Genetik« eröff-nen zu können, deren Betreten neben molekularbiologischen Werkzeugen auch viel Informationstechnologie benötigt.

Die Information der Gene

Im Rahmen der Pharmakogenetik wird es besser möglich sein, Krebs zu definieren. Zurzeit teilen Ärzte die vielen un-terschiedlichen Tumoren nach den Organen oder Geweben ein, in denen sie auftreten. Sie sprechen etwa vom Brust-krebs oder von Hautkrebs und drücken dabei den Eindruck aus, dass hier völlig verschiedene Entwicklungen stattgefun-den haben. In Zukunft kann etwas anderes versucht werden, nämlich für jeden Tumor ein SNP-Profil zu erstellen, und zwar in der Absicht oder in der Hoffnung, dabei angeben zu können, auf welche der vorhandenen Medikamente die entarteten Zellen reagieren und auf welche nicht. Entsprechend würde man nicht mehr von Brust- oder Hautkrebs, sondern von sensitiven oder insensitiven Tumoren sprechen, und unter dieser Vorgabe könnten sie gezielter behandelt werden.

So wichtig das Verständnis von Krankheiten mit Hilfe von Genominformationen ist und noch werden kann, es gilt daran zu denken, dass Gene nicht in erster Linie mit Krankheit zu tun haben. Genome sollen und können Menschen einzigartig machen, sie können aber bestimmt auch alle Menschen zusammen einzigartig machen und sie zum Beispiel sicher von den nächsten Verwandten, etwa den Schimpansen unterscheiden. Unser Erbgut und das der Menschenaffen ist zwar auf den ersten Blick ähnlicher als die dazugehörigen äußeren Gestalten, aber es werden sich Variationen finden lassen, die erklären, wodurch Menschen im Verlauf der Evolution den etwas anderen Weg gefunden haben, der uns zum Beispiel mit der Fähigkeit ausgestattet hat, Genome offenzulegen und die Fragen zu stellen, die hier gefragt werden.

Das Genom ist wie die Literatur. Literatur ist nicht alles, aber alles kann man in ihr finden. Auch das Genom ist nicht alles, aber irgendwie muss alles in ihm zu finden sein.

Übrigens, da gerade von Literatur die Rede war: Viele Genetiker denken, dass mit der genetischen Information ein Text vorliegt, der von der Zelle gelesen wird. Wenn wir diesen Gedanken ernst nehmen, können wir neben der direkten (expliziten) Aussage der Gene noch eine indirekte (implizite) Auskunft erwarten. Die explizite Information eines Satzes »Ich fahre nach Hause« hängt nur von den Buchstaben ab. Die implizite Information erschließt sich erst aus dem Kontext. Der Satz »Ich fahre nach Hause« verrät nicht, welches Verkehrsmittel benutzt wird. Er bedeutet etwas anderes, ob er in einem Auto oder in der Straßenbahn geäußert wird. Entsprechend gilt: Die explizite Information einer Gensequenz hängt nur von ihr selbst ab; die implizite Information erschließt sich erst aus dem Kontext.

Nun ist klar, dass das Genom im Computer nur die explizite Information enthält. Den impliziten Teil, der sicher spannender und wahrscheinlich größer ist, liefert die Zelle, die der Computer nicht kennt - und wir auch nicht. Mit anderen Worten - die besten Informationen entgehen uns noch.

Die persönlichen Informationen

»Was passiert, wenn jeder von uns sein Genom kennt?« So lautet die Frage, um die es in Zukunft gehen könnte, und es empfiehlt sich, darauf vorbreitet zu sein. Es gibt zum Beispiel schon länger ein umfassendes »Personal Genome Project«, mit dem sein Initiator, George Church von der Harvard Universität, genetische Daten mit Informationen über das Erscheinungsbild (Phänotyp) und die Umwelt integrieren möchte. Er sucht seit 2007 eintausend Freiwillige, die ihm dabei helfen und ihre persönlichen Genomsequenzen als Daten zur Verfügung stellen und öffentlich nutzen lassen.

Übrigens – die genetischen Informationen von Venter und Watson stehen im Netz – Venter unter der Adresse www.jcvi.org/research/huref/, und Watson unter http://jimwatsonsequence.cshl.edu/cgiperl/gbrowse/jwsequence.

Das Personal Genome Project zielt letzten Endes darauf ab, insgesamt 100 000 Freiwillige zu finden, die ihr Genom sequenzieren lassen und ins Web stellen bzw. die Daten im Internet zur Verfügung stellen. Was zunächst Verwunderung hervorgerufen hat, bekommt inzwischen Schwung. Tatsächlich haben zehn Prominente sich bereit erklärt, ihre Gene auszustellen. Zu ihnen gehören der Neurobiologe und Bestsellerautor Steven Pinker sowie Sergej Brin, ein Mitbegründer von Google. Im Anschluss an diese Prominenten sind die ersten 5000 Anmeldungen bei George Church eingegangen. Gefragt, ob sie ihre genetischen Informationen nicht für sich behalten wollten, haben einige der Freiwilligen geantwortet, wenn sie etwas geheim hielten, dann ihre finanzielle Situation.

Die Firmen, die eine Erstellung des persönlichen Genoms anbieten, betonen natürlich, dass der Kunde allein wichtige Informationen über sich selbst und seine Möglichkeiten bekommt, seine Gesundheit zu fördern. Allerdings kosten diese Informationen bislang noch zwischen 300 000 und einer Million US-Dollar. Trotz dieses Preises rechnet die Branche aber damit, dass in den kommenden Monaten rund ein Dutzend individueller Gensequenzen mit drei Milliarden Buchstaben ermittelt und publiziert werden. Der charismatische Genforscher Craig Venter und der DNA-Pionier James Watson waren die ersten Personen, deren eigene persönliche DNA-Sequenzen ermittelt und veröffentlicht wurden, ohne dass dabei etwas Spektakuläres zu vermelden gewesen wäre.

Mehr zu dem umstrittenen **Personal Genome Project** findet man im Internet unter www.1000genomes.org und www.personal-genomes.org.

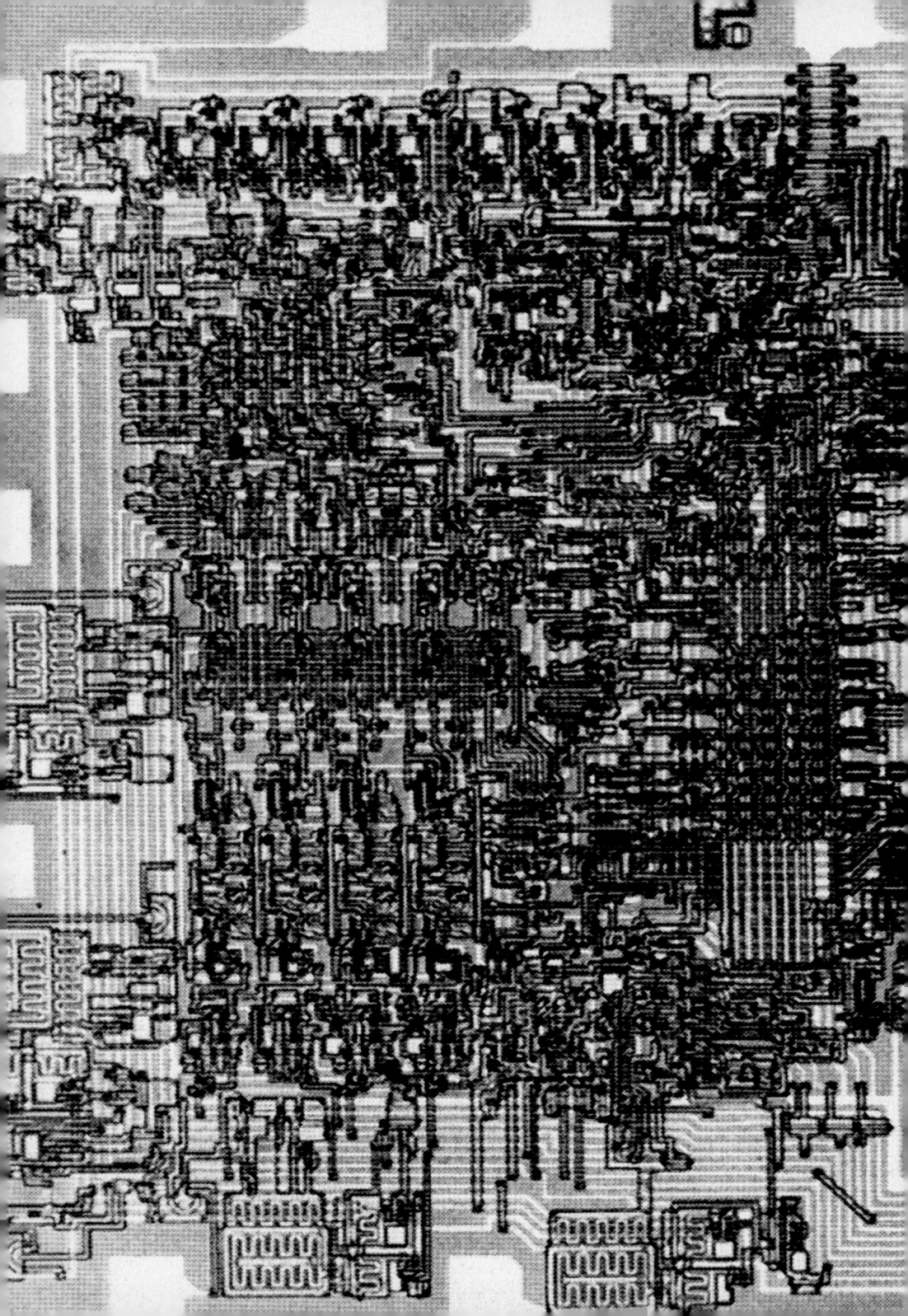

Trillionen Transistoren

Die Revolution der Informationstechnologie

4

Komplizierte Alltagsgegenstände

Computer und ihre Sprachen

Der Transistor ist 1947 von drei Forschern entwickelt worden, die bei den Bell-Laboratorien beschäftigt waren. Dieses Institut arbeitete im Auftrag der größten amerikanischen Telefongesellschaft AT&T. Der Telefongesellschaft ging es um Methoden, das transatlantische Rauschen bei interkontinentalen Telefongesprächen zu unterdrücken, das noch bis in die 1970er Jahre hinein erkennen ließ, dass man ein Ferngespräch mit Übersee führte. Zu diesem Zweck wurden elektronische Schaltelemente benötigt, die den in dicken Kabeln über weite Strecken zu übertragenden Signalen in regelmäßigen Abständen neue Stärke in alter Form verleihen konnten. Nachdem sich die zu Beginn sehr anfälligen und viel zu viel Energie verbrauchenden Röhren aus verschiedenen Gründen für diese Aufgabe als unbrauchbar erwiesen hatten, suchten die Forscher nach einem besseren elektronischen Verstärker. Und im Verlauf dieser Arbeiten konstruierten sie den ersten Transistor.

Das aus drei Schichten - einem Emitter, einem Kollektor und einer dazwischen liegenden Base - bestehende Gebilde war anfänglich noch ziemlich klobig. Es erfüllte aber sofort seinen Zweck und half zum Beispiel, Sprach- und Musiksignale zu verstärken. Bald konnte man die kristalline Anordnung der Halbleiterelemente kompakter herstellen, und damit begann der eigentliche und wahrhaft triumphale Siegeszug des Transistors in der Informationstechnologie, kurz IT genannt.

Im 21.Jahrhundert sind Jahr um Jahr viele Trillionen Transistoren hergestellt und auf winzigen Prozessoren in informationsverarbeitende Computer eingebaut worden.

Schon die Anfertigung einer einzigen Trillion Transistoren im Jahr bedeutet die Produktion von rund einer Million Transistoren in der Sekunde! Eine unbegreifliche Menge! Wir wollen anschauen, wie und wann es zu dieser Dynamik mit der nachfolgenden industriellen Revolution der Informationen gekommen ist.

Silicon Valley

Von den drei Wissenschaftlern, die 1956 als Erfinder des Transistors mit dem Nobelpreis für Physik ausgezeichnet worden sind, hat nur einer gesehen, dass in diesem elektronischen Bauelement ein ungeheures Wirtschafts- und Wachstumspotential steckte, und er hat konsequent nach dieser Einsicht gehandelt. Gemeint ist Bill Shockley, der die Bell Labs in den 1950er Jahren verließ, um eine eigene Firma zur Herstellung von Halbleitern zu gründen – »Shockley Semiconductor«.

Es ging ihm und den Mitarbeitern des Unternehmens unter anderem darum, die Herstellung und Dotierung von Halbleitern wie Germanium und Silizium zu verbessern, was zum Beispiel bedeutete, sich um die Reinheit der Kristalle, die Genauigkeit der Abmessungen und die Zuverlässigkeit der Schichtung zu kümmern und zugleich das ganze Konstrukt immer kleiner werden zu lassen. Diese Miniaturisierung und die anderen Verbesserungen lagen nicht nur im Interesse des Militärs, das viele Aufträge vergab. Sie lagen zum Beispiel auch im Interesse der Hersteller (und Nutzer) von Hörgeräten, die ab 1951 mit Transistoren ausgestattet werden konnten und damit nicht nur erfreulich klein und also leicht tragbar wurden, sondern auch zuverlässiger funktionierten.

Shockley und sein Team machten sich mit Macht daran, Transistoren mit geringerem Gewicht und höherer Betriebssicherheit zu entwerfen – technisch gesprochen wechselten sie das grundlegende Design des elektronischen Verstärkerelements aus: Sie ersetzten den Punkt- durch einen Flächen-

William Shockley
(1910–1989), der Miterfinder des Transistors, ist in seinen späteren Jahren nicht nur durch seine bereits erwähnten rassistischen Äußerungen, sondern auch durch seinen schlechten Führungsstil als Unternehmer aufgefallen.

transistor. Um 1953 präsentierten sie ein serienreifes Modell, wobei sie als grundlegenden Halbleiter auf das Element Silizium zurückgreifen konnten, das reichlich zur Verfügung stand. Ihm verdanken wir den 1971 aufgekommenen Namen »Silicon Valley« für den Bereich im Süden der Bucht von San Francisco, in dem in den kommenden Jahrzehnten die Computerindustrie aufblühte.

Am Anfang von Silicon Valley gab es nur ein Stück Land, das die Gründerfamilie der Stanford-Universität in Kalifornien ihrer akademischen Heimstätte mit der Maßgabe vermacht hatte, es nicht zu verkaufen, sondern – wie auch immer – zu nutzen. So kam es, dass in den 1930er Jahren der Dekan der Stanford-Universität junge Studenten wie William Hewlett und David Packard ermutigte, auf dem Gelände eigene Unternehmen – etwa eine Elektronikfirma – zu gründen. Die Universität stattete die Mutigen sogar mit dem passenden Startkapital aus. Nach dem Zweiten Weltkrieg wurden die Pläne zur Besiedlung des Tals durch die Einrichtung eines Stanford Industrial Parks erweitert, und Mitte der 1950er Jahre traf dann das Shockley-Team mit seinen Halbleitern und den ehrgeizigen Plänen ein. Das dazu gegründete Unternehmen funktionierte zwar nur bis 1957, aber die acht Personen, die sich in diesem Jahr von dem als Unternehmensleiter anscheinend unerträglichen Shockley trennten und ihr eigenes Unternehmen mit Namen »Fairchild Semiconductor« gründeten – sie wurde unter Insidern zunächst »Die acht Verräter« genannt –, blieben vor Ort und machten ihn bald riesengroß und weltbekannt. Wer ihre Namen zum ersten Mal liest, wird nicht unbedingt auf viele Bekannte stoßen – Julius Blank, Victor Grinich, Jean Hoerni, Eugene Kleiner, Jay Last, Gordon Moore, Robert Noyce und Sheldon Roberts –, aber dieses Schattendasein

Die Garage in Palo Alto, in der das Unternehmen Hewlett-Packard 1939 begann

stellt oftmals das Schicksal von Wissenschaftlern oder Ingenieuren dar, die eine verwöhnte Gesellschaft ihre Schuldigkeit tun und dann ohne weitere Beachtung gehen lässt.

Wer die oben angeführte Liste liest, wird vielleicht bei dem Namen Moore stutzen und sich an das erinnern, was in den Zeitungen oft als Mooresches Gesetz bezeichnet wird, obwohl es das weder ist noch sein kann. Es geht dabei vielmehr um die in der Mitte der 1960er Jahre von Moore in einem Vortrag aufgestellte (außerordentlich kühne und höchst optimistische) Prognose, dass die Zahl der Transistoren, die man auf einem Silizium-Chip unterbringen kann – und damit die Speicher- und Rechenkapazität eines Computers, der damit ausgestattet ist –, sich etwa alle achtzehn Monate verdoppeln wird. Kurz gesagt, Computer werden sehr rasch sehr viel besser, und das dauernd. Als Moore diese Prognose riskierte, wurde viel gelächelt. Aber heute dürfen wir voller Verblüffung feststellen, dass sich sein »Gesetz« mindestens vierzig Jahre lang ziemlich genau bewährt hat, was eine fast unvorstellbare Bilanz bedeutet, wenn man ihre Konsequenzen konkret ausrechnet. Wenn sich nämlich eine Menge (oder etwas anderes) vierzig Jahre lang alle achtzehn Monate verdoppelt, dann ergibt dies eine (exponentielle) Steigerung um den Faktor hundert Millionen, und genau diese gigantische Zahl lässt sich tatsächlich für die Rechenleistung der Computer nachweisen – mit der praktischen Folge, dass heute in jedem einzelnen Mikrowellenherd oder in jeder noch so preiswerten Digitalkamera mehr Rechenkapazität vorhanden ist, als der ganzen Welt in den 1950er Jahren zur Verfügung stand, als Shockley ins Silicon Valley kam.

Der integrierte Schaltkreis

Eben fiel der Ausdruck Chip, den man inzwischen zwar allgemein kennt, der aber auch erst einmal eingeführt werden musste. Die Voraussetzungen dafür wurden 1958 geschaffen, als der amerikanische Ingenieur Jack Kilby das erfand, was heute integrierter Schaltkreis oder Mikrochip heißt – kurz

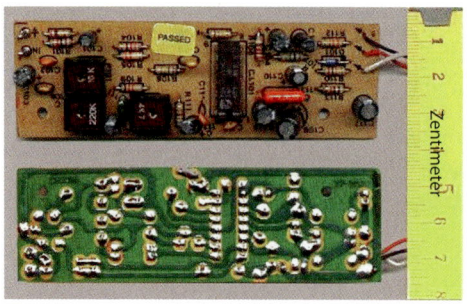

Gedruckte Schaltung: Oben die einzelnen Schaltelemente, unten die gelöteten Verbindungen auf der Rückseite der Platine

Chip. Die ersten elektronischen Schaltungen bestanden noch aus einzelnen Transistoren, die auf einer sogenannten Leiterplatte angebracht und miteinander verbunden (zusammengeschaltet) wurden, um logische oder andere Operationen ausführen zu können. Als die Designer der dazugehörigen »circuits« dazu übergingen, immer mehr Transistoren zu kombinieren, bekamen diese Leiterplatten den schönen Namen Platine. Platinen bestehen aus einem isolierfähigen Material (einem Kunststoff), das mit schmalen leitfähigen Bahnen - zum Beispiel aus Kupfer - bestückt wird, in denen die Elektronen fließen und die dazugehörige Elektronik schaffen.

Diese Bauweise der Elektronik änderte sich entscheidend, als es dem für Texas Instruments tätigen Kilby gelang, zwei Transistoren (durch Golddrähte) funktionsfähig auf *einem* Stück Halbleiter zu verbinden, und im Silicon Valley zeigte sich der bereits erwähnte Robert Noyce ein Jahr später sogar in der Lage, dieses Integrieren »monolithisch« - mit einem Halbleiter, der aus einem einzigen Kristall bestand - durchzuführen. Die Herstellung solcher Chips erforderte zwar höchst raffinierte (unter anderem »photolithographische«) Verfahren. Doch diese Verfahrensschritte hatten die interdisziplinär agierenden und denkenden Ingenieure bei Fairchild Semiconductor in weiser Vorausschau bereits entwickelt, und so konnte das Unternehmen bald die Produktion von Chips perfektionieren, bei denen die Transistoren auf den Halbleiter - vorzugsweise Silizium - aufgeätzt werden, wie es heißt.

Anfang der 1960er Jahre war es dann soweit: Die erste Serienproduktion von integrierten Schaltkreisen lief an, auf denen zunächst noch wenige - rund ein Dutzend - Transistoren untergebracht und verschaltet waren. Die Branche sprach dabei anfänglich von der »small scale integration«, der zunächst

Boolesche Logik

Im Jahre 1847 machte der Engländer George Boole (1815–1864) sich daran, der traditionellen philosophischen Logik eine mathematische Version an die Seite zu stellen. Logik in der Philosophie argumentierte mit Sätzen wie: »Alle Menschen sind sterblich. Sokrates ist ein Mensch. Also ist Sokrates sterblich.« Boole wollte solche All- und Einzel-Aussagen und ihre logischen Verknüpfungen, wie sie als UND, ODER, ENTWEDER-ODER, NICHT bekannt sind, ganz allgemein darstellen und abstrakte Regeln für sie und die aus ihnen möglichen Schlussfolgerungen aufstellen. Wenn zum Beispiel eine Zahl X größer ist als eine Zahl Y, und wenn dieses Y größer ist als ein Z, dann ist auch X größer als Z. Oder wenn eine Aussage A und ihr Gegenteil (Nicht-A) gelten, dann kann A nur Null (eine leere Menge) sein und also nichts bedeuten. Oder mit einer anderen Aussage: Wenn »A und (A oder B)« gilt, dann gilt auf jeden Fall A. Boole stellte nach und nach viele Regeln zusammen – zum Beispiel: »A und B« ist gleichbedeutend mit »B und A« oder eine doppelte Verneinung hebt sich auf – und führte Zeichen für die logischen Operationen ein, und dabei entstand das, was Lehrbücher heute als Boolesche Logik oder Boolesche Algebra bezeichnen, weil man mit seinen Regeln in jeder Hinsicht rechnen kann. Es war der bereits erwähnte Claude Shannon, der 1940 bemerkte, dass sich mit der Booleschen Logik und dem dazugehörigen Kalkül elektrische Schaltungen beschreiben ließen, die als UND-Gatter oder als ODER-Gatter realisiert werden konnten. Bei einem UND-Gatter hat man zum Beispiel zwei Eingänge (a,b), die in einen Ausgang münden, und die elektronische Schaltung sorgt dafür, dass nur dann etwas dort ankommt, wenn beide Eingänge (a und b) ein Signal bekommen. Bei einem ODER-Gatter reicht es, wenn bei a oder b ein Strom fließt. Tatsächlich konnte die Boolesche Logik als Transistorlogik (oder einfacher als Diodenlogik) in Maschinen umgesetzt und eingesetzt werden, und da sie — wie die klassische Logik der Philosophen — eindeutig zwischen einer wahren und einer falschen Aussage unterscheidet, da sie also binär gesprochen, mit den Zeichen 0 und 1 operierte, konnte sie benutzt werden, um die Grundlage für alle Computerschaltungen und Programmiersprachen darzustellen, was sie heute tut. Wenn Transistoren mit Boolescher Logik auf Chips kombiniert und integriert werden, ermöglichen sie dem dabei entstehenden Prozessor, genauso logisch zu operieren wie unser Gehirn. Man kann sich auf beide verlassen – oder?

die »middle scale« mit einigen hundert Transistoren folgte, bis Anfang der 1970er Jahre einige Tausend Transistoren auf einem Chip untergebracht werden konnten, was natürlich als »large scale integration« gefeiert wurde.

Zu dieser Zeit hatten sich Noyce und Moore bereits von Fairchild getrennt, um 1968 ihr eigenes Unternehmen zu gründen, das inzwischen unter dem Namen Intel - eine Zusammenziehung aus Integrated electronics - weltbekannt geworden ist und sich den heutigen Käufern eines PC stolz zu erkennen gibt »Intel inside«. Als Noyce und Moore ihren erneuten Schritt in die Selbständigkeit taten, sahen sie zum einen, dass die Integration zunehmen würde - tatsächlich konnten die Ingenieure in den 1980er Jahren bereits einige Hunderttausend Transistoren auf einem Chip unterbringen, was sinnreich und wenig überraschend »very large scale« genannt wurde. Das Intel-Duo verstand aber darüber hinaus auch, dass schon die »große Integration« mit ihren tausend Transistoren einen qualitativen Sprung in der Hardware - den Geräten und ihren Platinen - bedeutete. Solch ein Chip konnte nämlich nicht nur logisch verknüpfen, er konnte darüber hinaus Befehle geben und als Zentraleinheit eines Computers funktionieren. Er konnte als die »Central Processing Unit« (CPU) in Aktion treten, wie man heute sagt, in der das Rechen- und das Steuerwerk vereinigt sind, und deshalb bekamen diese integrierten Schaltkreise auch einen neuen Namen. Sie hießen von jetzt an Mikroprozessoren oder kürzer Prozessoren. Den Urvater all dieser »programmierbaren Logikschaltkreise«, wie Intel sie nannte, stellte das Unternehmen im Jahre 1971 unter der Bezeichnung Intel 4004 vor. Entstanden war dieses Wunderwerk menschlicher Ingenieurskunst in einer grandiosen Teamleistung des ganzen Unternehmens, die von einer eher unwahrscheinlich wirkenden Zusammenarbeit inspiriert wurde, zu der Federico Faggin, ein italienischer Physiker und Computerwissenschaftler, Masatoshi Shima, ein japanischer Chemiker und Ingenieur, Stanley Mazor, ein amerikanischer Mathematiker und Designer sowie Marcian E. Hoff, ein ebenfalls amerikanischer Elektroingenieur und Technologieberater beitrugen.

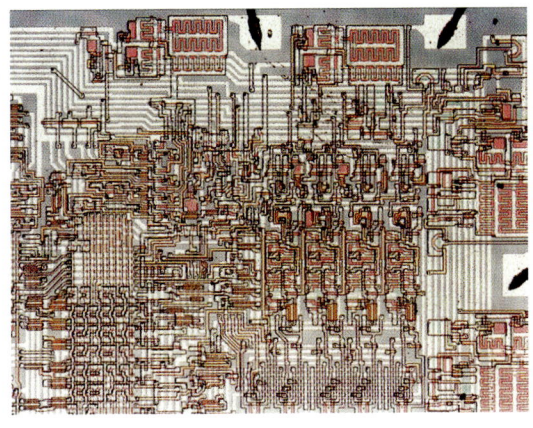

So wichtig die Beiträge der vier Genannten beim Design des Mikroprozessors auch waren - ihre logischen Vorgaben mussten erst einmal praktisch umgesetzt werden. Dazu bediente man sich einer Technologie, die in den 1950er Jahren bei Fairchild Semiconductor entwickelt

worden war und sich MOS nannte, was für Metal Oxide Semiconductor steht. Dabei werden Phänomene ausgenutzt, die sich an der Schnittstelle zwischen einem Halbleiter (Silizium) und seiner Verbindung mit Sauerstoff (Siliziumdioxyd) - also an seiner Oberfläche - abspielen und es erlauben, integrierte Schaltungen auf engstem Platz anzulegen. Bei Intel gab es eine eigene - fast fünfzig Köpfe umfassende - MOS-Entwicklungsgruppe unter Leitung von Leslie Vadasz, die mit den Anweisungen der vier Designer versorgt wurde. Anfang 1971 konnte das Team sein Ergebnis und damit das Objekt der Begierde einer neugierigen Öffentlichkeit präsentieren.

Dieser erste Mikroprozessor Intel 4004 enthielt auf einer Fläche von 50 mm² 2300 Transistoren, er arbeitete mit einem Takt von 108 Hertz und konnte in Taschenrechnern eingesetzt werden oder Steuerungsaufgaben übernehmen, wie sie etwa bei Registrierkassen oder Münzwechslern anfallen. Bereits zwei Jahre später - 1973 - bot Intel als Nachfolger den Prozessor 8008 an, der 3500 Transistoren enthielt, im 200 Hz-Takt operierte und so instruiert (programmiert) werden konnte, dass er in der Lage war, die Prozessführung von industriellen Produktionen zu übernehmen und zu steuern.

Um noch kompliziertere Aufgaben zu übernehmen, musste eine weitere Kenngröße der Prozessoren gesteigert werden, und zwar die sogenannte Verarbeitungsbreite. Damit meint

Steve Jobs (geb. 1955) gründete 1976 zusammen mit seinem Kumpel Steve Wozniak sowie Ronald Wayne die Firma Apple.

man die maximale Zahl der Bits, mit der das Rechenwerk eines Computers während der durch den Takt vorgegebenen Zeiteinheit umgehen kann. Bei dem Intel-4004-Mikroprozessor lag diese Datenbreite noch bei 4 Bit – was die Ziffern in seinem Namen vielleicht besser erklärt als die Zahl der verantwortlichen Designer. In dem Intel 8008 operierte – was wohl? – ein 8-Bit-Prozessor, und 1978 brachte das Unternehmen den Prozessor 8086 mit einer Verarbeitungsbreite von 16 Bit mit Hilfe von 200 000 Transistoren heraus. Von diesem Produkt brauchen wir nur noch ein kleinen Schritt zu gehen, um auf den Intel 8088 zu treffen, der 1981 herauskam und im historischen Kontext vor allem deshalb bemerkenswert ist, weil der Gigant IBM ihn auswählte, um damit seinen ersten »Personal Computer« (PC) auszustatten.

Personal Computer

Als IBM diesen Schritt unternahm, sah das traditionsreiche Unternehmen ziemlich alt aus, was an dramatischen Entwicklungen der 1970er Jahre lag, die unter anderem durch Namen wie Apple mit dem legendären Steve Jobs oder Microsoft mit dem knallharten Bill Gates gekennzeichnet sind, um zwei der Topstars und ihre Unternehmen zu nennen. Sie konnten in der genannten Periode tätig werden, weil an ihrem Anfang die Chips zugleich sehr leistungsfähig und erstaunlich billig geworden waren – und der günstige Preis fand sich in Produkten wie erschwinglichen Taschenrechnern wieder, die bald weniger als 100 Dollar kosteten und zu Massenartikeln wurden.

Man muss sich dies kurz klarmachen: Eine Generation (dreißig Jahre) nach dem ganze Zimmer ausfüllenden und hohe Kosten verursachenden Riesen ENIAC gab es billige Rechner, die man locker in eine Tasche stecken konnte und die trotzdem sehr viel mehr Berechnungen erledigten und dies auch noch schneller und zuverlässiger vermochten. Damit war die Zeit gekommen oder die Herausforderung entstanden, mehr mit den Prozessoren zu machen, und bald tauchte der erste PC auf, der Altair 8800 hieß und noch ohne Tastatur angeboten wurde, was ihn nicht sehr »benutzerfreundlich« machte. Der Elektroingenieur Ed Roberts hatte den Altair 8800 im Jahre 1974 entwickelt und ein Jahr später per Anzeige in dem Magazin »Popular Electronics« angeboten, aber nicht als funktionierenden Apparat, sondern als Bausatz. Die Herausgeber der Zeitung betonten zwar, dass es sich bei dem Angebot nicht um einen »aufgemotzten Taschenrechner« handelte, sondern um einen »vollwertigen Computer, dessen Performance (Leistungsqualität) sich mit kommerziellen Mikrocomputern messen kann«. Doch eigentlich anfangen konnte man mit dem Rechner nichts, weshalb seine – trotz aller Mängel doch rund 2000mal verkaufte – Urversion auch spurlos verschwunden ist.

Der Altair 8800 bleibt aber für die Geschichte der Informationstechnologie wichtig, und zwar deshalb, weil er Bastler und Tüftler ansprach und unter den damaligen Teenagern, die mit der Musik der Beatles in den 1960er Jahren groß geworden waren und Flower Power kennengelernt hatten, diejenigen zu Taten animierte, die kreativ und mutig zugleich waren und an einen unbegrenzten Fortschritt glaubten. Die ersten, die mit dem Computer spielten, sahen aus wie Hippies, und einige machten sich nichts daraus, ein Studium selbst an einer Eliteuniversität abzubrechen. Es gab genug anderes zu tun, zum Beispiel für William (Bill) Gates und Paul Allen, die dem Altair-Anbieter Roberts einen Brief schrieben, in dem sie ihn fragten, ob er an einer Software Interesse habe, mit deren Hilfe man die damals populäre Programmiersprache BASIC auf seinem Computer einsetzen konnte. Sie schrieben diesen Brief, obwohl sie den Apparat ihrer Begierde – den Altair 8800 – im Gegensatz zu dem dort eingesetzten Prozessor zu diesem Zeitpunkt noch gar nicht zu Gesicht bekommen hatten.

Der kaum 20jährige Bill Gates ist ehrgeizig. Er veröffentlicht seine *Software Notes* und will den kompaktest möglichen Code für die Prozessoren schreiben, die in dem komischen

Bill Gates (geb. 1955) gründete 1975 zusammen mit Paul Allen die Firma Microsoft.

Kasten mit seinen Platinen stecken und deren Prozessor-design er genau analysiert hat. Gates wird einer der Programmierer für den Altair, entwirft für ihn eine BASIC-Version, und damit beginnt ein Aufstieg, der ihn schließlich zum reichsten Mann der Welt machen wird.

Übrigens - Gates machte seine Umwelt sofort unmissverständlich darauf aufmerksam, dass nicht nur die Geräte, sondern ebenso die Software eine Ware darstellten, die bezahlt zu werden hatte. Software wurde nun nicht mehr einfach mit den Geräten mitgeliefert. Ab jetzt hatte sie ihren eigenen Preis. Und die Tatsache, dass man Software einfach kopieren kann, bedeutete nicht länger, dass dies erlaubt war oder akzeptiert wurde. In diesem Punkt war der Unternehmer Gates von Anfang an knallhart.

Dies hat sich für ihn - und viele andere Programmierer - ausgezahlt, mit dem Ergebnis, dass es Anfang des 21. Jahrhunderts viele Millionen professionelle Programmierer gibt, die Software entwickeln. Als der Begriff Software aufkam - 1958 kann man ihn zum ersten Mal in einem Aufsatz des Mathematiker John Tukey von der Princeton-Universität lesen -, galten die damit gemeinten Befehle für Routineaufgaben von Rechengeräten noch nicht unbedingt als eigenständiger Beitrag zum Computer. Diese Zeiten haben sich inzwischen dramatisch verändert.

BASIC

Bevor wir in der Mitte der 1970er Jahre weitermachen und neben Gates und Allen das dynamische Duo aus Steve Jobs und Steve Wozniak auftreten lassen, die 1976 den ersten PC mit Tastatur unter dem Namen Apple I anboten, muss noch ein Rückblick auf die beiden Konzepte vorgenommen werden, die eben genannt wurden: die Software und die Programmiersprachen. Beide werden seit den 1950er Jahren entwickelt, wobei der Ausdruck »Software« bald die Gesamtheit der Programme bezeichnete, mit denen man die Hardware in Form von Rechengeräten - elektronischen Datenverarbeitungsmaschinen - steuern und Aufgaben erledigen lassen kann. Die von der Maschine umsetzbaren (lesbaren) Instruktionen müssen in einer eigens codierten Sprache abgefasst werden, von denen erste Versionen ebenfalls in den 1950er Jahren ausgearbeitet wurden. Sie hießen zunächst FORTRAN (formal translation) oder ALGOL (algorithmic language) und enthielten vor allen Dingen Rechenanweisungen in einfachen Schritten mit Befehlen wie »GO TO 10«, was den Computer über elektronische Signale dazu brachte, den an der zehnten Position gelisteten Befehl auszuführen, der vielleicht eine Addition meinte. FORTRAN wurde von einem Team unter der Führung des Informatikpioniers John Backus bei IBM entwickelt. Die Truppe wollte zum einen ganz generell in der Lage sein, Maschinen programmieren zu können, und bemühte sich zum anderen darum, die Computeranweisungen als Kombination aus knappen Formulierungen der englischen Sprache (»GO TO«) und algebraischen Notationen hinzubekommen. Es gelang auf diese Weise, die Computer so zu instruieren, dass sie numerische Probleme für Forscher und Ingenieure bestens bearbeiten konnten. Aber um die in den 1950er Jahren vielfach angestrebte Künstliche Intelligenz (KI) von Computern zu fördern und die Abläufe der Maschinen an das menschliche Denken anzupassen und zum Beispiel seine Fähigkeit, Gesichter zu erkennen, nachzubilden, reichte FORTRAN nicht aus. Ein weitaus flexibleres Umgehen mit den Symbolen der Sprache und der Mathematik war gefragt. Dies wurde bald möglich, wobei im Hintergrund ein zusätzlicher Gedanke von Bedeutung war.

1959 hatte der britische Physiker und Romancier Charles Percy Snow auf den Graben aufmerksam gemacht, der sich in der westlichen Welt mit ihren zivilisatorischen Errungenschaften zwischen den zwei Kulturen auftat, die wir in der akademischen Welt als Natur- und Geisteswissenschaft und in der Kulturwelt als wissenschaftliche und literarische Intelligenz kennen. Zu dieser Zeit hatten sich der Computer und seine Art der Informationsverarbeitung als etwas erwiesen, das nicht nur Berechnungen ausführen konnte, sondern im öffentlichen Leben und vielleicht sogar bald im politischen Raum eine Rolle spielen konnte. Computer durften daher nicht auf die eine - quantitative und technisch-wissenschaftliche - Kultur beschränkt bleiben. Sie gehörten vielmehr auch in die andere - qualitative und künstlerisch produktive - Kultur, und der Computerwissenschaftler Thomas E. Kurtz vom Dartsmouth College nahm diesen Gedanken auf seine Weise ernst. Zusammen mit seinem Kollegen John G. Kemeny wunderte er sich: »Wie können schwierige Entscheidungen über den Einsatz von Computern von Leuten getroffen werden, die von ihm so gut wie nichts verstehen?«

Kemeny und Kurtz beließen es aber nicht nur bei ihrem Klagen. Sie handelten vielmehr und brachten 1964 die Programmiersprache BASIC heraus, von der sie hofften und wünschten, dass sich die Philosophen und Literaturwissenschaftler mit ihr anfreunden würden. BASIC war damit zwar als Angebot der Informatik an die Welt des Geistes gedacht - immerhin handelte es sich um eine Sprache und ihre Deutungen -, aber man kann sich des Eindrucks nicht erwehren, dass diese Mühe von der Gegenseite nicht in gleichem Maße honoriert worden ist. Wir wollen darüber nicht weiter jammern und stattdessen auf BASIC selbst schauen. Dieses suggestive Wort kürzt die komplizierte Wendung »Beginner's All-purpose Symbolic Instruction Code« ab, was man etwa mit »Symbolische Allzweckprogrammiersprache für Anfänger« ins Deutsche übersetzen könnte, und Anfänger, das waren damals die meisten. Man musste nur den Mut haben, es offen zuzugeben.

Die ersten Versionen von BASIC waren noch für Computer geschrieben worden, die von mehreren Personen (usern) benutzt wurden. Doch

Der Commodore 64 von 1982 war der meistverkaufte Heimcomputer aller Zeiten.

im Verlauf der 1970er Jahre tauchten erst die Personal Computer (PC) und am Ende des Jahrzehnts auch bald die sogenannten Heimcomputer auf, die etwa von der Firma Apple stammten oder Commodore 64 hießen. Der Commodore, der 1982 auf den Markt kam, wurde zu einem auch für Jugendliche erschwinglichen Preis angeboten und nach einer schwierigen Anfangsphase zum meistverkauften Heimcomputer aller Zeiten.

Alle diese Geräte operierten mit BASIC, genauer, mit speziellen Versionen dieser Sprache. Es gab inzwischen den Berufszweig der Programmierer, die an der Verfeinerung von BASIC arbeiteten, und unter ihnen gab es einige, die die riesigen Chancen für Unternehmen sahen, die sich auf die Herstellung von Software spezialisierten. Bill Gates zum Beispiel gründete mit Paul Allen im Jahre 1975 das Unternehmen Microsoft, das zunächst Varianten von BASIC entwickelte, sogenannte BASIC-Interpreter. Damit ist eine Software gemeint, die eine bereits geschriebene und auf einigen Computermodellen laufende Programmiersprache in eine andere umwandelt. Konkret bedeutete dies, dass das ursprüngliche, für Menschenaugen lesbare, Computerprogramm - der sogenannte Quellcode - in eine Instruktion umgeformt wird, die dann auf dem besonderen System (dem Gerät) ausgeführt werden kann,

BASIC

BASIC wollte möglichst einfach sein, weshalb sich seine Schöpfer darauf beschränkten, eine Instruktion pro Zeile zu geben. Jede Anweisung begann mit einem von 14 grundlegenden BASIC Befehlen, die unter anderem LET, READ, DATA, GO TO oder IF THEN hießen. Danach folgten genauere Vorgaben. Kemeny und Kurtz haben in ihrem Buch *BASIC Programming* von 1979 als Beispiel aufgeführt, wie 147 durch 69 geteilt wird, wobei es hier nicht auf Details, sondern auf den Gesamteindruck ankommt:

```
DIVIDE
100 READ N, D
200 DATA 147, 69
250
300 LET Q = N/D
400 PRINT N, D, Q
450
500 END
RUN
```

Und hierauf antwortet der Computer (wenn man ihm noch den Befehl zum Drucken gegeben hat):

```
DIVIDE
147 69    2.13043
0.114 CRU 0.055 SECS
READY
```

Die vorletzte Zeile teilt mit, wie lange der Computer dafür benötigt und wie viele Ressourcen er gebraucht hat – CRU steht für »Computer Resource Unit«.

das man betreiben oder rechnen lassen will. Aus dieser »Interpretation« oder »Übersetzung« des Quellcodes in die Sprache eines speziellen Computers wurde bald das Kompilieren (Übereinanderstapeln) von Programmiersprachen, für das es dann sogenannte Compiler gab, die speziell für diesen Zweck gebaut wurden. Compiler übertragen Quellprogramme direkt in Zielsprachen, die auf der Maschine des Nutzers laufen können.

Festplatten

An dieser Stelle können wir leider immer noch nicht mitten in die 1970er Jahre springen, um Apple und Co. auftreten zu lassen und neben den frühen Schreibprogrammen (wie WordStar) auch den ersten tragbaren Computer vorstellen. Denn wir müssen noch erwähnen, dass es zusätzlich zu der erstaunlichen Explosion der Zahl von Transistoren auf den Prozessoren in den 1950er und 1960er Jahren noch andere parallel dazu verlaufende dramatische Entwicklungen gab, deren Resultate wir heute ganz selbstverständlich nutzen. Gemeint sind die Festplatten und das Betriebssystem, womit zwei Ausdrücke gefallen sind, die vielen Nutzern von PCs inzwischen leicht über die Lippen gehen. Auch sie haben natürlich ihre Geschichte, die wir uns hier knapp und klar vornehmen wollen. Und die wir mit dem berühmten Unternehmen namens IBM verknüpfen können, das wegen der Farbe seines Logos und des Umfangs seiner Geschäftstätigkeit auch Big Blue genannt wurde.

An dieser Stelle sei eine kleine Anmerkung erlaubt: Natürlich bleiben es nach wie vor Menschen, die Techniken entwickeln, Programmiersprachen verfassen und all die anderen Aufgaben erledigen, die bei der Entwicklung der Informationstechnologie anfallen. Aber sie tragen zunehmend in einem Verbund oder Team - im Rahmen eines Unternehmens - zu der Geschichte bei, die wir hier darstellen wollen, und die dabei jeweils vollbrachte Kollektivleistung überschreitet an Komplexität das, was ein Einzelner zustande bringt.

Was konkret die Festplatte - englisch »hard disk« - angeht, so will man auf ihr Daten unterbringen (Informationen speichern), und man hat dazu eine Scheibe gewählt, die ferromagnetische Eigenschaften aufweist und rotieren kann. »Ferromagnetisch« - das meint die Art Magnetismus, die man vom Eisen her kennt; die aus einer Aluminium-Legierung bestehenden Scheiben werden mit einer Eisenoxidschicht - wahlweise auch einer Kobaltschicht - belegt, die durch Magnetisierung in bestimmten Mustern Daten aufnehmen und ausgeben kann. Die beschichteten Scheiben werden schließlich mit einer schützenden Deckschicht aus Kohlenstoff überzogen, um mechanische Beschädigungen zu vermeiden. Der Kontakt zu einer Festplatte kommt durch Vorrichtungen zustande, die als Schreib- und Leseköpfe bekannt sind (und elegante Konstruktionen darstellen, die hier nicht im Einzelnen besprochen werden können).

Die Technik der Magnetisierung kannte man von den Tonbändern her, die es seit den frühen 1950er Jahren gab und die ebenfalls in Schichten aus Eisenoxidkristallen Informationen als Muster speicherten. Ein weiterer Vorläufer der Festplatte waren die Magnettrommeln, die - zuerst in Österreich - seit den frühen 1930er Jahren entwickelt worden waren. Nachdem die Trommelspeicher um 1950 gute Dienste für das Anle-

Festplattenlaufwerk (Samsung HD753LJ)

gen von Computerdaten geleistet hatten, stellte IBM 1956 das erste magnetische Festplattenlaufwerk vor. Es hieß IBM 350 und war in der Lage, fünf Megabyte (MB) an Informationen zu speichern. Seine Schreib- und Leseköpfe wurden nicht allein elektronisch, sondern zusätzlich noch pneumatisch gesteuert. Auffallend war neben der physischen Größe - der eine Schrankes - auch die ökonomische Tatsache, dass man IBM 350 nur mieten konnte, und zwar für mehrere Tausend Dollar im Monat. Das magnetische Festplattenlaufwerk stellte den speichernden und also Informationen sammelnden Teil eines Rechners dar, der IBM 305 RAMAC hieß, wobei die letzten Buchstaben »Random Access Method of Accounting and Control« abkürzten. Von diesem Kürzel sind die ersten Buchstaben - RAM - in Gebrauch geblieben. Sie signalisieren, dass es einen freien Zugriff auf die gespeicherten Daten gibt, was auch für die Weiterentwicklung gilt, die als ROM bekannt wurde und eine Datenspeicherung meint - »Read Only Memory« -, die nur abgerufen und nicht beschrieben werden kann und deshalb hohe Kapazitäten ermöglicht.

Als Form der Speicherung von Information auf Festplatten wurde die Magnetisierung von jeweils kreisförmigen Spuren gewählt, die von Schreibköpfen aufgetragen und von Leseköpfen nachverfolgt wurden. Diese Vorrichtungen, die wie die Tonarme bei Schallplattenspielern aussehen, mussten anfänglich stets in einem gesonderten Schritt geladen werden, damit sie in Aktion treten konnten, was die IBM-Ingenieure nach einem Mechanismus suchen ließ, der dies unnötig machte. Das Ergebnis dieser Bemühungen war das sogenannte Winchester-Projekt, das 1973 in der gleichnamigen englischen Stadt gestartet wurde und bald einen rotierenden Speicher - IBM 3340 - mit einer Speicherkapazität von 30 MB hervorbrachte, der den Kunden zudem durch eine Zugriffszeit imponierte, die in Millisekunden zu messen war.

Im Verlauf der 1980er Jahre wurden die Festplatten immer kompakter - die ersten PCs waren schließlich längst auf dem Markt -, erlaubten allerdings keine Speicherkapazität oberhalb des Megabyte-Bereichs. Eine Steigerung an dieser Stelle gelang erst in den 1990er Jahren, als man einen besonderen physikalischen Effekt auszunutzen lernte, der im Jahrzehnt zuvor entdeckt worden war, nämlich den sogenannten Riesen-Magnetowiderstand – den Giant Magnetoresistive Effect, der GMR abgekürzt wird. Wir verdanken seine Beobachtung dem Franzosen Albert Fert und dem Deutschen Peter Grünberg. Mit Hilfe des GMR konnten statt der alten Megabytes bald tausendfach vergrößerte Mengen – also Gigabytes – gespeichert werden, wie sie etwa für die Speicherung von Spielfilmen benötigt werden. Heute bieten erste Hersteller sogar Terabyte-Festplatten an.

Der Riesenmagnetowiderstand (GMR) macht sich in dünnen Schichten bemerkbar, deren Ausmaße in Nanometern gemessen werden und die abwechselnd aus magnetischen und nichtmagnetischen Materialien bestehen. Wie sich herausstellte, weisen solche Schichten einen elektrischen Widerstand auf, der vom Muster der Magnetisierung abhängt. Da dieses Muster wiederum durch ein Magnetfeld beeinflusst wird, konnte man den Effekt auch umgekehrt als Sensor für ein solches Feld einsetzen, und daraus ergab sich die Möglichkeit, einen neuen Typ von Schreib-Lesekopf für eine Festplatte zu entwerfen. Dieser Aufgabe stellte sich Stuart Perkin, der bei IBM arbeitete, und 1997 konnte das Unternehmen dank seiner Entwicklungsarbeit einen ersten mit dem GMR-Effekt operierenden Schreib-Lesekopf auf den Markt bringen, der eine Festplatte mit mehr als 16 Gigabyte Informationen ausstatten konnte.

Unabhängig voneinander entdeckten **Albert Fert** (Jahrgang 1938) an der Universität Paris-Süd und **Peter Grünberg** (geboren 1939) am Forschungszentrum Jülich 1988 den GMR-Effekt. Gemeinsam erhielten sie dafür 2007 den Nobelpreis für Physik.

Der benutzerfreundliche Computer

Natürlich haben wir damit nur höchst grob skizziert, wie die Speicherkapazität der Computer zugenommen hat, aber selbst dieser knappe Einblick zeigt, dass man über die Dynamik der Entwicklung nur staunen kann. Doch trotz aller Festplatten mit ihren Gigabytes – die Entwicklung, die den Computer in die Haushalte, die Büros und nahezu überall hin gebracht hat, hängt wahrscheinlich noch stärker mit der Tatsache zusammen, dass die Geräte benutzerfreundlich wurden - »user friendly«, wie es in der Sprache der ersten (amerikanischen) Produzenten eines solchen Apparats hieß. Gemeint sind zunächst die Hersteller des zuerst 1976 angebotenen Apple I, der als komplettes Gerät geliefert wurde, das heißt sowohl mit einer Tastatur als auch mit einem Monitor (Bildschirm), und so dem »user« - dem Nutzer - viele Möglichkeiten des Eingreifens und Reagierens bot - ein Beispiel für das Prinzip WYSIWYG, das gleich erläutert werden wird.

»Benutzerfreundlich« - das hieß zunächst, dass die angebotene Technik auf die physischen und kognitiven Eigenschaften der Menschen zugeschnitten war, die sie benutzen sollten. Dies bedeutete anfangs nicht mehr, als dass man den Kunden entgegenkam, die erst etwas mit den Fingern machen und dann mit den Augen sehen wollten, was sie da »eingegeben« hatten. Das Ziel bestand in einem Programm, das auf einem Bildschirm zu erkennen gab, welche Instruktionen man dem Computer über die Tastatur hatte zukommen lassen. Wer jetzt sagt, das sei doch alles ganz selbstverständlich, hat vergessen, dass sich das, was heute zum Standard gehört, aus kleinen Anfängen entfalten musste, die den Zeitgenossen noch atemberaubend vorkamen. In unserem Fall wurden die kleinen und mühsamen Anfänge sogar mit einem großen und freundlichen Wort bezeichnet, nämlich WYSIWYG, was »wizzy wig« gesprochen wurde und die Abkürzung war für »What you see is what you get«. Das hieß: Der Computer führt nur das aus, was man zuvor als Befehl oder Symbol auf dem Bildschirm mit eigenen Augen gesehen hat und danach mit den eigenen Händen kontrollieren oder korrigieren kann.

»Benutzerfreundlich« - das hieß weiterhin aber auch, darauf einzugehen, dass nicht jeder Käufer eines Computers Lust hat, eigene Programme zu entwerfen. Man möchte mit einem Computer zum Beispiel Tabellen kalkulieren und Texte verarbeiten und nicht die Programme für die Durchführung dieser Aufgaben schreiben. Aus diesem Grund lieferte das Unternehmen Apple 1977 in seinem zweiten Modell Apple II die dafür nötige Software komplett mit - mit dem Ergebnis, dass sich das Gerät millionenfach verkaufte. Aus dieser Zeit stammt auch das erste Programm zur Verarbeitung von Texten. Es hieß WordStar und verwandelte die verfügbaren Rechner in die besten Schreibmaschinen, die es bis dahin gegeben hatte. Sie nahmen einem Autor nicht nur die Angst vor Schreibfehlern und anderen notwendigen Korrekturen, sondern erlaubten darüber hinaus, ganze Abschnitte zu verschieben oder ausgewählte Passagen neu zu formatieren oder in einer anderen Schrift erscheinen zu lassen. Das berühmt-berüchtigte Verfahren »Copy and paste« - »Kopieren und Einfügen« - war mit diesem Programm erfunden, und Schritt für Schritt mauserte sich der von manchen Beobachtern mitleidig belächelte Heimcomputer zu einem äußerst vielseitigen professionellen Gerät für immer mehr Nutzer oder Kunden.

Das Bessere ist bekanntlich der Feind des Guten, und so dauerte es nicht lange, bis das Pionierprogramm WordStar, das nur Texte - und zum Beispiel keine Tabellen - verarbeiten konnte, von nachfolgenden Konkurrenten erst bedrängt und dann verdrängt wurde, unter anderem von dem Textverarbeitungsprogramm Word, das auf den aus Ungarn stammenden Charles Simonyi zurückgeht.

Simonyi ist auch Urheber der Tabellenkalkulation Excel und als einer der ersten Angestellten von Microsoft so reich geworden, dass er es sich nicht nur leisten konnte, 2007 als Weltraumtourist auf die Internationale Raumstation ISS zu fliegen, sondern auch bereit war, der Universität Oxford über eine Millionen Pfund zur Verfügung zu stellen, um einen Lehrstuhl für ein »public understanding of science« einzurichten.

In Berkeley hat Simonyi im Rahmen seiner Doktorarbeit 1977 die Idee des Metaprogrammierens eingeführt, die es einer Software erlaubt, sich zum Teil selbst zu schreiben. Sein

Charles Simonyi
wurde 1948 als Károly Simonyi in Budapest geboren. Sein Vater war Professor für Technik. 1966 verließ Simonyi seine Heimat und gelangte über Dänemark in die USA, wo er in Berkeley sein Studium beendete. Die Möglichkeit zu forschen erhielt er zuerst im Forschungslabor von Xerox in Palo Alto.

schlicht als Word bezeichnetes Programm zum Schreiben von Texten ist 1983 auf den Markt gekommen, aber bald hieß es MS Word – MS für Microsoft. Es sollte zu dem bis heute am meisten verwendeten Textprogramm werden, was nicht zuletzt daran lag, dass Word für den IBM-PC geeignet war und schon früh viele Schriftarten und andere Textauszeichnungen mit im Angebot hatte.

Operating Systems

IBM zeigte seine Stärke in den 1970er Jahren vor allem mit der Entwicklung eines »Personal Computer«, der 1981 auf dem Markt kam und zunächst vor allem von Unternehmen erworben wurde. Privatkunden schätzten dagegen weiterhin eher die Apple-Produkte. Diese feinen Unterschiede sollen uns aber nicht mehr davon ablenken, endlich auf das Konzept des Betriebssystems zu sprechen zu kommen.

Personal Computer (persönlicher Computer) hieß auf Deutsch zunächst »Personalcomputer« – wie wenn er ausschließlich in der Personalabteilung von Unternehmen eingesetzt worden wäre. Das Übersetzungsproblem gibt es nicht mehr, seit er PC heißt und einen mit Microsoft-Software betriebenen Computer bezeichnet, im Unterschied zu einem Apple.

Ein Betriebssystem – ein »Operating System«, OS – meint eine Software, die zu einem Computer gehört und dem Käufer ermöglicht, mit dem Gerät sofort zu arbeiten – zum Beispiel zu schreiben, zu rechnen oder zu spielen –, und zwar ohne große Vorbereitungen. Viele haben es vielleicht schon vergessen – aber das Einschalten eines Personal Computers auf dem eigenen Schreibtisch stellte in den 1980er Jahren immer einen Moment der Spannung dar, weil man nie wusste, ob das System dabei nicht irgendwo hängenblieb oder zwischendurch »abstürzte«. Es gab eine verwirrende Vielfalt von Aufgaben – etwa solche von sogenannten Systemadministratoren –, die erledigt werden mussten, bevor ein Rechner operieren konnte. Erst nachdem funktionsfähige Betriebssysteme entwickelt worden waren, konnten Computer die Massenprodukte werden, die wir heute auf den meisten Schreibtischen und stets in Bereitschaft sehen.

Ein erstes solches Betriebssystem wurde zwar bereits 1964 bei IBM unter der Bezeichnung OS/360 eingeführt, es war aber noch zu kompliziert und blieb technisch zu anspruchsvoll. Die eigentliche Erfolgsgeschichte von »Operating Systems«

beginnt mit dem Disk Operating System (DOS) der Firma Microsoft (MS), das unter dem Namen MS-DOS Furore machte. Es konnte als Diskette (damals eine elektromagnetische »Floppy disc«) erworben und in die Rechner eingelegt werden. Als Initiator und Vollender dieses Betriebssystems trat der Programmierer Tim Paterson auf, der auf dem Weg dorthin für Microsoft erst das legendäre Betriebssystem QDOS kreieren musste, um zum Ziel zu kommen. Die ersten beiden Buchstaben von QDOS kürzten tatsächlich »quick and dirty« ab und kündigten damit ein zwar schnelles, aber nicht ganz astreines Betriebssystem an, das aber trotz allem einen Riesenvorteil hatte, nämlich den, zu funktionieren - wenn auch mit Ach und Krach.

Die für Microsoft tätigen Erfinder oder Autoren dieser Software nutzten die ganze Palette der verfügbaren Prozessoren (Intel 8086) und Programmiersprachen (BASIC Interpreter); ihre Bosse wiederum überzeugten die Manager von IBM, dass sie das in Entwicklung befindliche Betriebssystem in den von IBM geplanten PCs nutzen sollten. Und so dauerte es nicht lange, bis der IBM-PC mit MS-DOS lief. Dieses System kam nach und nach in schnell verbesserten Versionen auf den Markt, was heißt, dass es im Laufe der Zeit immer weniger der Fehler enthielt, die manche Nutzer von Computern anfänglich oft zur Weißglut brachten.

Trotz aller oftmals ärgerlichen Kinderkrankheiten: Die Entscheidung von IBM, ein bestimmtes Betriebssystem, das MS-DOS von Microsoft, zu verwenden, zog als Konsequenz die Entscheidung von anderen Computerfirmen wie Compaq nach sich, zwar preisgünstige, aber nicht sehr originelle Rechner anzufertigen, die »IBM-kompatibel« waren. Und damit stieg Microsoft raketenhaft zum Marktführer unter den Anbietern von Programmiersprachen und Betriebssystemen auf, und die Konkurrenz musste sich etwas Neues einfallen lassen, um sich wieder bemerkbar zu machen. Dies sollte ihr aber schon bald gelingen.

Das klassische Problem früher PC-Nutzer war die Meldung, dass die Tastatur nicht mehr reagierte. **»Keyboard failure«** lautete die Schreckensnachricht auf dem Bildschirm, durch die vielen Nutzern viele Seiten Text und viel Arbeit verloren gingen.

Die grafische Benutzeroberfläche

Wenn eben von dem Erfolg der »IBM-kompatiblen« Computer in den 1980er Jahren die Rede war, dann ist damit zunächst der Erfolg bei Firmen gemeint, an deren Arbeitsplätzen Rechner gebraucht wurden - zum Beispiel Reisebüros oder Zeitungsredaktionen. Im Wohnzimmer zuhause sah das eine Zeitlang noch anders aus. Da standen eher die verspielten Heimcomputer mit Namen wie C64 (Commodore 64), Atari 800 oder Amiga 1200, die sich auf Computerspiele für die ganze Familie konzentrierten und die mit den dazugehörigen Heimkonsolen funktionierten.

Die Zweiteilung zwischen kleinen Profi-Computern und idyllischen Spiele-Konsolen funktionierte aber nicht länger, als etwas ganz Neues auf dem Markt erschien, das auf den Namen »grafische Benutzeroberfläche« hörte. Dies sollte ausdrücken, dass der Benutzer eines damit ausgestatteten Computers seinem Gerät jetzt nicht mehr durch komplizierte Symbolfolgen wie »Load «*« Ø-1« Befehle erteilen musste, sondern dies einfach dadurch tun konnte, dass er grafische Zeichen auf dem Monitor ansteuerte und »anklickte«, wie man bald sagte. Schon länger hatten die Betriebssysteme dafür gesorgt, dass es den kleinen »Cursor« gab, die blinkende Schreibmarke, die anzeigte, an welcher Stelle etwa ein Buchstabe erscheinen würde, wenn man ihn auf der Tastatur anschlug. Jetzt gab es sogar einen kleinen Pfeil, den man mit den Cursortasten über das Sichtfeld bewegen und auf ein Symbol lenken konnte. Und nicht nur das, man konnte jetzt auch durch einen Tastendruck - einen Klick - ein Programm aktivieren, das sich hinter dem Symbol verbarg oder durch dieses Zeichen angekündigt wurde. Die Computer wurden jetzt wirklich »user friendly«.

Pong hieß das erste populäre Computerspiel (»Bildschirmspiel«). Die Firma Atari brachte es 1972 heraus. Aufgabe war es, den beweglichen Punkt (Ball) mit dem senkrechten Strich (Schläger) zu erwischen und zurückzuschlagen.

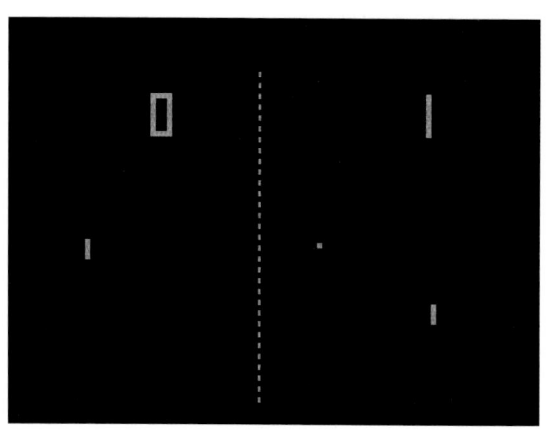

1984 mischte Apple damit den ganzen Markt auf, und zwar dadurch, dass das Unternehmen einen Computer mit Namen Macintosh herausbrachte, bei dem die grafische Oberfläche mit einem handlichen Gerät angeklickt werden konnte, das bald jeder als »Maus« kannte und schätzte. Jetzt war ein Computer wirklich ganz einfach zu handhaben - wer mit ihm umging, musste nur noch klicken, ziehen und loslassen. Damit konnte jeder einen PC bedienen und zum Beispiel mit ihm schreiben oder Grafiken anfertigen.

Das Konzept einer »Graphical User Interface« (GUI), einer grafischen Schnittstelle zwischen Mensch und Maschine, stammt bereits aus dem 1970er Jahren. Die durch ihre Kopiergeräte erfolgreiche Firma Xerox hatte damals im kalifornischen Palo Alto - neben der Stanford-Universität und ihrem Silicon Valley - das Palo Alto Research Center (PARC) eingerichtet, um dort, wie es hieß, »die Experten der Information« zusammenzubringen, damit sie durch weitere Forschungen und Entwicklungen zu den »Architekten der Information« werden konnten, die man in Zukunft zu brauchen meinte. 1975 brachten die dort versammelten Informatiker eine funktionierende GUI zustande, die zum ersten Mal mit netten Bildchen - den »icons« - operierte, die wir heute noch, inzwischen den ganzen Schirm füllend, auf den Monitoren finden. Sie führten darüber hinaus das Konzept der »Windows« - der Fenster - vor, die man durch einen Mausklick öffnen und schließen konnte und durch die man (in jeder Hinsicht) sehen konnte, was der Computer anzubieten hatte. Man öffnete per Klick ein Fenster, schaute hindurch oder hinein und wählte aus einem Menü das Programm aus, mit dem man arbeiten wollte.

Die Entwickler von Apple waren die ersten, die sich von dieser Technik inspirieren ließen, vor allem, nachdem Xerox selbst 1981 einen ersten - allerdings zu langsamen und deshalb erfolglos bleibenden - Computer namens Xerox Star mit der bequemen Bedienung angeboten hatte. Zwei Jahre später versuchte es Apple mit seinem Modell Lisa, das allerdings zu teuer angeboten wurde und im Vergleich zu den mit MS-DOS ausgestatteten Rechnern viel zu schleppend reagierte und zu lange für einige Dienste brauchte. Steve Jobs setzte sich nach diesem Misserfolg mit aller Macht dafür ein, dass Apple die von ihm bewunderte grafische Benutzeroberfläche mit ihren sichtbaren Vorteilen als eigenes Produkt preiswert anbot. Und so trieb er in seinem Unternehmen höchst persönlich das Macintosh-Projekt voran, mit dem Apple 1984 auf den Markt ging. Der erste Erfahrungsbericht, der in der Zeitschrift »Byte« erschien, lobte das Gerät, das man sowohl zuhause als auch im Büro nutzen konnte, und sogar die Frau des Rezensenten musste zugeben, sie sei »in love with Mac«. Dabei war der – aus heutiger Sicht: nur – mit 138 KB RAM und 64 KB ROM Speicherkapazität ausgestattete Macintosh nicht gerade billig. Er kostete in seiner ersten Version sogar über 2000 US-Dollar – aber das Gerät war so elegant und so einfach zu bedienen, und der Monitor zeigte darüber hinaus alles in derart wunderbaren Farben, dass viele Fans von Apple bereit waren, diesen Preis zu zahlen.

Allerdings: Der Macintosh zeigte »absolulety no IBM-PC/MS-DOS compatibility«, wie sich rasch herumsprach und als Kampfansage an Bill Gates und seine Microsoft-Mannschaft galt, die längst neidisch beäugten, was Apple anbot. Kurzentschlossen entwickelte Microsoft ein Konkurrenzprogramm, das – etwas einfallslos, aber einprägsam – »Windows« genannt und zum ersten Mal im November 1985 in einer als 1.03 bezeichneten Version herausgebracht wurde.

Da sich dieses IBM-kompatibel gestaltete Betriebssystem sehr an dem alten MS-DOS orientierte, konnte Microsoft beim Publikum mit seiner ersten grafisch angelegten Software noch nicht so recht punkten. Viele Nutzer kritisierten die frühen Windows-Versionen als einfallslose Imitationen von »Mac« (wie man Macintosh bald überall nannte), aber diese Situation ändere sich 1992, als das Unternehmen von Bill Gates die Version Windows 3.1 anbot, die ein großer kommerzieller Erfolg wurde. Das Programm kostete nur 150 US-Dollar,

Während man früher stolz war, als Pionier eine **1.0 Version** vorzuführen, mieden viele Softwarehersteller in den 1980er Jahren diese Zahl, da die Käufer längst und zu Recht befürchten, als Versuchskarnickel eingesetzt zu werden. Deshalb hieß das erste Windows 1.03.

es war in einer für alle relevanten Prozessoren angepassten Version verfügbar (was durch eigens eingebaute Startbefehle ermöglicht wurde). Außerdem es bot endlich an, was Apple schon seit 1989 mitlieferte, nämlich einen Bildschirmschoner (bei dessen Design viele Programmierer ihren Spieltrieb ausleben konnten). Solch ein Bildschirmschoner (»screen saver«) schaltet sich bei längerem Nichtbenutzen des Monitors ein und sorgt dafür, dass die winzigen Farbpunkte (Pixel) auf den Monitoren, die durch einen Elektronenstrahl beleuchtet werden, nicht unnötig belastet werden.

Mehr als eine Million Kopien von Windows 3.1 wurden in den ersten vier Monaten verkauft - die Welt der Personal Computer hatte sich damit entschieden. Übrigens: Kurz nach der Vorstellung der ersten Windows-Version ging Microsoft an die Börse, und als Windows 3.0 ausgeliefert wurde, konnte das Unternehmen seinen Umsatz auf mehr als eine Milliarde US-Dollar steigern.

Die Kleinen ...

Laptop oder Notebook heißen die kleinen tragbaren Computer. Laptop, weil es auf den Schoß gestellt und so benutzt werden kann, und Notebook, weil sich mit ihm Notizen festhalten lassen. Die Entwicklung solcher tragbarer Computer begann in den späten 1960er Jahren, als der höchst umtriebige, vielseitig interessierte und vielfach begabte Alan Kay das entsprechende Konzept vorschlug. Kay gehört zu den zahlreichen Kultgestalten, die im sozialen Umfeld von Computern auftauchten und eine eigene Geschichte wert sind. Er hatte schon früh die Vision einer Universalmaschine, durch die ein Medium entsteht, »das alle Einzelheiten anderer Medien dynamisch nachahmen kann«, wie er einmal gesagt hat. Der aus Massachusetts stammende Kay hat im Xerox PARC und bei Hewlett-Packard gearbeitet und - übrigens zusammen mit Jürgen Habermas - den hoch dotierten Kyoto-Preis gewonnen. Der gerne als »Architekt der fensterbasierten grafischen Benutzeroberflächen« vorgestellte Kay glaubt heute an den 100-Dollar-Computer und arbeitet an dem Projekt »One Laptop per Child«.

Notebooks oder Thinkpads gibt es den offiziellen Chroniken zufolge seit 1975, als IBM mit seinem Modell IBM 500 herauskam. Aber viele Fachleute sind der Ansicht, dass die Ehre, in diesem Rennen der Erste gewesen zu sein, einem Gerät mit Namen Osborne 1 gebührt, das 1981 angeboten wurde und wirklich getragen und mitgeschleppt werden konnte (obwohl es noch ziemlich klobig war). Diesem leider mit nur einem sehr kleinen Monitor ausgestatteten und trotzdem nicht ganz leichten »Schlepptop«, wie es damals oftmals zynisch hieß, folgten in der Mitte der 1980er Jahre die ersten vollwertigen Maschinen, die zum Beispiel von der japanischen Firma Toshiba produziert wurden und T1100 oder T3100 hießen. Sie wogen nur noch wenige Kilogramm, verfügten über große Speicher im Megabytebereich und brillierten mit gestochen scharfen und äußerst farbenfrohen Bildschirmen. In den 1990er Jahren stellte dann Intel speziell für Notebooks entwickelte Prozessoren (CPUs) vor, die kaum Wärme produzierten und wenig Strom verbrauchten. So kam eine Entwicklung in Gang, an deren heutigem Ende Jahr für Jahr viele Millionen solcher Geräte von einer Vielzahl von Anbietern verkauft werden.

… und die Großen

Der rasanten Entwicklung im Kleinen steht eine ähnlich imposante Geschichte im Großen gegenüber, wobei wir darunter das Angebot an Software für Unternehmen verstehen, die manchmal auch als Großrechnersoftware bezeichnet wird. Unternehmen sind komplizierte Gebilde, vor allem, wenn sie global operieren und vielfältige Produkte erforschen, entwickeln und verkaufen. Wie kann man dafür sorgen, dass etwa die Marketing-Abteilung in Deutschland dasselbe weiß wie die Forschungsmanager in den USA oder die Einkäufer in anderen Ländern? Wie können Riesengebilde wie General Motors ihren Lagerbestand und die Modellpolitik koordinieren?

Bei solchen und ähnlich gelagerten Fragen können Datenbanken helfen, auf die man möglichst in Echtzeit und von jedem Schreibtisch des Unternehmens aus mit vergleichbaren Geräten Zugriff hat, um Aufträge zu bearbeiten, Engpässe zu vermeiden und Entwicklungen festzulegen.

Um ein Beispiel zu nennen: Das Unternehmen Nestlé bot in den letzten Jahren rund 100 000 Produkte an; es belieferte damit Kunden in 200 Ländern und arbeitete mit 550 000 Lieferanten zusammen. Als sich einmal jemand die Mühe machte, die knapp zehn Millionen Belege für Ein- und Verkauf zu sichten, die im Laufe eines Jahres bei Nestlé zusammenkamen, zeigte es sich, dass eine Hälfte überflüssig oder doppelt vorhanden war. Bei der anderen Hälfte wiederum erwies sich ein Drittel der Belege als ungenau oder unvollständig. Wenn das Wort damals schon bekannt gewesen wäre, hätte der Revisor dem Vorstand von Nestlé dringend empfohlen, neben seinem CEO (Chief Executive Officer/Vorstandsvorsitzenden) auch einen CIO zu beschäftigen, einen Chief Information Officer. Ihn sollte es in vielen Unternehmen bald geben, wozu nicht unwesentlich eine grundlegende Entscheidung von Big Blue beigetragen hat.

Im Jahre 1969 entkoppelte IBM die Preise für Hardware und Software. Das Unternehmen öffnete durch diesen mutigen Schritt einen neuen Markt - und damit neue Möglichkeiten - für die Entwickler und Anbieter von Programmen. Das nutzten nicht nur Leute wie Bill Gates und sein Microsoft-Team. Das nutzen zum Beispiel auch fünf Angestellte von IBM in Deutschland, die sich bald selbständig machten, um das zu entwickeln, was sie zunächst Anwendersoftware nannten. 1972 gründeten Claus Wellenreuther, Hans-Werner Hector, Klaus Tschira, Dietmar Hopp und Hasso Plattner in Weinheim eine Firma für »Systemanalyse und Programmentwicklung«, die sie SAP nannten und die inzwischen im badischen Walldorf angesiedelt und zum größten europäischen Hersteller von Software geworden ist. Zuerst boten die Jungunternehmer Programme für die Lohnabrechnung und die Buchhaltung an; später lieferten sie Software, die alle Aufgaben vom Auftragseingang über die Materialplanung bis zur Rechnungsstellung übernehmen konnte. Der Durchbruch für SAP erfolgte zu Beginn der 1990er Jahre, als das Unternehmen eine Software vorstellte, die sich an dem Client-Server-Modell orientierte, was konkret bedeutete, dass die dazugehörigen Programme in der Lage waren, Aufgaben und Dienstleistungen innerhalb eines Netzwerkes von Computern und anderen elektronischen Einrichtungen zu verteilen; die Benutzer konnten mittels grafischer Benutzeroberflächen einfach und direkt Zugriff auf die entsprechenden Daten bekommen.

Natürlich agierte SAP nicht als einziges Unternehmen auf dem Sektor der Unternehmenssoftware. Es gab und gibt Rivalen wie Oracle, das Ende der 1970er Jahre entstand und dessen Boss Larry Ellison in den letzten Jahren durch umfangreiche Zukäufe versucht hat, zu SAP aufzuschließen. Auch IBM rechnet damit, dass »business intelligence« eine Säule seiner künftigen Geschäfte sein wird; das Unternehmen richtet deshalb eigene analytische Zentren auf der ganzen Welt ein und investiert dort viele Millionen Dollar.

Client-Server-Programme sind solche, die entweder Dienste nutzen oder solche anbieten – etwa als Mail-Server oder als Datenbank-Server, wie die Fachausdrücke lauten, deren Bedeutung sich leicht erschließt.

Eine neue Dimension des Computers

Der Weg ins Netz

Im Wechselspiel von Wissenschaft und Wirtschaft wurden immer bessere Computer und Computerprogramme entwickelt, und während die Elektronikunternehmen immer neue Maschinen zur Informationsverarbeitung auf den Markt brachten, wurde neben dem Beruf des Programmierers auch der des Informationsmanagers erstrebenswert. In diesem Zusammenhang erhielt die Wissenschaft auch die neue Disziplin, die seit dem 26. Februar 1968 im deutschen Sprachraum offiziell als »Informatik« geführt wird.

Im Wintersemester 1969/70 richtete die Universität Karlsruhe einen Studiengang ein, der es Studierenden erlaubte, ein Diplom in Informatik zu erwerben. Bald darauf wurden erste Fakultäten für Informatik eingerichtet, und damit hatte die wissenschaftliche Erkundung der Verarbeitung von Informationen ihren akademischen Ort gefunden.

Wer sich fragt, was in der Informatik vor sich geht, sollte zunächst den schon länger zirkulierenden Satz zur Kenntnis nehmen, dass es in ihr so wenig um Computer geht wie in der Astronomie um Teleskope. Die neue Disziplin erkundet vielmehr, wie zum Beispiel Rechenanlagen große Datenmengen verwalten und sichern können, wie mehrere Computer untereinander kommunizieren können und wie die Informationsverarbeitung in den Alltag - zum Beispiel in den Haushalt - eindringt und ihn verändert. Informatiker versuchen unterdessen, neue Rechenverfahren (Algorithmen) für die verfügbaren Geräte zu ersinnen und generelle Grenzen der Rechenleistungen von Maschinen zu erkunden, die sie dann, wenn sie sie gefunden haben, gerne überwinden. Und sie entwerfen schließlich Expertensysteme, womit Programme gemeint sind, die auf einen bestimmten Gegenstand – etwa das Wetter oder das Gesundheitswesen – hin entworfen werden und den in diesen Bereichen tätigen Menschen alle Auskünfte geben, die bis dahin nur den größten Experten auf ihrem jeweiligen Gebiet zur Verfügung standen.

Natürlich können Informatiker noch mehr. Zu ihrer Disziplin gehörten von Anfang an sowohl die Mathematik, die unter anderem Programmiersprachen und Rechenverfahren liefert, als auch die Elektrotechnik, die Geräte und Schaltelemente hervorbringt. Zur Informatik gehört aber inzwischen noch etwas anderes, nämlich das Verständnis für das gigantische Gebilde, das mittlerweile als weltweites Informationsnetzwerk existiert und weiter wächst und genau so heißt, nämlich weltweites Netz oder World Wide Web, gewöhnlich www abgekürzt. Entstanden ist dieses Web im Jahre 1989 an der europäischen Großforschungsanlage CERN in Genf, und von staatlicher Seite aus freigegeben zur allgemeinen Verwendung wurde es am 6. August 1991. Wenige Jahre später schon war fast jeder Computer – persönlich oder supergroß – mit jedem anderen verbunden, und dabei ist auch das entstanden und mächtig geworden, was man Internet nennt. Dieses Wort fügt die beiden englischen Ausdrücke »interconnected network« zusammen, und es wird manchmal synonym zum Web verwendet, was historisch nicht gerechtfertigt ist. Beide Vernetzungen haben nämlich ihren Ausgang von völlig verschiedenen Startpositionen genommen, und in beiden Fällen haben die Verantwortlichen bei ihrem Tun ein anderes Ziel anvisiert.

Das riesige Internet – mit so beliebten Diensten wie der elektronischen Post E-Mail – hat sich aus einem eher kleinen ARPANET entwickelt, das 1969 als Projekt des amerikanischen Verteidigungsministeriums begonnen hat. Zuständig dafür war eine als »Advanced Research Project Agency« (ARPA) benannte Arbeitsgruppe, was den oben genannten Namen erklärt. Die Aufgabe dieser Gruppe bestand darin, die damals an Universitäten und anderen Forschungseinrichtungen verfügbaren Computer zusammenzuschalten, um die insgesamt als knapp eingestuften Rechenkapazitäten zu erhöhen. Es galt also, die Computer miteinander zu verbinden und ihre Nutzer miteinander kommunizieren zu lassen, und dies taten sie bald per E-Mail. Eine solche Nachricht wurde als elektronisches Signal an eine Person geschickt, die an einem Rechner saß, und die Post erreichte ihr Ziel, indem man ihr den Namen des Empfängers und eine Adresse für die Maschine voranstellte. Zwischen diese beiden Informationen schob man das bis dahin mehr oder weniger ungenutzte Zeichen @ ein, so wie wir es bis heute machen, zum Beispiel in epfischer@t-online.de. Der elektronische Austausch klappte von Anfang an, und er wurde von den Computernutzern begeistert aufgenommen. Bereits 1971 wurden per E-Mail mehr Daten übertragen als durch irgendwelche anderen Dienste, und schon bald war deutlich, dass man in kurzer Zeit ganz neue Organisationsformen und Verarbeitungswege für Informationen in einem weltweiten Netz finden musste.

Eine Lösung, die sich damals in der Softwareentwicklung abzeichnete, stellte ein Betriebssystem namens Unix dar, das von vielen Benutzern angewendet werden konnte, die an verschiedenen Geräten wie Laptops, Servern, Mobiltelefonen oder Supercomputern saßen. Unix wurde im August 1969 in

Unix-Screenshot

den Bell-Laboratorien unter anderem von Ken Thompson, Dennis Ritchie und Douglas McIllroy entwickelt. Nach diesen Anfängen haben andere Programmierer inzwischen - seit den frühen 1990er Jahren - ein anderes Betriebssystem namens Linux geschaffen, das modular aufgebaut ist und unter unterschiedlichen Bedingungen zu einer unterschiedlichen Zusammenstellung der Software führt und in aller Welt Freunde und Anwendung gefunden hat. Wir lassen die mit den Namen Unix und Linux verbundenen Prozesse und die dazugehörigen heftigen Auseinandersetzungen im Hintergrund auf sich beruhen, um zu dem Web im Vordergrund zu kommen, das allgemein zugänglich ist und von sehr vielen Menschen täglich aufgerufen und genutzt wird.

Der Grundgedanke des www tauchte – wie so vieles – unmittelbar nach dem Zweiten Weltkrieg auf. Man kann ihn in einem Aufsatz finden, den der amerikanische Ingenieur und Politikberater Vannevar Bush im Jahre 1945 in der Zeitschrift *The Atlantic Monthly* veröffentlichte und in dem er sich Gedanken über die Frage machte, auf welche Weise wir in Zukunft unser Denken organisieren und stützen. »As we may think« lautet die Überschrift, unter der sich Bush in seiner Phantasie eine Maschine namens Memex (Memory Extender) vorstellte, in der alles, was in welcher Form auch immer publiziert worden ist, verfügbar ist und auf unseren Zugriff wartet.

Memex operiert heute elektronisch und real und heißt Internet oder Web. Seine Konkretisierung verdanken wir dem Engländer Tim Berners-Lee, der eigentlich nichts Kompliziertes, sondern nur etwas Einleuchtendes wollte. Er wollte einfach in der Lage sein, Forschungsergebnisse und Ideen mit Kollegen auszutauschen, und zwar mit Hilfe der Computer, an denen doch alle den ganzen Tag über saßen. Es ging Berners-Lee darüber hinaus noch darum, wissenschaftliche Aufsätze oder Texte überhaupt miteinander zu verflechten und beim Lesen zwischen ihnen wechseln zu können, vor allen Dingen, wenn es in ihnen um ähnliche Fragen oder Probleme ging.

Konkret ausgedrückt: Wer einen Artikel las und dort einen Begriff von besonderem Interesse fand – etwa »Linux« oder »Standardmodell« oder »Nobelpreis« –, sollte durch einfaches Anklicken – der grafischen Benutzeroberfläche sei Dank – in einen anderen Text gelangen können, der dazu mehr Angaben machte oder eine Erklärung liefern konnte. Berners-Lee nannte diese Texte, deren Informationen netzartig verbunden waren und wie beschrieben mit passender Software verknüpft werden konnten, Hypertexte, und er schlug vor, relevante Dokumente mit Querverweisen auszustatten, mit Hyperlinks, wie man heute sagt. Er entwarf eine Software, um das Hypertext-System für die Kollegen an den Computern abrufbar zu machen. Sie steckt in den Buchstaben http, die »Hypertext Transfer Protocol« abkürzen und als »Übertragungsprotokoll« den verschiedenen Computern verraten, wie sie sich verständigen und als www funktionieren können.

Mit dem Web startete Berners-Lee eine Initiative, die möglichst vielen Menschen der Zugang zu dem Universum an Dokumenten ermöglichen sollte, das die Menschheit im Laufe der Jahre geschaffen hat. Und tatsächlich steht uns allen heute das ganze expandierende Universum der Informationen zur Verfügung, und man könnte denken, dass sich die Menschen damit einen Traum erfüllt haben. Doch wie nicht anders zu erwarten, werden inzwischen Stimmen laut, die hier eher von einem Alptraum sprechen.

In der Literatur haben viele Autoren schon länger von einer universellen Bibliothek geträumt, deren Bände das ganze Universum des Wissens enthalten und dem Suchenden durch Verweise Zugang zu ihm verschaffen. Was sich früher in freundlich raffinierten Träumen phantasievoller Schriftsteller zeigte, ist durch clevere Programmierer

C und C++

Ein Mitglied der weit verbreiteten Unix-Familie ist die höhere Programmiersprache mit Namen C++. (Das Attribut »höher« bedeutet, dass dieses Computerprogramm in einer zwar abstrakten Sprache verfasst ist, aber so, dass sie einem Menschen noch verständlich bleibt.) C++ ist die weltweit wohl am weitesten verbreitete Programmiersprache, und sie ist 1979 von Bjarne Stroustrup vorgestellt worden, der damals bei den Bell-Laboratorien in New Jersey arbeitete. Ihren Namen hat C++ seit 1983. Das C hat seinen Ursprung in der Sprache mit dieser Bezeichnung, die in den 1970er Jahren nach Vorarbeiten von Martin Richards und Ken Thompson entwickelt wurde und das Unix-Betriebssystem nutzte. Obwohl sich C rasch zu einer der beliebtesten und am meisten professionell genutzten Sprachen mauserte, zeigte sich bald die Notwendigkeit für eine Neuausrichtung, und dies hing mit der zunehmenden Komplexität zusammen. Die Programmiersprache C hatte bei allen Qualitäten den Nachteil, bei mehr als einigen zehntausend (!) Zeilen (Befehlen) unübersichtlich und undurchschaubar zu werden. C++ wurde nun so eingerichtet, dass es einem Programmierer möglich war, komplexere Software zu entwickeln. Nachdem es C++ gab, mussten noch viele Änderungen und Modifikationen eingeführt werden, bevor daraus der Standard werden konnte, den die Industrie braucht. Seit November 1994 gilt C++ als Sprache der Programmierer, die es ernst meinen.

und interdisziplinär orientierte Wissenschaftler zu einem funktionierenden Netzwerk namens Internet geworden. Man geht nicht mehr in Bibliotheken, sondern »online«, wie man gerne sagt, man wählt sich in das Netz ein und hat auf diese Weise Zugang zu einem System, in dem ganz sicher mehr Informationen stecken als ein Kopf aufnehmen kann. Während sämtliche Bücher, die der Katalog der amerikanischen Library of Congress auflistet, insgesamt rund 15 Terabytes an Information enthalten, hat das Internet im Jahre 2009 täglich Daten im Umfang von fast 500 Petabytes transportiert (zur Erinnerung: ein Petabyte hat 1000 Terabyte!) – wobei freilich anzumerken ist, dass der Löwenanteil der Informationen in Form von Videofilmen abgerufen wird. Wie diese Menge in den kommenden Jahren zunehmen wird, kann man nur raten – und sich gleichzeitig auch fragen, wer mit diesen Datenmengen etwas anfangen kann. Wann fangen sie an, die Menschen zu langweilen?

Google

So weit sind wir noch nicht, und so weit waren wir erst recht nicht, als das www eingerichtet wurde. Doch schon bald tauchte eine grundlegende Frage auf, nämlich die, wie man in dem angebotenen Datendickicht überhaupt etwas finden kann. Wie geht man vor? Gibt es Wegweiser oder eine Systematik wie in Bibliotheken? Wenn die Zahl der Informationen derart wächst und wächst und wächst, wird sie dann nicht gerade durch ihre schiere Menge unzugänglich? Wie und wo soll man überhaupt mit dem Suchen anfangen?

Mit Suchmaschinen natürlich (und deren Suchalgorithmen), lautet die heute selbstverständliche Antwort, und wir kennen sie seit 1998. In diesem Jahr kam eine Suchmaschine auf den Markt, die inzwischen nahezu jeder kennt und die sogar ein neues Wort in die deutsche Sprache eingeschleust hat. Gemeint ist das von Larry Page und Sergej Brin gegründete Unternehmen Google Inc., das den Nutzern ihres Dienstes das »googeln« – sprich: gugeln – erlaubt, das seit 2004 als

Verb im Duden nachgelesen werden kann. Wer etwas googelt – es geht dabei gewöhnlich um Namen von Personen oder Institutionen oder einen oder mehrere Begriffe –, gibt das Gesuchte auf der Seite ein, die man im Web unter der Bezeichnung Google findet – www.google.com zum Beispiel. Dann sucht die Maschine nach Einträgen oder Verweisen im Internet, und wenn sie Funde anzeigt, listet sie die Informationen nach der Reihenfolge ihrer Relevanz auf – jedenfalls, wenn man den Bekundungen der Google-Betreiber Glauben schenkt. Diese Reihenfolge wird durch einen ursprünglich von Larry Page ersonnenen Sortieralgorithmus erzeugt, der jedem Suchwort einen Wert – den sogenannten PageRank – zuweist. Es gab schon vor Google Angebote, sich bei der Suche im Netz von sogenannten Browsern helfen zu lassen, wobei dieses »to browse through« so viel wie »durchstöbern« heißt. Das Neue bei dem Durchforsten des Web-Waldes mit Googles Hilfe bestand darin, dass PageRank nicht danach schaute, wie oft der gesuchte Begriff oder Name auf einer Seite im Internet oder sonstwo auftauchte. Der Google-Algorithmus fragte vielmehr, wie viele Querverbindungen (»links«) es von anderen Webseiten aus zu dem Suchwort hin gegeben hatte. Mehr Klicks, mehr Relevanz – so lautete die Überzeugung, und sie funktionierte. Das heißt, sie wurde von den Kunden akzeptiert, die beim Schmökern im Netz etwas finden wollten.

Als Betriebssystem setzt Google eine Variante von Unix und in diesem Rahmen verschiedene Programmiersprachen ein – unter anderem C++. Das Unternehmen betreibt inzwischen weltweit eine Reihe von Rechenzentren, die mit IBM-kompatiblen Computern ausgerüstet sind und denen eine sogenannte Benutzeranfrage zugeleitet wird. Diese Computercluster sind wiederum mit einem als Google File bezeichneten und eigenständig entwickelten System verbunden, in dem die im Internet verfügbaren Daten auf verschiedenen Geräten gespeichert sind, und zwar mehrfach und redundant – unter anderem, um Ausfälle vermeiden oder rasch

Larry Page (Jahrgang 1973) und der im selben Jahr in Moskau geborene **Sergej Brin** gründeten mit der von ihnen programmierten Suchmaschine 1998 die in Kalifornien ansässige Firma Google. Beide hatten bisher noch keine Zeit, ihre Doktorarbeiten fertigzustellen, aber sie sind beide längst Milliardäre.

kompensieren zu können. Durch die Anzahl der eingesetzten Rechner und durch eine parallele Verarbeitung der Anfragen – bis zu 1000 Maschinen beschäftigen sich mit jeder Sucheingabe – ist es Google gelungen, das Gewünschte jeweils in weniger als einer Sekunde zu liefern. Von den Gründern wurde sogar von Anfang an eine Antwortzeit von nur einer halben Sekunde als Richtlinie anvisiert, was ohne Frage zu der früh einsetzenden und ungebrochenen Popularität von Google beigetragen und geholfen hat, Konkurrenten wie Yahoo kleinzuhalten. Außerdem konnte Google seit der Gründung des Unternehmens die Zahl der von seinen Suchdiensten abgefragten Dokumente in erstaunlichem Maße steigern. Von 25 Millionen analysierten Informationsquellen im Jahre 1998 hat man es bis zum Sommer 2008 auf mehr als eine Billion gebracht. Seit 2005 existiert darüber hinaus eine Sammlung von mehr als einer Billion Bildern, und ein Ende ist kaum abzusehen.

Wer googelt, hat nicht unbedingt mehr vom Leben, aber manchmal seinen Spaß. So zeigt die Suchmaschine Verständnis für Tippfehler und fragt, »Meinten Sie ...« wenn man sich bei seiner Eingabe vertippt hat. Wenn man etwa Informationen über den Physiker Werner Heisenberg sucht, nur seinen Nachnamen eingibt und das s vergisst, fragt Google, »Meinten Sie Heidelberg?«

Nebenbei – Google nutzt solche Schleifen, um sein Angebot zu verbessern. Nachdem die Suchmaschine ihren Nutzern bestimmte Ergebnisse geliefert hat, speichert sie nämlich, wie damit umgegangen wird. Wenn die Personen, die eine Anfrage gestartet haben, sich für eine Auswahl unter den vorgestellten Möglichkeiten entscheiden, teilen sie dadurch Google mit, wonach sie gesucht haben, und diese Information wird in den Suchalgorithmus eingefügt, der dadurch ständig angepasst wird und seine Präferenzen ändern kann.

Die gigantische Informationsbeschaffung, die Google allen Benutzern von Laptops und anderen Computern erlaubt, bringt natürlich Probleme mit sich. Da gibt es Rangeleien oder gar Kämpfe, die sich etwa Automobilfirmen und andere Unternehmen liefern, um bei der Ergebnisliste einer Suchanfrage - etwa nach »Hybridauto« - ganz oben oder wenigstens auf der ersten Seite zu erscheinen, die der Bildschirm anzeigt. Da gilt es weiter, bestimmte Informationen zu blockieren oder herauszufiltern - etwa Hinweise auf terroristische Aktivitäten oder pornographischen Kindesmissbrauch. Und vielen Beobachtern des Internets und seiner Auswirkungen gefällt die Monopolstellung nicht, die Google inzwischen bei den Suchmaschinen einnimmt und weiter ausbaut.

Übrigens - der einprägsame Name Google geht auf ein 1938 ausprobiertes Wort zurück, mit dem der Neffe eines amerikanischen Mathematikers eine Zahl mit hundert Nullen benennen wollte. Google steht also für eine große Fülle - in diesem Fall für die große Fülle der Informationen, die im Internet auf ihren Gebrauch wartet.

Wissen ist Macht

Wissen ist Macht - mit dieser Idee begann die moderne Wissenschaft im frühen 17. Jahrhundert. Wissen setzt Informationen voraus, und die suchen wir seit Menschengedenken. Möglicherweise strömt jetzt zu viel auf uns ein, wie selbst datenverrückten Leuten klar wurde, als die US-Regierung als Reaktion auf die Anschläge vom 11. September 2001 ein Programm namens »Total Information Awareness« in Gang setzte. Das Verteidigungsministerium wurde beauftragt, so viele Daten (Informationen) wie möglich von so vielen Menschen wie möglich zu kompilieren - E-Mails, Telefonate, Kontodaten, Kaufquittungen, Arztberichte, Reiserouten und mehr. Gelernt haben wir dabei, dass wir mit solchen Mengen von Informationen nicht klarkommen. Und in der Tat - die Evolution hat uns beigebracht, nicht blind zu sammeln, sondern sehend auszuwählen. Dies könnte man das Prinzip der Informationsselektion nennen. Es beschert uns das Wissen, das uns stark macht. Und wir dürfen es nicht im Überfluss der Informationen verlieren.

Facebook

Bereits seit 2004 existiert ein soziales Netzwerk, das sich Facebook nennt und von seinem Gründer, einem jungen Mann namens Mark Zuckerberg, ursprünglich dazu angelegt worden war, die Studenten der Harvard-Universität miteinander bekannt zu machen. »Informationen sind dazu da, verbreitet zu werden«, lautete sein Motto, und täglich folgten ihm Tausende, die sich bei Facebook anmeldeten – etwas, was die Soziologen einmal erklären sollten. Bald wurde die Website für alle amerikanischen Hochschulen freigegeben, 2006 konnten sich ausländische Institute anschließen, und 2010 zählte die Facebook-Gemeinde bereits rund 400 Millionen Mitglieder. Seit dem Frühjahr 2008 können sich Benutzer weltweit und in vielen Sprachen in das Netzwerk einbringen, indem sie eine Profilseite erstellen, auf der sie sich vorstellen und ein Bild anbringen. Facebook ermöglicht den Benutzern, elektronisch zu kommunizieren – zu chatten. Und persönliche Nachrichten an »Pinnwänden« anzubringen oder auf »Marktplätzen« zu verkünden. Und wer dies hört, merkt, dass es sich bei diesem Treiben um das alte Leben handelt, nur dass es im neuen Medium nachgespielt wird – früher blieb man, bis einem die Füße weh taten, heute chattet man, bis einem die Augen schmerzen.

»Der menschliche Algorithmus«

Die Sorge, dass wir in der Flut der Daten und ihrem Unsinn ertrinken, wächst ständig, was nicht nur mit Google zu tun hat, sondern auch durch neue Netzwerke bedingt wird, die sich das Beiwort »sozial« geben. Twitter heißt ein solches soziales Netzwerk, das 2006 gegründet worden ist und als Plattform für das Vermitteln von Kurznachrichten dient (http://twitter.com). Wer sich als Benutzer angemeldet hat, kann eigene Meldungen von einer Länge bis zu 140 Zeichen eingeben, die inzwischen als Tweets ihre eigene Bezeichnung bekommen haben, und zwar vom englischen Wort »tweet« für zwitschern. Tweets werden allen Benutzern zugeleitet, die sich entsprechend angemeldet haben und damit zum Sozialnetzwerk gehören. Wer so verbunden ist, twittert miteinander, und erfolgreich getan haben dies zum Beispiel die Wahlhelfer von Barack Obama im amerikanischen Wahlkampf des Jahres 2008.

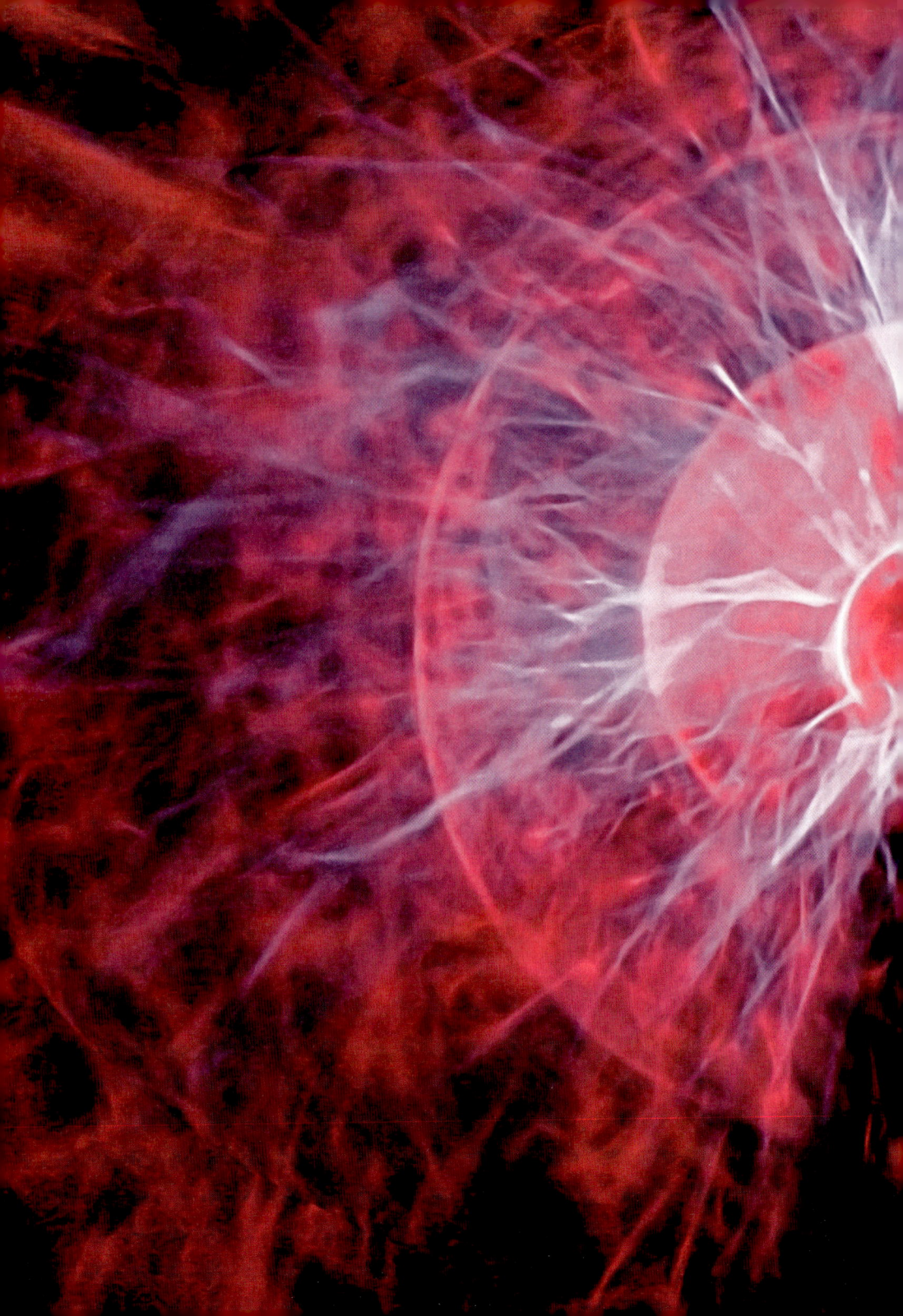

»Information ist physikalisch«

Ein neues Weltbild der Naturwissenschaft

5

Information, Entropie, Energie

Ein neues Begriffssystem der Physik

Es ist das neue Credo der Physik und der Wissenschaften, die auf sie aufbauen und sie als Vorbild nutzen: Information ist so real und konkret wie die anderen Größen, mit denen Naturforscher die Wirklichkeit erfassen. Information ist so konkret und physikalisch, wie es etwa die Masse, die Temperatur oder die Energie eines Gegenstandes sind, Eigenschaften, die man sehr wohl definieren und dann auch in Experimenten bestimmen kann. »Information ist keine körperlose abstrakte Größe«, kann man zum Beispiel bei Rolf Landauer (1996) nachlesen, »sie hängt vielmehr immer an physikalischen Repräsentationen«.

Das wiederum kennen wir nicht nur von der gesprochenen Sprache her, sondern auch von Lochkarten, von Hieroglyphen und anderen Steininschriften. Beim Sprechen steckt die Information in den Phonemen, aus denen die Laute der Sprache bestehen, beim Schreiben in den Symbolen der Schriftsprache.

Ein Unterschied

Informationen haben stets etwas mit Unterschieden zu tun, und jede Theorie der Information fragt danach, was zwei Gegenstände oder Abläufe verschieden macht und wie man das feststellen und festhalten kann. Shannon hat es verstanden, die Unterscheidbarkeit zwischen Zuständen oder Dingen in Bits auszudrücken, was auch umgekehrt heißt, dass sein Maß nicht mehr weiterhilft, wenn es um die Unterscheidbarkeit geschehen ist. Genau dies ist tatsächlich in der neuen Physik der Fall, die mit Quantensprüngen rechnet und daher Quantentheorie oder Quantenmechanik heißt. Um auf diesem Feld weiterzukommen, müssen wir auch den »klassischen« Informationsbegriff hinter uns lassen und durch die Quanteninformation ersetzen. Dies ist ein etwas kniffliger Begriff, und wir werden uns ihm in mehreren Schritten annähern.

Zunächst treffen wir eine Unterscheidung hinsichtlich des Begriffs der Information, nämlich zwischen dem, was der gewohnte Begriff der Information meint, und dem, was manchmal als Informationsgehalt bezeichnet wird - »information content« auf Englisch. Zu den schönen Definitionen der Information gehört die hübsche Formulierung, die der Autor zum ersten Mal bei Carl Friedrich von Weizsäcker gelesen hat, dass Information zum Einen etwas ist, das jemand versteht, und zum Zweiten etwas, das Informationen erzeugt. In der Tat - wenn eine Person eine andere informiert, dann ist dabei Information entstanden, wenn wir im Bereich der menschlichen Kommunikation bleiben. Dasselbe gilt, wenn eine Person etwas liest oder durch andere tote Gegenstände informiert wird. Es scheint im zweiten Fall sinnvoll, die vorhandene und angebotene Information etwa des Geschriebenen oder Gedruckten von der aufgenommenen und entstehenden Information des Lesenden zu unterscheiden, und wir tun dies, indem wir das, was der Text liefert, anders benennen, nämlich durch den Begriff Informationsgehalt. Tatsächlich müsste die Überschrift zu diesem Kapitel »Informationsgehalt ist physikalisch« heißen, aber in diesem Inhalt stecken auf jeden Fall Informationen, die damit auch physikalisch sind, und nach deren Repräsentation wollen wir suchen.

Es ist nicht immer einfach, zwischen Information und Informationsgehalt sauber und scharf zu trennen, weil die (angelsächsische) Literatur an dieser Stelle großzügig verfährt, was wiederum daran liegt, dass der Urvater Shannon - genau betrachtet - eine Theorie des Informationsgehaltes geliefert hat. Wir reden nach wie vor von Shannons Theorie der Information, obwohl er große Schwierigkeiten hatte, einen Ausdruck für die von ihm betrachtete Größe zu finden. Shannon selbst dachte mehr an die Kommunikation, die Menschen durch Nachrichtenkanäle miteinander verbindet und sie so informiert, dass sie auf dem aktuellen Stand der Dinge sind und nicht hintergangen werden oder zu wenig Informationen übermittelt bekommen.

Das Merkwürdige an dem Konzept Informationsgehalt besteht darin, dass es an eine alte Idee aus der Antike geknüpft werden kann, die in unseren Begriffen ausgedrückt besagt, dass der Informationsgehalt einer Mitteilung etwas mit der Wahrscheinlichkeit zu tun hat, mit der das erfasste und berichtete Ereignis eintritt. Man hat den Informationsgehalt einer Nachricht deshalb auch als ihren Überraschungswert gedeutet, was erkennen lässt, dass es nicht nur auf die Länge einer Nachricht - die Zahl der Bits - ankommt, sondern auch auf ihre Signifikanz.

Nun müssen wir in diesem Kontext auf jeden Fall vermeiden, die Bedeutung (Semantik) von Informationen mit einschließen zu wollen, weil dies ein Feld ist, das von anderen Disziplinen der Wissenschaft beackert wird. Wenn wir in der Welt der Naturforschung bleiben wollen, können wir Signifikanz durch Wahrscheinlichkeit ausdrücken und sagen, dass von zwei Ereignissen dasjenige mit einer geringeren Wahrscheinlichkeit die höhere Information mit sich bringt und umgekehrt. Wir nehmen ja auch kaum zur Kenntnis, wenn etwas reibungslos abläuft oder wie erwartet eintritt - etwa die traditionelle Weihnachtsansprache des Bundeskanzlers im Fernsehen. Wir nehmen aber sehr wohl zur Kenntnis, wenn dabei - aus Versehen oder mit Absicht - die alte Kassette vom Jahr zuvor verwendet wird.

Wenn der oben skizzierte Zusammenhang möglichst exakt und einfach zugleich ausgedrückt werden soll, dann kann man zunächst sagen, dass der Informationsgehalt eines Geschehens etwas mit dem Kehrwert der Wahrscheinlichkeit zu tun hat, mit der es eintritt. Denn ist die Wahrscheinlichkeit groß, wird der Kehrwert klein und umgekehrt. Um diese Relation ganz genau zu fassen, müssen wir noch überlegen, wie wir unter diesen Aspekten zwei (oder mehr) Ereignisse erfassen, und dabei taucht etwas Bemerkenswertes auf. Denn auf der einen Seite ist die Wahrscheinlichkeit, mit der zwei Ereignisse stattfinden - dass wir zum Beispiel beim Würfeln erst eine 2 und dann eine 5 bekommen - das Produkt der Einzelwahrscheinlichkeiten, wie man früher noch in der Schule gelernt hat - 1/36 im Fall des Würfelns. Der Informationsgehalt verhält sich aber anders. Er nimmt bei zwei Ereignissen so zu, wie es die Inhalte von zwei Gefäßen mit Münzen tun, das heißt, wir müssen die Einzelbeträge zusammenzählen. Daraus ergibt sich die Aufgabe, eine Multiplikation in eine Addition zu verwandeln, und die Mathematiker wissen seit einigen Hundert Jahren, wie das geht, nämlich dadurch, dass sie die Funktion einsetzen, die sie Logarithmus nennen. Und jetzt kann man zwar mit kompliziert klingenden Worten, aber zugleich auch mit mathematischer Präzision sagen:

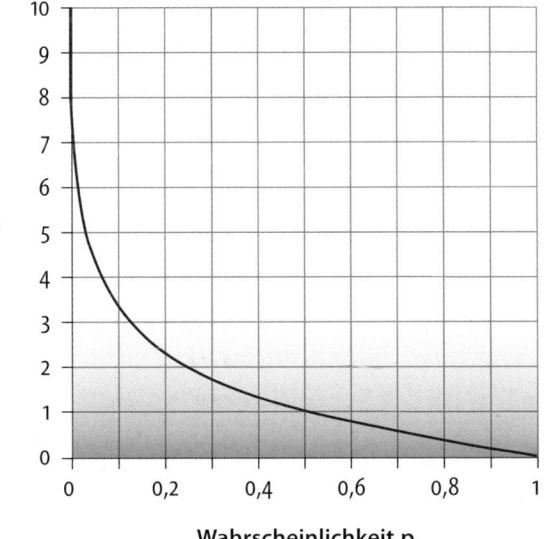

Informationsgehalt eines Zeichens mit Auftrittswahrscheinlichkeit p

Information [I(p)] = bits

Wahrscheinlichkeit p

Je unwahrscheinlicher (überraschender) ein Ereignis ist, desto größer ist sein Informationsgehalt. Ist sein Eintreten sicher, ist sein Informationsgehalt 0.

Der Informationsgehalt eines Ereignisses verhält sich wie der Logarithmus des Kehrwertes für die Wahrscheinlichkeit, mit der es eintritt. Mit anderen Worten - wenn wir ein Geschehen registrieren - einen Unfall im Straßenverkehr, das Auftreten einer Variante im genetischen Material, das Zusammentreffen mit einem Bekannten, das Zerfallen eines radioaktiven Elements, das Ziehen einer Zahl im Lotto - und in der Lage sind, eine Wahrscheinlichkeit dafür anzugeben, können wir die dazugehörige Information berechnen und über sie reden. Sie ist wirklich physikalisch.

Anmerkungen zur Energie

Wem dieser Gedanke - »Information ist physikalisch« - immer noch befremdlich vorkommt, der sollte sich die anderen physikalischen Parameter der Physik genauer ansehen. Er wird dabei feststellen, dass Temperatur und Energie einem auch nicht direkt ins Auge springen, wenn man einen Gegenstand betrachtet. Wir sehen keinen der beiden Parameter vor uns und halten sie trotzdem für etwas Wirkliches, etwas Wirkendes, etwas Reales. Dabei ist vor allem die Energie keinesfalls leicht zu definieren und darüber hinaus ein Konzept, mit dem wir locker zwischen der körperlichen und der geistigen Sphäre wechseln können, ohne jemals Kopfschmerzen zu bekommen. Wir können physikalische Energien problemlos und genau messen - sogar auf sehr unterschiedliche Weisen: als Bewegungsenergie, als Wärmeenergie, als elektrische Energie, als Bindungsenergie, als Sonnenenergie und manches mehr. Wir wissen aber zugleich auch genau, was wir meinen, wenn wir jemandem eine kriminelle Energie bescheinigen oder bei energisch handelnden Personen eine hohe psychische Energie vermuten.

Und während wir das alles tun, verlieren wir nicht aus den Augen, was Energie vor allem bedeutet: das Vermögen, Arbeit zu verrichten. An dieser Stelle fällt uns auf, dass wir jetzt einen neuen (alten) Begriff eingeführt haben - den der Arbeit -, der seine eigene wissenschaftliche Geschichte hat.

Überhaupt - die Energie ist nicht vom Himmel gefallen und hat lange Zeit gebraucht, um sich als geeignetes Konzept der Physik zu etablieren, das sich zum Beispiel von dem - erneut vertrauten - Begriff der Kraft emanzipieren musste.

Große Begriffe haben eine große Geschichte in der Entwicklung der Wissenschaft, nur dass dieser Tatbestand allzu gerne übersehen wird - und zwar sowohl von den Wissenschaftlern als auch von den Laien. Wir bemerken dabei dann auch nicht, dass diese Geschichte frohgemut weitergehen kann, dass also - mit anderen Worten - keineswegs (wörtlich verstanden) feststeht, was Energie ist. Nicht anders geht es uns bei der Information. Selbst wenn wir den Ausdruck in vielen Bereichen gut verwenden können - wir wissen etwa, wie viele Informationen in Bytes gespeichert werden können, und wir können angeben, wie viele Informationen als Sequenzen im menschlichen Genom vorliegen -, so wissen wir doch noch nicht, welche Schätze wir heben können, wenn wir sorgsam mit der oben auf ganz allgemeine Weise eingeführten Information auf wissenschaftliche Suche gehen und versuchen, die zu erklärende und uns nicht immer vor Augen liegende Welt durch ihre Brille zu sehen.

Für die Energie haben die Physiker des 19. Jahrhunderts den Ersten Hauptsatz der Thermodynamik aufstellen können: Die Energie der Welt ist konstant, oder: Energie kann weder erzeugt noch vernichtet werden, sie kann nur ihre Erscheinungsform wechseln, etwa von Bewegungsenergie in Wärme übergehen. Und warum sollte es den Physikern des 21. Jahrhunderts nicht gelingen, einen analogen Satz für die Information aufzustellen. Der Wissenschaftsautor Charles Seife hat einen Versuch unternommen, der sich deutlich an den Energiesatz anlehnt: »Information can neither be created nor destroyed« - Information kann weder erzeugt noch vernichtet werden. Sie war immer schon da und wird uns ständig begleiten - was zumindest tröstende Aspekte der Art mit sich bringt, dass uns die Gesprächsthemen nicht ausgehen und wir immer dazulernen können. Allerdings - wenn

wir sagen, »Information kann weder erzeugt noch vernichtet werden«, dann kann das sicher nicht lokal gelten und auch kaum allein für den Informationsgehalt eines physikalischen Systems stehen. Denn sobald etwas als Information erkannt oder verwendet wird, entsteht sie in einem Betrachter, der dafür nicht unbedingt etwas vergessen muss.

Wenn wir trotzdem einmal annehmen, dass diese kühne Formulierung berechtigt ist, dann können wir auch nach dem Hintergrund ihrer Herkunft fragen, und das könnte wirklich den Anfang einer spannenden Forschungsreise bilden. Der Satz von der Erhaltung der Energie hat nämlich eine wunderbare und nahezu atemberaubende Quelle. Wie die Physik des 20. Jahrhunderts verstanden hat, steckt der Grund für die Erhaltung der Energie in einer ästhetischen Qualität, in einer Symmetrie. Symmetrien sind am einfachsten mit Operationen zu erklären, die den Gegenstand unverändert lassen. Betrachten wir etwa einen Spiegel. Wenn ein Gegenstand und sein Spiegelbild übereinstimmen, nennt man den Gegenstand symmetrisch gegenüber seiner Spiegelung oder spiegelsymmetrisch. Betrachten wir als zweites Beispiel eine Uhr: Wenn etwas um 9 Uhr so abläuft wie um 10 Uhr, nennt man es zeitsymmetrisch oder genauer symmetrisch gegenüber einer Zeitverschiebung (Zeittranslation). Und weil die physikalischen Prozesse so sind - schließlich hängt das Ergebnis einer Messung nicht von der Uhrzeit ab, zu der man sie unternimmt -, weil also die Gesetze der Physik zeitsymmetrisch sind, stellt die Energie eine Erhaltungsgröße dar, wie moderne Lehrbücher der Mechanik zeigen.

Dieser Zusammenhang zwischen physischen Gegebenheiten kann mit mathematischen Mitteln elegant bewiesen werden, und die Wissenschaft kann noch mehr. Wie die Mathematikerin Emmy Noether nämlich ganz allgemein zeigen konnte, muss einer physikalischen Erhaltungsgröße stets eine Symmetrie der Natur entsprechen. Für die Erhaltung des Impulses ist die entsprechende Symmetrie die Homogenität eines Raumes, und für die Erhaltung des Drehimpulses ist es die Isotropie eines Raumes, um die Beispiele aus der klassischen Mechanik zu nehmen, die die Lehrbücher als erstes behandeln. Und damit können wir die Frage stellen, welche Symmetrie zur Welt gehören muss, um aus der Information eine Erhaltungsgröße zu machen?

Wir kennen die Antwort nicht, wären aber dankbar für Vorschläge - auch für solche, die andere Grundsätze zur Information als den der Erhaltung anbieten. Sie ist ganz sicher von der Energie verschieden, wie uns nicht zuletzt das Leben mit seinen Zellen unentwegt vorführt. Diese verbrauchen viel Energie, um die Information erhalten und weitergeben zu können, die sie tragen und die uns als aus Zellen bestehende Wesen erst ermöglichen.

Entropie und Information

Um zu der physikalischen Natur der Information vorzudringen, müssen wir uns die Entropie noch einmal genauer anschauen. Dieses Konzept wurde im 19. Jahrhundert als Ergänzung dessen der Energie geschaffen; es wurde von den Physikern dieser Zeit primär benötigt, um den Arbeitsablauf von Maschinen erst erfassen und dann vielleicht verbessern zu können. Die zugleich unentbehrliche und geheimnisvolle Größe Entropie kann man sich auf verschiedenen Wegen veranschaulichen, wobei vielfach ganz einfach die Unordnung zu Hilfe genommen wird, die in einem System zu finden ist. Damit kann man sich leicht vorstellen, was der Zweite Hauptsatz der Wärmelehre behauptet, wenn er sagt, dass die Entropie nur zunehmen kann und deshalb in einer isoliert ablaufenden Situation einem Maximum zustrebt.

Tatsächlich kann sich jeder Gegebenheiten aus dem Alltag vorstellen, die diesen Trend bestätigen - etwa das, was im Laufe eines Tages in einem Kinderzimmer passiert, wenn dort nur gespielt wird. Oder das, was in einem Hotelzimmer passiert, in dem nach kurzer Zeit all das verstreut umherliegt, was vorher geordnet in einem Koffer verpackt war. Und so wie die Wäsche ihre verpackte Form aufgibt und sich im

Zimmer verteilt, verhalten sich etwa die Moleküle eines Tintentropfens, die als geschlossenes Gebilde in ein Wasserglas eingeführt werden und sich anschließend darin ausbreiten. Der Satz von der Entropie drückt aus, was man leicht beobachten kann, nämlich die Tatsache, dass die Tintenmoleküle aus eigenem Vermögen niemals wieder als Tropfen zusammenkommen, sondern sich bevorzugt überallhin ausbreiten. Wenn sie homogen verteilt sind, kann man auch sagen, dass ihnen jetzt keine zufälligen Möglichkeiten mehr bleiben, weshalb Entropie auch durch den Vorrat an Zufälligkeiten beschrieben werden kann, über den ein physikalisches System verfügt. Solange die Tintenmoleküle einen geschlossenen Tropfen bilden, ist dieser Vorrat groß, und er wird prompt eingesetzt - die Moleküle breiten sich zufällig in alle Richtungen aus.

Man kann Entropie auch durch Wahrscheinlichkeiten deuten oder ausdrücken, und wir tun dies, um sie an den Begriff der Information und ihres Gehalts anschließen zu können. Um die Idee der Wahrscheinlichkeit in unserem Fall einzuführen, unterscheiden die Physiker zwischen dem Makrozustand eines Systems - etwa eines Gases oder eines Tintentropfens im Wasserglas - und seinem Mikrozustand. Der Mikrozustand handelt von den Parametern (Ort, Geschwindigkeit, Richtung) jedes relevanten Moleküls oder Bausteins im System, während der Makrozustand sich auf messbare Größen wie Temperatur oder Ausbreitung der Tinte konzentriert. Die entscheidende Einsicht besteht nun darin, dass verschiedene Makrozustände durch unterschiedlich viele Mikrozustände zustande kommen, dass - mit anderen Worten - ein Makrozustand durch die Zahl der Mikrozustände charakterisiert ist, die ihn hervorbringen. Wenn wir als Beispiel die Tintenmoleküle betrachten und annehmen, dass sie ihren Aufenthaltsort im ganzen Glas suchen werden, dann ist leicht einzusehen, dass die Wahrscheinlichkeit dafür, sie alle nebeneinander zu finden - als Tintentropfen nämlich -, sehr viel geringer als die Wahrscheinlichkeit dafür ist, sie gleichmäßig verteilt zu finden. Nur wenige Mikrozustände ergeben einen sichtbaren Tropfen, aber sehr viele von ihnen gehören zu seiner Auflösung und Verteilung im Glas.

Man kann nun die Wahrscheinlichkeit wirken lassen, indem man feststellt, dass physikalische Systeme die Eigenschaft haben, Makrozustände anzunehmen, denen möglichst viele Mikrozustände entsprechen. Wenn ein Gas oder ein Tintentropfen sich in einem Zustand befinden, der nur durch wenige Konstellationen der Moleküle umgesetzt werden kann, werden sie nicht darin verharren, sondern in einen Zustand übergehen, dem mehr Mikrozustände entsprechen und der deshalb wahrscheinlicher ist. Die Entropie wird nun durch diese Wahrscheinlichkeit bestimmt - die Zahl der Mikrozustände, die einen Makrozustand ermöglichen -, wobei auch hier wieder der Logarithmus auftaucht. Denn erneut gilt: Um die Wahrscheinlichkeit von zwei Zuständen zu bestimmen, muss ich die jeweiligen Einzelbeiträge multiplizieren, und um die Entropie von zwei Systemen zu berechnen, muss ich die jeweiligen Zahlen addieren.

Mit anderen Worten - Entropie und Informationsgehalt sind nahe Verwandte, und wenn der Zweite Hauptsatz der Thermodynamik konstatiert, dass die Entropie im Laufe physikalischer Prozesse zunimmt und einem Maximum zustrebt, dann muss dies auch für die Information in diesem Sinne gelten - was übrigens wieder einmal bedeutet, dass nicht zu wenig, sondern zu viele Informationen zum Problem werden. Wenn eine Grenze erreicht ist - das Maximum in dem von uns betrachteten Ablauf -, dann geschieht nichts Neues mehr, dann ist er beendet.

Unser Tintentropfen breitet sich also - durch Diffusion, wie die Physiker es nennen - im Glas aus. Die Wahrscheinlichkeit, dass es so abläuft, ist deshalb riesengroß, weil es letztlich nur einen Mikrozustand gibt, der den Tropfen erzeugt, während für seine Verdünnung viele verantwortlich sind. Es kommt auch bei einer Party eher weniger häufig vor, dass alle Gäste in der linken hinteren Ecke eines Zimmers stehen, man sieht viel öfter, dass sie den ganzen Raum einnehmen und sich verteilen. Dafür gibt es einfach mehr Möglichkeiten (Mikrozustände).

Während unser Tintentropfen zerfließt, verbraucht er nach und nach alle Zufälligkeiten, die er durch die Vereinheitlichung seiner Mikrozustände gespeichert hatte. Dieser Prozess liefert uns dabei Informationen, da er auf viele Weisen ablaufen kann, und wir erst im Laufe des Prozesses die besondere Form kennenlernen, mit der er stattfindet. Und zwar solange, bis die Entropie ihren höchsten Wert erreicht hat und nichts Unerwartetes mehr geschieht. Dann wissen wir alles, was wir über den Zustand wissen können. Mit anderen Worten: Der Tintentropfen im Wasserglas hat den Zustand erreicht, in dem der Informationsgehalt des Systems der maximale geworden ist.

Diese Art, Information zu verwenden, können wir direkt an Shannons Theorie der Information anbinden, die von der Frage aus entwickelt wurde, wie man Nachrichten kodieren muss, um die Kapazität eines Kanals für ihre Übertragung zu maximieren. Seine Antwort lautete, dass die Länge der Botschaft von der Wahrscheinlichkeit abhing, mit der das mitzuteilende Ereignis stattgefunden hatte. Shannon definierte nun die entscheidende Größe der Kommunikation, und er definierte sie mit mathematischen Mitteln, nämlich als Logarithmus des Kehrwerts der Wahrscheinlichkeit, mit der etwas eintritt, und diese komplizierte Größe führte er als Information ein.

Das heißt, zunächst hatte Shannon nur diese Idee, und er war auf der Suche nach einem Namen dafür.

John von Neumann soll ihm geraten haben, »Entropie« zu verwenden, mit der Begründung, dass niemand so recht wisse, was das sei.

Aus der Entropie ist längst die Information geworden, und diese Anekdote macht verständlich, was wir oben bemerkt haben, dass nämlich beide (rätselhaften) Konzepte dieselbe Tendenz haben, der Vorschrift des Zweiten Hauptsatzes zu

Die Information im Schwarzen Loch

Schwarze Löcher sind wie Gespenster. Jeder hat von ihnen gehört, und viele Menschen fürchten sich sogar vor ihnen, obgleich sie noch gar keins gesehen haben. Trotzdem: Wir wollen den Physikern Glauben schenken, die behaupten, ein solches kosmisches Gebilde gefunden zu haben und nachweisen zu können – etwa im Zentrum der Milchstraße. Ein Schwarzes Loch tritt in der Theorie dann auf, wenn sehr, sehr viel Materie so extrem dicht zusammengeschrumpft ist (im Verlauf langer kosmischer Prozesse mit nuklearen Energien), dass nichts mehr aus dem dabei entstandenen Klumpen entkommen kann. Schwarze Löcher schlucken alles und halten es fest, auch das Licht (was ihnen den Namen gibt) und sogar die Entropie und mit ihr alle Informationen. Der nie um witzige Ausdrücke verlegene John A. Wheeler, der 1968 das Wort vom »Schwarzen Loch« vorgeschlagen hat, meinte, dass damit das perfekte Verbrechen möglich sei – man müsse nur alles Beweismaterial in einem Black Hole verschwinden lassen.

Das mag komisch klingen, stellt aber eine Herausforderung an die Physik dar, die ihren Zweiten Hauptsatz vor Schwarzen Löchern retten muss, und eine überraschende Lösung ist uns durch Jacob Bekenstein, einen Wheeler-Schüler, geliefert worden. Er konnte zeigen, dass man die Entropie (Information) eines Schwarzen Lochs durch die Größe seiner Oberfläche ausdrücken konnte, was es ihm erlaubte, einen verallgemeinerten Zweiten Hauptsatz zu formulieren. Er besagt, dass die Summe der Entropie eines Schwarzen Loches und der gewöhnlichen Entropie außerhalb von ihm niemals abnimmt, und dasselbe gilt für die Information.

Allerdings: Wenn man etwas – Atome zum Beispiel – in ein Schwarzes Loch hineinwirft, wird das Gebilde erst schwerer und größer, und zuletzt sendet es sogar eine Strahlung aus, wie der legendäre Stephen Hawking entdeckt hat. Schwarze Löcher sind also nicht vollkommen schwarz, und mit der Hawking-Strahlung kommen Energie und Entropie – und mit den beiden auch Information – in den Weltraum zurück. Leider – so der heutige Stand des Wissens – liefert diese Strahlung nicht die gesamte Information, die in Form von Quantenzuständen in das Schwarze Loch gefallen ist. Ein Teil der Information scheint dabei verloren zu gehen, was zwei Möglichkeiten zulässt: Entweder müssen wir verschiedene Informationen unterscheiden, oder wir haben das vermisste Stück noch nicht gefunden. Hawking selbst weiß es auch nicht, weshalb er gesagt hat, dass wir in diesem Fall durchaus dabei sein könnten, »die Grenzen unseres heutigen Wissens und Verstehens zu überschreiten.« Wie können wir das sicher wissen? Und welche Information könnte da weiterhelfen?

folgen und einem Maximum zuzustreben. »Maximale Information« meint, dass keine weitere Information mehr aufgenommen werden und im Träger der Information enthalten sein kann.

Dies erlaubt uns zwar jetzt, das physikalische Konzept der Entropie einzusetzen, um den Informationsgehalt eines Systems zu quantifizieren, aber wir müssen uns die Frage stellen, was mit dem Leben ist, das ja etwas anderes hinbekommt als die (tote) Materie. Während bei dieser offensichtlich - unter gewöhnlichen Umständen - Ordnung verschwindet und ein wachsendes Durcheinander entsteht, bringt das Leben - mit seinen genetischen Informationen - Ordnung hervor.

Der nobelpreisgekrönte Physiker Schrödinger hat sich - als einer von vielen - gefragt, wie das Leben es macht, seine Strukturen in Ordnung zu halten und die dazu nötige Information in ewigen Kreisläufen quasi unsterblich zu machen. Er hat darauf hingewiesen, dass lebendige Systeme offen sind, also mit ihrer Umgebung in Wechselwirkung stehen. Und während sie sich mit ihrer Umgebung austauschen, nehmen sie Energie (in Form von Licht und Nahrung) und Entropie (Informationen) aus der Umwelt auf.

Organismen können ihre Unordnung klein halten, aber nur auf Kosten der sie umgebenden Natur. Wer Informationen abgeben - sie vergessen - will wie der von Maxwell ersonnene Dämon, muss damit die Umwelt belasten, deren Information folglich steigt. Dafür muss Energie aufgewendet werden, und dies rettet nicht nur den Zweiten Hauptsatz der Thermodynamik vor seiner teuflischen Widerlegung.

Dies bringt Information und Energie gleichsam auf physikalische Augenhöhe, was konkret bedeutet, dass Information genau das ist, was die Überschrift dieses Kapitels besagt, nämlich physikalisch. Wenn wir dieser Spur weiter folgen, werden wir sehen, wie tief der anvisierte Zusammenhang reicht und uns die Natur der Dinge verständlich machen kann.

Zum Ursprung der genetischen Information

Die Frage nach dem Ursprung des Lebens kann man im Zeitalter der Gene und der DNA mit ihren Sequenzen auf die Frage zurückführen, wie die genetische Information zusammengekommen ist, die nötig ist, um die elementare Aufgabe des Lebens zu erfüllen, nämlich die der Vermehrung. Darum besonders intensiv gekümmert hat sich in den 1970er und 1980er Jahren der Biophysiker Manfred Eigen (geb. 1927, deutscher Nobelpreisträger), der sich zunächst darum bemühte, den Begriff, um den es ihm ging, zu präzisieren: Eigen legte in Übereinstimmung mit traditionellen Theorien fest, dass eine »Informationsmenge die Zahl binärer Ja-Nein-Entscheidungen ist, die man im Mittel braucht, um eine bestimmte Symbolfolge zweifelsfrei zu identifizieren«, um dann zum zentralen Problem des Ursprungs zu kommen. Eigen erkannte, dass sich zwei Informationsmengen unterscheiden lassen, die verbunden werden mussten. Da war auf der einen Seite die Information, die spontan entstehen kann – etwa durch zufällige Verbindungen zwischen genetischen Bausteinen –, und da war auf der anderen Seite die Information, die benötigt wird, um einem System die Fähigkeit zu geben, sich selbst zu reproduzieren.

Mit Hilfe thermodynamischer, genetischer, mathematischer und kombinatorischer Überlegungen konnte Eigen quantitativ bestimmen, was intuitiv jedem einleuchtet, dass nämlich die maximale Menge an Information, die sich selbst zusammenstellt, bei weitem nicht so groß ist wie die minimale Menge, die zur Replikation benötigt wird. Um die Lücke zwischen beiden Informationsmengen zu schließen, brachte Eigen die Idee eines »Hyperzyklus« ins Spiel. Dieses Wort soll ausdrücken, dass es vielleicht einen großen Kreislauf gibt, der dadurch zustandekommt, dass mehrere kleinere Kreise ineinandergreifen. Sie beginnen mit wenigen Informationen und generieren mehr und mehr, bis ihre Menge zuletzt für die Fähigkeit zur Replikation ausreicht. Eigen formulierte sogar ein sogenanntes Extremalprinzip, demzufolge es in physikalischen Systemen, in denen ausreichend Materie und Energie vorhanden ist, wo so etwas wie ein Stoffwechsel stattfindet und die Fähigkeit zur Verdopplung vorhanden ist, eine Größe geben muss, die ständig zunimmt und einem Maximalwert zustrebt. Diese Größe könnte man Information nennen.

Trotzdem: So schön Eigens Modell dargestellt werden kann, es wird das Problem nicht lösen. Und so bleibt richtig, was Thomas Mann in den 1920er Jahren im *Zauberberg* so beschrieben hat: »Zwischen Leben und unbelebter Natur aber klaffte ein Abgrund, den die Forschung vergebens zu überbrücken strebte. Man mühte sich, ihn mit Theorien zu schließen, die er verschlang, ohne an Tiefe und Breite im geringsten einzubüßen.«

Informationen im Leben

Das Wechselspiel zwischen Information und Energie kann man auch am Beispiel der Verdopplung von Genen oder ihren Molekülen analysieren, die im Zentrum des Lebens der Zellen steht. Um etwa den DNA-Strang eines Chromosoms zu replizieren, müssen viele Einheiten an Energie eingesetzt werden, was konkret und nachweislich bedeutet, dass die Verarbeitung von (genetischer) Information für eine Zunahme an Temperatur in der Umgebung sorgt.

Mit diesem klassischen Konzept der Information kann man eine Menge ausrichten, zum Beispiel auch erkunden, was im Gehirn passiert, wenn dort Informationen aller Art eintreffen und anschließend verarbeitet oder gespeichert werden.

Wenn wir etwas hören, sehen, riechen oder anders wahrnehmen, aufnehmen und weiterleiten oder behalten, werden eine Menge Nervenzellen (Neuronen) aktiviert. Dies geschieht mit Hilfe sogenannter Aktionspotentiale, die als elektrische Impulse messbar sind und entweder abgefeuert werden oder nicht. Ein Neuron sendet ein Signal, oder es verhält sich ruhig. Es geht an oder bleibt aus. Mit anderen Worten, man kann einer Nervenzelle einräumen, ein Bit an Information zu tragen, da sie einen von zwei Zuständen - den mit oder den ohne Aktionspotential - wechseln kann, was sich auch durch die bekannten digitalen Einheiten 1 und 0 binär repräsentieren lässt.

Wenn diese Darstellung die Informationen richtig erfasst, die in unserem Organ unter der Schädeldecke verarbeitet und gespeichert werden, dann verfügt ein Gehirn über so viele Bits, wie ihm Neuronen zur Verfügung stehen, also über sehr viele Milliarden. Wenn sie sämtlich eingesetzt und genutzt sind, dann müssen wir Informationen abgeben oder verlieren - vergessen -, um neue aufnehmen zu können. Das heißt, wir müssen - unter Energieaufwand - Informationen in die Umgebung abführen und erhöhen dabei die Temperatur dieser Umwelt.

Natürlich reicht solch ein schlichtes Muster nicht, um die Vielfalt der Informationen zu erfassen, die in einem zentralen Nervensystem verarbeitet werden, und ein Konzept, das im Gehirn sicher eine Rolle spielt und eine eigene Betrachtung wert wäre, kennt man als »wechselseitige Information«, die zu einem kollektiven Verhalten, einem synchronen Erregungsmuster, führen kann. Das gegenseitige Informieren spielt eine Rolle, wenn zwei Ereignisse nicht unabhängig voneinander ablaufen, sondern sich aneinander anpassen, indem sie sich durch geeignete Kommunikation ihren Zustand gegenseitig mitteilen. Mit dieser Information können Ereignisse korreliert ablaufen und etwa eine Gruppe von Neuronen veranlassen, synchron im Takt zu schwingen - mit der beobachtbaren Folge eines neuartigen Zustands, der sogar mit Formen von Bewusstsein verbunden sein oder diese Qualität hervorbringen kann.

Selbst ein geringer Informationsaustausch zwischen zwei benachbarten Phänomenen kann zu einem kooperativen Ablauf führen, wie vielfach untersucht worden ist. Physiker kennen dies am besten von Phasenübergängen her, wenn sich etwa eine Flüssigkeit in Dampf auflöst oder als Eis erstarrt. Die Bausteine informieren sich über ihren jeweiligen Zustand und verändern dadurch ihr kollektives Verhalten, wie es vielfach beobachtbar ist - wobei es immer gewisser Energien bedarf, um den Prozess voranzutreiben.

Information und Quantentherorie

Der Sprung zu den Quanten

Die Beschreibung von neuronalen Aktivitäten oder kollektiven Atombewegungen mit dem Konzept der Information setzt natürlich einen Weg voraus, auf dem die physikalische Größe unserer Begierde von einem Baustein zu einem anderen gelangen kann. Mit anderen Worten, wir setzen voraus, dass nicht nur ein Experimentator, sondern Atome oder Zellen selbst etwas registrieren oder messen können. So selbstverständlich dieser gedankliche Sprung auch wirkt, er bringt eine seltsame Konsequenz mit sich, nämlich die, dass die klassische Information im Sinne von Shannon nicht ausreicht, um die Vorgänge im Innersten unserer Realität zu erfassen. Wenn wir nämlich davon ausgehen, dass nicht nur die Wissenschaftler, sondern die Natur selbst ihr Treiben und ihre Mitspieler beobachtet und damit Informationen über sie bekommt, dann verlassen wir den Boden des klassischen Denkens und betreten die Welt der Quanten und ihrer Sprünge, die in Atomen das Sagen haben und das Treiben auf der dortigen Bühne beeinflussen oder gar bestimmen.

Wie vielleicht nicht mehr ganz unbekannt ist, haben die Physiker von 1900 an bemerkt, dass das natürliche Geschehen nicht so stetig abläuft, wie man es seit den frühen Tagen der Wissenschaft und mit dem Gedanken von Gottfried Wilhelm Leibniz angenommen hatte, dass die Natur keine Sprünge macht. Sie macht sie nämlich doch. Es gibt merkwürdige Größen im physikalischen Geschehen - sogenannte Quanten -, deren Einbau in die Naturbetrachtung mit dem Beginn des 20.Jahrhunderts das Ende der klassischen Objektivität bedeutete, die man seit Newton als große Aufgabe anstrebte. Die Existenz eines Quantums bedeutet, dass eine

Die **moderne Quantenphysik** wurde Mitte der 1920er Jahre zuerst von Werner Heisenberg, Max Born und Pascual Jordan entwickelt. Von einem anderen Ausgangspunkt gelangte Erwin Schrödinger zum selben Ergebnis. Die mathematische Ausformulierung der Theorie ist das Verdienst von John von Neumann. Den Ausdruck Quantenphysik benutzte 1929 erstmals Max Planck.

Messung – zur Gewinnung von Information – den erkundeten Gegenstand nicht unverändert lassen kann, sondern mit ihm mindestens ein Quantum austauschen muss. Mit anderen Worten, eine Messung gibt seinem anvisierten Gegenstand eine neue Form und bugsiert ihn in einen neuen Zustand. Noch einmal anders formuliert: Das Einholen von Informationen informiert die Dinge, die sich natürlich auch gegenseitig informieren, wie in einem logischen Schritt einzusehen ist, wenn man den Anfang der Kette akzeptiert. Im Zentrum der Quantenphysik geht es also um Information und Informieren. Nur – um welche Art genau?

Unbestimmtheit

In den Anfangstagen der Quantenphysik fiel es den Forschern extrem schwer, zu akzeptieren, dass sie durch eine Messung ihren Gegenstand erst schufen und dass man die Information, die man der Wirklichkeit durch eine Beobachtung (Messung) entnahm, nicht von der Realität trennen konnte, um die es ging. Aber nach und nach zeigten die Experimente, dass man gezwungen war, die Welt auf eine ganz neue Weise zu beschreiben – ein völlig neues Weltbild zu entwerfen. Wir wollen uns in kleinen historischen Schritten zu dieser neuen Realität vorarbeiten.

Die vermutlich berühmteste Eigenschaft der Quantenwirklichkeit wird durch den Ausdruck Unbestimmtheit erfasst. Dieser oftmals nicht ganz zutreffend als Unschärfe bezeichnete Aspekt der Wirklichkeit ist erstmals von Werner Heisenberg dargestellt worden, der sich in den späten 1920er Jahren fragte, ob man ein Atom oder ein Elektron in einem Mikroskop sichtbar oder sonstwie dingfest machen könne, und, falls die Antwort »nein«, wäre, was der Grund für diese Einschränkung des Wissens wäre. Der junge Heisenberg kam zunächst zu dem Schluss, dass das unserem Auge zugängliche Licht für diese Aufgabe (wie zu erwarten) nicht in Frage komme, dass es aber mit den viel energiereicheren Röntgenstrahlen funktionieren könne (auch wenn das dann einen anderen Apparat als ein Lichtmikroskop erforderte). Allerdings - in der Welt der neuen Physik bestehen Röntgenstrahlen aus energiereichen Quanten, die wie Geschosse auf ein zu beobachtendes Atom treffen und es dabei aus seiner Bahn werfen. Heisenberg konnte durch sorgfältiges Einbeziehen der Wechselwirkungen zwischen den Quanten der Strahlen und denen der Atome zeigen, dass man auf diese Weise entweder den Ort oder die Geschwindigkeit (genauer: den Impuls) eines Atoms, nicht aber beides zugleich ausreichend genau ermitteln kann. Er wies, zunächst nur theoretisch, nach, dass die verbesserte Genauigkeit der Ortsbestimmung von Atomen oder kleineren Teilchen durch eine zunehmende Ungenauigkeit der Impulsmessung (und umgekehrt) erkauft wird, und so verstehen viele bis heute die Unschärfe, die es mit den Quanten gibt und die man in der Sprache der Informationstheorie so ausdrücken kann: Wer Informationen über den Ort eines Mitspielers auf der Bühne sammelt, auf der die Atome quirlig agieren, verliert dabei Informationen über dessen Geschwindigkeit (und natürlich auch wieder umgekehrt).

Tatsächlich geht Heisenbergs Einsicht über die »Unschärfe« aber sehr viel tiefer, wie sich bald herausstellte, weshalb sie wirklich besser mit dem Namen gerufen wird, der ihr zusteht, nämlich dem der Unbestimmtheit - »quantum indeterminacy« auf Englisch. Tatsächlich hat Heisenberg herausgefunden - und dies ist vielfach überzeugend in Experimenten bestätigt worden -, dass es so etwas wie den genauen Ort oder den Impuls eines atomaren Objekts nicht gibt, jedenfalls nicht, solange niemand danach in Form einer Messung fragt.

Die Eigenschaften von Gegenständen mit atomaren Dimensionen bleiben vage und unbestimmt, bis sie durch eine Beobachtung - einen messenden und registrierenden Beobachter - bestimmt werden, bis man sie - wortwörtlich genommen - feststellt und festhält. Ihre Wirklichkeit entsteht erst durch die Information, die man ihnen abverlangt.

Unbestimmtheit bedeutet, dass zum Beispiel ein von uns unbeobachtetes Elektron oder Atom keine aktuelle oder konkrete Wirklichkeit darstellt. Dieser Mikrokosmos existiert vielmehr in einer Form, in der ihm alle Möglichkeiten zu Gebote stehen, die von Natur aus vorgesehen (vorgegeben) sind oder zugelassen werden. Dies drücken die Physiker durch den Satz aus, dass Quantenobjekte als Superposition (als Überlagerung) all der Zustände existieren, die im Rahmen von Messungen an ihnen beobachtet – also bestimmt und festgestellt – werden können.

Die Realität der Superposition, die Tatsache, dass es diese Unbestimmtheit als Tatsache gibt und die Wirklichkeit in der atomaren Sphäre nur durch Überlagerungen zu fassen ist, kann man inzwischen vielfach nachweisen. Wir wollen sie anhand eines einfachen Experiments mit einem überraschenden Ergebnis demonstrieren. Im Mittelpunkt steht dabei ein Gerät, das im Alltag verwendet wird, also ohne Probleme hergestellt werden kann. Gemeint ist ein halbversilberter Spiegel, wie er früher in einem Rolls Royce Silver Shadow als Fensterscheibe angeboten wurde, was den Blick von außen auf die meist prominenten Insassen erschwerte. Solche Spiegel sind so präpariert, dass sie 50% des auf sie fallenden Lichts durchlassen und 50% zurückwerfen (reflektieren).

In dem Experiment geht es genauer um zwei halbversilberte Spiegel, die nacheinander von Lichtteilchen durchlaufen werden, also nicht von kompakten Lichtstrahlen, sondern den Teilchen, aus denen sie bestehen, wie wir heute wissen. Diese Atome des Lichts sind 1905 von Albert Einstein entdeckt und bald als Photonen bezeichnet worden. Es ist tatsächlich möglich, Photonen einzeln zu erzeugen und auf den Weg zu bringen, und mit ihnen passiert etwas Merkwürdiges. Allerdings nicht sofort. Erst verläuft alles wie erwartet, denn wenn eines der erwähnten Lichtpartikel auf einen halbversilberten Spiegel trifft, hat es bei dieser ersten Zusammenkunft eine fünfzigprozentige Chance, ihn (scheinbar unbehelligt)

1921 erhielt **Albert Einstein** den Nobelpreis für seine 1905 publizierte Lichtquantenhypothese. Diese war die Voraussetzung für die Ausformulierung der Quantentheorie durch Heisenberg, Born und Jordan.

Schrödingers Katze
Von Erwin Schrödinger
stammt folgendes
berühmtes Gedanken-
experiment zum Konzept
der Superposition: In
einem geschlossenen
Kasten befinden sich eine
Katze, ein Giftbehälter,
ein Geigerzähler und ein
instabiles (radioaktives)
Atom, das zu einem
bestimmten Zeitpunkt
zerfallen wird. Der
Geigerzähler registriert
dies dann und öffnet den
Giftbehälter – die Katze
stirbt. Der Quantentheo-
rie zufolge aber verharrt
das Atom solange in
Superposition (zerfallen/
nicht zerfallen), bis ein
Beobachter den Zerfall
registriert. Bis dahin ist
die Katze ebenso leben-
dig wie tot.

zu passieren, und dieselbe Wahrscheinlichkeit besteht, dass das es zurückkommt (reflektiert wird).

Übrigens: Wer sich bei diesem wenig aufregenden Ergebnis zu langweilen beginnt, der sei auf die anfangs nett erscheinende, dann aber diabolisch werdende Frage verwiesen, die aus dem Hintergrund auftaucht und lautet, ob es für das jeweilige Verhalten des Photons einen Grund gibt. Ob also der eingeschlagene Weg – Reflexion oder nicht – kausal bedingt ist oder zufällig zustande kommt. Die Physiker meinen, dass hier etwas ohne Grund – ohne Kausalität – stattfindet und der beobachtete Zufall die Qualität der Objektivität annimmt.

Wie dem auch sei: Für unsere Belange ist entscheidend, was sich abspielt, wenn das Photon den zweiten Spiegel erreicht. Man würde mit seinem gesunden Menschenverstand erwarten, dass es dann erneut eine fünfzigprozentige Chance zugewiesen bekommt, entweder reflektiert zu werden oder unbehelligt weiter zu laufen, wie es sich für anständige (klassische) Objekte gehört. Doch jetzt kommt die Überraschung, denn die Experimente zeigen etwas anderes. Sie zeigen, dass das Photon von dem zweiten Spiegel genau so beeinflusst wird wie vom ersten. Wenn es beim ersten durchgelaufen ist, geschieht dies auch beim zweiten, und dieser Gleichklang stellt ein Rätsel dar.

Die Physiker haben sich nach langen Diskussionen und anderen Erklärungsversuchen entschieden, den seltsamen Vorgang mit dem Begriff der Superposition zu deuten, der oben bereits gefallen ist. Da heißt, sie billigen dem Photon als Quantenteilchen eine Eigenschaft zu, die im vertrauten Alltag völlig undenkbar und ausgeschlossen ist. Sie räumen dem Photon – und allgemein auch anderen Mitspielern auf der atomaren Bühne – die Möglichkeit ein, als Superposition zu existieren, was konkret bedeutet, dass die Lichtteilchen den ersten Spiegel nicht nur durcheilt haben, sondern zugleich an ihm reflektiert worden sind. Mit anderen – und noch schlimmeren – Worten, ein Photon (und entsprechend ein Elektron und was sonst noch in der Sphäre der Atome auftaucht) kann sich zu einem gegebenen Zeitpunkt an zwei verschiedenen Orten aufhalten und dabei zwei verschiedene Möglichkeiten mit sich herumtragen. Die Wechselwirkung mit dem Spiegel bringt es in eine Superposition, die dann seine Realität ausmacht, die genau so unbestimmt bleibt, wie wir es oben beschrieben haben, bis es zu einer Messung kommt.

Wenn man diese Deutung verkraftet und sich an sie gewöhnt hat - das kann lange dauern -, dann taucht vielleicht die spannende und berechtigte Frage auf, was die Wechselwirkung der Lichtteilchen mit dem Spiegel von einer Beobachtung unterscheidet, die doch - wie oben erläutert - bestimmt, welche Eigenschaften das Photon hat. Was macht die halbversilberte Oberfläche anders als ein Experimentator? Die Antwort lautet, dass seine Messung ihm und uns Informationen (und damit Wissen) liefert, während die Wechselwirkung am Spiegel ohne diese Konsequenz stattfindet und die Information bleiben lässt, was und wo sie ist, nämlich als etwas Physikalisches im Photon selbst.

Die Interaktion mit dem Spiegel ist letztlich eine Wechselwirkung zwischen Licht und Materie oder allgemeiner zwischen Gegebenheiten mit atomaren Ausmaßen, und sie gehört zur Welt. Die Wirklichkeit ist ohne solch ein gegenseitiges Abtasten oder Messen oder Informieren nicht zu haben. Jedenfalls noch nicht, obwohl viele Versuche unternommen werden, zum Beispiel Atome in isolierter Form, ganz allein für sich zu bekommen, was, wie wir sehen werden, für den Umgang mit Informationen wichtig sein kann.

Quanteninformationen

Die bisherigen Ausführungen haben erkennen lassen, dass die Existenz von Quanten eine Neuorientierung bei der Information erfordert, und dies nicht zuletzt durch den Tatbestand bedingt wird, dass sich die klassische Kategorie der Unterscheidbarkeit ändert. Genauer gesagt: In der Quantenwelt verschwindet die Möglichkeit, Elektronen oder Photonen oder Atome so zu identifizieren, wie man einen bestimmten

Teller oder den eigenen Mantel identifizieren kann, von dem man gegessen oder den man getragen hat. Dieses Verschwinden der Kategorie Identität ist – unter anderem dank Einstein – bereits in den 1920er Jahren erkannt worden, als man versuchte, mit Photonen Statistik zu treiben. Man dachte, das ginge wie bei Gegenständen des Alltags. Wenn man da zum Beispiel berechnen will, wie zwei Eier auf zwei Teller verteilt werden können, dann kann man entweder zwei auf einen legen und den anderen leer lassen. Oder man verteilt beide Eier gleichmäßig und bringt eins auf jedem Teller. Das heißt, es gibt im Küchenalltag insgesamt vier Möglichkeiten, die vier Eier zu verteilen, weil man die letztgenannte Verteilung (ein Ei pro Teller) auf zweierlei Weisen realisieren kann: Entweder legen wir das eine Ei auf den rechten und das andere auf den linken Teller oder umgekehrt. Schließlich lassen sich Eier unterscheiden – etwa dadurch, dass man eine Markierung anbringt.

Wenn man nun – in Gedanken – zwei Photonen auf zwei Kästen verteilen will, passiert erneut etwas Merkwürdiges. Wie sich nämlich zur Riesenüberraschung der Physiker herausstellte, kann man die Gesetze der Physik, mit der wir zum Beispiel die Strahlung und damit die Farben von aufgeheizten Körper verstehen und vorhersagen, dann und nur dann korrekt ableiten, wenn statt der vier genannten nur drei Möglichkeiten gezählt werden. Die Statistik muss sich zur Quantenstatistik wandeln, und hier liefert das Aufteilen der beiden Photonen auf die beiden Kästen nicht zwei, sondern nur einen einzigen (quantenstatistischen) Fall, und der Grund dafür steckt darin, dass Quantenobjekte nicht so unterschieden werden können wie Gegenstände der Alltagswelt. Wer ein Atom gesehen hat, hat alle gesehen. Oder anders ausgedrückt: Wenn man sich ein Atom (oder ein Photon) angesehen hat und dasselbe danach erneut in Augenschein nehmen will, hat man keine Chance, sich diesen Wunsch zu erfüllen. Gegenstände mit atomaren Dimensionen sind anders, und sie müssen folglich auch anders gezählt werden. Es gibt keine Identität auf dieser Ebene und damit ebenso wenig eine Unterscheidung, über die man Informationen erhalten könnte.

Die Sachlage wird – vom gesunden Menschenverstand aus betrachtet – noch schlimmer, wenn wir uns statt der Photonen Elektronen vornehmen, da diese elementaren Gegebenheiten der Natur noch eine weitere und höchst besondere Eigenschaft haben, die klassisch unverständlich bleibt (obwohl man anschauliche Bilder bemüht, um sie zu verstehen). Gemeint ist die Eigenschaft, die mit einem populären und etwa aus dem Tennissport bekannten Wort bezeichnet wird: Spin.

Der elektronische Spin ist zwar extrem wichtig, wie man heute weiß – er erklärt zum Beispiel die chemische Bindung und überhaupt die Ausdehnung von Festkörpern –, aber es hat seine Zeit gedauert, bis die Physiker ihn entdeckt und benannt haben. Und sie haben dies zunächst mit einem dunklen Gemurmel getan, nämlich als eine klassisch unverständliche und unbeschreibliche Zweiwertigkeit. Das heißt, wir wissen heute, dass ein Elektron, das sich im (unbeobachteten und unbestimmten) Normalfall befindet, dabei als Superposition von zwei Zuständen existiert, die sich durch ihren Spin unterscheiden, wobei der eine Spin das Gegenteil des anderen ist – plus und minus.

Wer sich unbedingt etwas unter einem Spin vorstellen will, darf an eine Drehung um die eigene Achse denken, wie wir sie von einem angeschnitten geschlagenen Tennisball kennen, nur dass ein Elektron kein Ball und überhaupt kein Teilchen ist und sich daher auch nicht wie eines drehen kann. Trotzdem – das Bild der Eigenrotation kann unter anderem verständlich machen, dass und wie ein Elektron mit einem Magnetfeld interagiert, und es erlaubt auch, sich die Zweiwertigkeit zu verdeutlichen, denn das Elektron hat – wie jedes kugelrunde Gebilde – zwei Möglichkeiten der Drehung um eine gegebene Achse: einmal im Uhrzeigersinn und einmal gegen ihn.

Der **Elektronenspin**
als neben Masse und
elektrischer Ladung
wesentliche Eigenschaft
des Elektrons wurde zu-
erst 1925 von S.A. Goud-
smit und G.E. Uhlenbeck
ins Spiel gebracht, beides
gebürtige Niederländer,
die in den USA forschten.

Das heißt, ein beliebig gewähltes Elektron kann mit seiner Drehachse jede Richtung annehmen und sich in Bezug
auf ein vorgegebenes Koordinatensystem sowohl vertikal als
auch horizontal orientieren oder in einen beliebigen Winkel
dazu stellen. Wenn man nun die Spins von Elektronen misst,
kann man fragen, wie sie in einer möglichen Richtung - etwa
der Vertikalen - korreliert sind, wie sie also wechselseitig
über ihren Winkel zu Abszisse oder Ordinate informiert sind,
um es mit unserem Zentralbegriff zu sagen. Die Experimente
zeigen nun, dass es Korrelationen bei sämtlichen Richtungen
gibt, was die Quantenphysiker durch die Zweiwertigkeit des
Spins erklären, also durch die Fähigkeit der Elektronen, im
Zustand der Superposition zu sein und folglich beide Drehrichtungen zugleich zu praktizieren - jedenfalls solange, bis
die Unbestimmtheit aufgehoben ist. Mit anderen Worten,
die wechselseitige Information der Elektronen übersteigt
die klassische Grenze von 100% und erreicht das Doppelte,
nämlich 200% Information, was zunächst unverständlich
bleibt, bis man einsieht, dass wir unter diesen Umständen
ein ganz neues Konzept dieser Größe brauchen, wenn wir in
der Quantensphäre hantieren - eben Quanteninformation.

Dieses Konzept gibt es seit 1992, und seine messbaren Einheiten hören auf den zu erwartenden Namen Quantenbit,
was heute Qubit abgekürzt und »Kjubit« gesprochen wird.
Doch wenn wir diesen Namen auch erwarten konnten, die
Dinge, die mit dem Qubit möglich werden, konnte selbst der
Schöpfer dieses Ausdrucks nicht erwarten, der amerikanische Physiker Benjamin Schumacher. Er suchte damals einen Namen für eine Quanteneinheit der Information, die
schon logisch betrachtet völlig anders als die klassische Einheit Bit beschaffen sein musste. Während mit einem Bit Situationen unterschieden werden, bei denen ein Entweder-
Oder gilt - entweder ist ein Teilchen links im Kasten oder
rechts, entweder dreht sich ein Elektron im Uhrzeigersinn
oder umgekehrt -, muss sein Quantenpendant, das Qubit,
mit Situationen fertig werden, bei denen ein Sowohl-als-

auch zutrifft – ein Teilchen kann zugleich rechts und links sein, und ein Elektron kann sich zugleich in beide Richtungen drehen. Schumacher stellte sich ein Quantenbit daher als Quantensystem vor, das neben den Grenzwerten 0 und 1 noch alle Zwischenwerte annehmen kann. Er definierte sein Qubit folglich als Superposition von 0 und 1, was einleuchtet, denn es bedeutet, dass eine Messung der Quanteninformation entweder 0 oder 1 ergibt, obwohl das Qubit davor unbestimmt war, wie es sich in der Quantenwelt gehört.

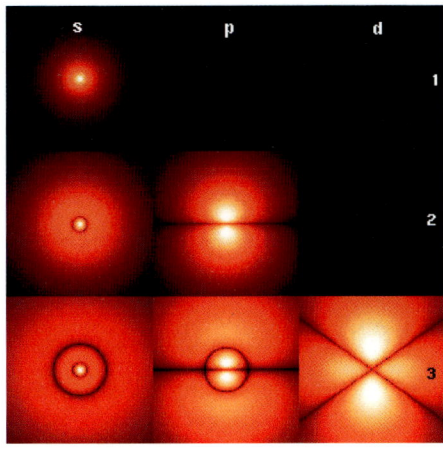

In der populären Literatur wird angeboten, sich das Qubit als wolkige Kugel vorzustellen, auf der viele Werte angenommen werden können, unter anderem 0 (am Südpol) oder 1 (am Nordpol). Dem Qubit steht in diesem Bild aber der ganze Innenraum zur Verfügung, und wir müssen erkunden, was es selbst mit diesem Freiraum anfängt und was uns mit diesem Angebot möglich ist.

Auf dem Weg zum Quantenrechner

Wir wissen, dass die modernen Computer mit Bits (oder Bytes) umgehen, und wir können uns vorstellen, dass der Einsatz von Quantenbits zu Quantenrechnern oder Quantencomputern führt. Genau dies wird zur Zeit auch in vielen Laboratorien mit Hochdruck versucht, nämlich einen Computer zu bauen, der mit Informationen in der Quantenform operiert und mit ihnen Berechnungen durchführt, die von Systemen getragen (von ihnen kodiert) werden, die genuin Quanteneigenschaften zeigen.

Bevor wir zu einigen der wunderbaren Möglichkeiten von Quantenrechnern kommen, ist vielleicht eine allgemeine Vorbemerkung angebracht, die klarmachen soll, dass ein Quantencomputer nicht einfach verstanden werden sollte als die schnellere, größere oder raffiniertere Version eines traditionellen Computers. Quantenrechner werden vielmehr eine andere Art von Maschine sein, die sich von den herkömmlichen Computern in etwa so unterscheidet wie Laserlicht von dem einer alltäglichen Glühbirne. In beiden Strahlquellen geht es zwar um Licht, aber der Laser sendet es wohlgeordnet, gebündelt und hübsch parallel aus, was alles in dem Wort »kohärent«, also »zusammenhängend« ausgedrückt ist. Das Licht aus Glühbirnen ist »inkohärent«, was bedeutet, dass die einzelnen Strahlen unzusammenhängend - zufällig - verteilt generiert werden und sich unabhängig voneinander in alle möglichen Richtungen ausbreiten und verstreuen. Quantencomputer werden mit kohärenten Qubits operieren, und an dieser Stelle zeigt sich auch, worin die Schwierigkeit besteht, einen solchen Rechner in die Praxis umzusetzen.

Wir hatten gesehen und gesagt, dass Wechselwirkungen zwischen den Elementen der Wirklichkeit ein Dauerzustand sind, bei dem die Natur quasi Messungen vor- und Informationen aufnimmt. Solange wir mit einigen wenigen Quantenzuständen und ihren Qubits auskommen und zufrieden sind, können wir dafür sorgen, dass deren Superpositionen von der Umwelt getrennt und also erhalten bleiben. Sobald Informationen abfließen, verschwinden die Quantenbesonderheiten, und diesen Vorgang benennen die Physiker mit dem jetzt nicht mehr überraschenden Begriff der Dekohärenz. Mit ihr verschwindet die Kohärenz von Quantenzuständen, was zwar von der sprachlichen Logik her leicht verständlich ist, trotzdem aber eine gesonderte Erläuterung benötigt, die man am besten geben kann, wenn man den Begriff der Kohärenz, der beim Licht einleuchtet, durch das nahezu identische Konzept der Verschränktheit ersetzt, mit dem inzwischen die entscheidende Besonderheit der Quantenwirklichkeit bezeichnet wird.

Die Verschränktheit der Quantenwelt

Die Verschränktheit der atomaren Sphäre hat Albert Einstein entdeckt, was man als einen Treppenwitz - oder eine

List – der Wissenschaftsgeschichte verstehen kann. Der Clou besteht darin, dass Einstein auf der einen Seite zwar erkannte, dass die neue Physik mit ihren Quanten die Existenz solch einer Kohärenz von Quantenzuständen voraussagte und als Grundeigenschaft der atomaren Bausteine zu berücksichtigen hatte, dass er dies aber auf der anderen Seite für absurd hielt und deshalb die Ansicht vertrat, mit der Quantenphysik könne das letzte Wort über die Wirklichkeit noch nicht gesprochen sein.

Es ist wichtig, sich klarzumachen, dass Einstein nicht behauptete, die Quantenmechanik sei falsch. Er bestritt aber, dass sie vollständig und mit ihr alles über die Atome bekannt sei, was Menschen herausfinden können. Um zu beweisen, dass die quantenmechanische Beschreibung der Wirklichkeit im Wesentlichen unvollständig sei, dachte er sich mit seinen Kollegen Boris Podolsky und Nathan Rosen 1935 einen Versuch aus, in dem eine physikalische Größe auftauchte, die zwar offenbar in der Wirklichkeit feststand und damit bestimmt war, von der die Quantentheorie zugleich aber behauptete, dass sie unbestimmt war und sich in einer Superposition befand.

Wir wollen hier nicht dieses Gedankenexperiment von Einstein, Podolsky und Rosen beschreiben, sondern einen entsprechenden Versuch, der wirklich durchgeführt worden ist. Anfang der 1980er Jahre gab es zum ersten Mal die technischen Möglichkeiten, den »EPR-Vorschlag« zu realisieren, und eine Gruppe von französischen Physikern unter Leitung von Alain Aspect hat dies auch bewerkstelligt. Ihre auf den ersten Blick kompliziert scheinende Apparatur funktioniert im Prinzip etwa so:

Aus Kalzium wird ein Gas bereitet, von dem sich einzelne Atome auf eine Kammer zu bewegen. Bevor die Kalziumatome die Kammer erreichen, werden sie von einem Laserstrahl getroffen, der seine Energie an die Kalziumatome abgibt und sie so anregt. In diesem Zustand treffen sie in der Kammer ein. Hier verlieren sie diese Energie blitzartig wie-

Die Konsequenz aus dem von Einstein, Podolsky und Rosen 1935 erdachten Gedankenexperiment ist als **EPR-Effekt** (nach den Initialen der Urheber) in die Wissenschaftsgeschichte eingegangen.

der, indem sie zwei Lichtteilchen aussenden. Diese beiden Photonen verlassen den Kasten in entgegengesetzte Richtungen, sie treffen dabei jeweils auf einen Filter und anschließend auf Messgeräte. Damit sind zwei Detektoren gemeint, die registrieren, ob ein Photon den Filter passiert hat - dann erscheint eine 1 - oder nicht - dann notiert das Gerät eine 0. Wenn die beiden Filter gleich orientiert sind, besteht eine hundertprozentige Korrelation zwischen den Zahlenreihen, was niemanden überrascht hat. Es kam in dem unternommenen Versuch darauf an, die Korrelation zwischen den Zahlenreihen für den Fall zu finden, dass die Filter in verschiedenen Winkeln zueinander aufgestellt sind. Die Quantenmechanik sagt für solch einen Fall nämlich voraus, für welche Winkel die Korrelation größer ist, als es der gesunde Menschenverstand erwartet. Und als ihre Vorhersagen qualitativ und quantitativ bestätigt wurden, wurde es endgültig Zeit, über Quanteninformationen und ihren Austausch nachzudenken.

Es spielt für die Diskussion im Augenblick keine Rolle, welche Eigenschaft die Filter analysieren, wichtig ist nur, dass sie die eintreffenden Photonen je nach Stellung aufhalten oder durchlassen können. Wenn ein Photon zum Beispiel den Filter auf Seite L passiert, wird es im Messgerät registriert, und seine vom Filter analysierte Eigenschaft ist dem Experimentator bekannt. Damit kennt er aber auch - und zwar aufgrund von physikalischen Erhaltungssätzen - den Zustand des Photons auf der Seite R, ohne auf ihn durch ein Messgerät Einfluss zu nehmen. Der Zustand des Teilchens bei R - so argumentierten Einstein, Podolsky und Rosen - ist also nicht unbestimmt, auch wenn keine Beobachtung erfolgt. Er kann sogar mit Sicherheit vorhergesagt werden und stellt also »ein Element der Wirklichkeit« dar. Dies sei aber in der Quantenmechanik nicht enthalten. Damit erweise sich diese Theorie der atomaren Wirklichkeit als unvollständig. Die EPR-Situation widerlegte nach Einsteins Auffassung sogar die Ansicht, dass ein Zustand solange unbestimmt ist, wie er nicht registriert worden ist.

Eine knifflige Situation, die wir durch eine Darstellung jenes tatsächlich durchgeführten Versuches auflösen, der zeigt, dass die Quantentheorie eine vollständige Beschreibung der Wirklichkeit liefert und keine Informationen verborgen bleiben. Dieses Experiment wurde möglich mit einer Entdeckung, die dem schottischen Physiker John Bell 1964 gelungen ist. Er suchte nach einer Möglichkeit, die Frage nach der Bestimmtheit oder Unbestimmtheit von Quantenobjekten durch eine Beobachtung zu entscheiden. Dies scheint auf den ersten Blick ausgeschlossen, denn im Mittelpunkt des EPR-Argumentes steht doch ein Teilchen, das gerade nicht beobachtet werden soll. Wie will man nun feststellen, ob sein Zustand dennoch bestimmt ist? (Dies erinnert an die alte Scherzfrage, wie man herausfinden will, ob das Licht im Kühlschrank noch an ist, wenn die Tür geschlossen ist.)

Natürlich gibt es keine Möglichkeit, ein isoliertes Teilchen unbeobachtet zu beobachten. Bell empfahl deswegen, sich nicht um ein einzelnes Photonenpaar zu kümmern, sondern die Korrelation zwischen vielen Paaren dieser Art zu untersuchen. Nehmen wir an, die beiden Filter der Versuchsanordnung sind gleich orientiert und so angeordnet, dass alle Photonen sie passieren. Dann haben wir eine hundertprozentige Korrelation. Drehen wir einen Filter (zum Beispiel den bei R) um 90 Grad, stellen wir fest, dass jede Korrelation zwischen beiden Seiten verschwindet. Dies ist zwar nicht verwunderlich, es hilft aber auch nicht weiter. Unsere Frage nach der Bestimmtheit kann entschieden werden, wenn die Filter weder parallel noch senkrecht zueinander angeordnet sind, sondern sich in einer Zwischensituation befinden. Dabei sollte sich eine Korrelation zeigen, die irgendwo zwischen hundert Prozent und Null liegt. Bell konnte nun zeigen, dass sich unter verschiedenen Voraussetzungen verschiedene Formen der Korrelationen ergeben. Wenn man wie Einstein annimmt, dass die Quantenobjekte wirklich zu jeder Zeit alle Eigenschaften in wohldefinierter Weise besitzen - dies nennt man die Realitätsannahme - und wenn man weiter annimmt, dass keine Information zwischen den Photonen schneller als mit Lichtgeschwindigkeit ausgetauscht wird, dann kann man eine Grenze angeben, die die Korrelation nicht überschreiten darf. Diese Schranke wird dabei in mathematischer Form festgelegt, und zwar durch die sogenannte Bellsche Ungleichung.

Die zweite genannte Voraussetzung – dass Teilchen sich nicht schneller als mit Lichtgeschwindigkeit informieren – wird auch als Annahme der Lokalität bezeichnet, da sie einen zeitlos erfolgenden (instantanen) physikalischen Einfluss auf entfernte Objekte verbietet. Damit vermeidet man mögliche Verletzungen der speziellen Relativitätstheorie, durch die Einstein zeigen konnte, dass sich keine physikalische Wirkung – und erst recht keine Information – schneller als mit Lichtgeschwindigkeit ausbreitet. Wenn die Quantenmechanik an die Stelle der Realitätsannahme tritt, muss auch die Lokalität aufgegeben werden, weil allgemein bewiesen werden kann, dass diese beiden großen Theorien der Physik, die unabhängig voneinander gefunden wurden, konsistent sind und sich nicht gegenseitig widersprechen.

Nun kommt der entscheidende Punkt. Wenn man annimmt, dass eine Quantenmechanik à la Heisenberg gilt, dann *muss* es Orientierungen der Filter geben, bei denen die Bellsche Ungleichung *verletzt* wird. Die Quantenmechanik prophezeit eine *bessere* Korrelation der Photonen als die Annahme einer lokalen Realität. Die Bestätigung dieser Annahme kann aber nur durch Fragen an die Natur selbst – durch Experimente – erreicht werden.

Die klärenden Versuche und Messungen wurden zum ersten Mal zwischen 1982 und 1984 von Alain Aspect, Jean Dalibard und Gérard Roger ausgeführt und inzwischen vielfach wiederholt. Die von ihnen erzielten Ergebnisse lassen keine Zweifel zu. Die Korrelationen waren qualitativ und quantitativ um den Teil höher, den die Quantentheorie vorausgesagt hatte. Die Annahme einer lokalen Realität kann also in der Quantenwelt nicht zutreffen. Die atomare Wirklichkeit ist nicht lokal, sie offenbart vielmehr einen Zusammenhang zwischen einzelnen Objekten, der als Ganzheit beschrieben werden kann. Quantenteilchen wie etwa die Photonen im EPR-Versuch, die einmal in physikalischer Wechselwirkung gestanden haben, bleiben danach für immer verbunden, auch wenn keine direkte Verknüpfung mehr zwischen ihnen besteht.

Erwin Schrödinger hat als erster vorgeschlagen, solche korrelierten Zustände ohne Wechselwirkung »Verschränkung« zu nennen, was im Englischen »entanglement« heißt. Und Schrödinger hat hinzugefügt, dies sei das eigentliche Charakteristikum der Quantentheorie. Sie zeigt uns eine verschränkte Welt, die in gewisser Weise am Grund unserer Wirklichkeit existiert.

Diese Verschränkung erlaubt uns nun genau genommen nicht, etwa von einzelnen Elektronen zu reden. So etwas wie isolierte Teilchen gibt es nicht. Quantenzustände sind kohärent. Die klassische Zerlegung eines Ganzen in seine Teile ist streng genommen verboten. Wir müssen sie im alltäglichen Umgang dennoch durchführen, weil wir sonst über die verschränkte Welt gar nicht sprechen können.

Quantenalgorithmen

Die Verschränkung von Quantenzuständen - als Element des Wirklichen - bedeutet für unser Thema, dass zum Beispiel Elektronen oder Atome informationstheoretisch verwoben sind und einzelne Qubits schneller als mit Lichtgeschwindigkeit - nämlich instantan - miteinander agieren und Quanteninformationen erzeugen und austauschen können.

Qubits können mehrere Eigenschaften annehmen, sie können ohne Zeitverbrauch an anderer Stelle auftauchen oder dorthin geschickt werden (Teleportation).

Sie können vieles gleichzeitig übernehmen und uns in Zukunft noch eine Menge Überraschungen liefern. Hier können wir schon einmal betrachten, was in der jüngsten Zeit entdeckt worden ist.

Der Ausdruck **Algorithmus** ist im Laufe der Jahrhunderte durch Abschleifung des Nachnamens von Muhammed Al-Chwarismi zustande gekommen, einem arabischen Mathematiker, der um 825 ein Buch *Über das Rechnen mit indischen Ziffern* verfasst hat, in dem er darlegte, wie man Rechenaufgaben – Lösungen von Gleichungen – in endlich vielen Schritten bewerkstelligt.

In dem europäischen Projekt für Kommunikationssicherung (SECOQC) wird herkömmliche Verschlüsselung mit einem QBB (Quantum Back Bone) kombiniert, um den Nachteil auszugleichen, dass Quantenkommunikation nur zwischen jeweils einem Sender und Empfänger funktioniert.

Wenn Computer etwas ausrechnen, sagt man, sie sind in der Lage, Schritt für Schritt - Berechnung für Berechnung - zu einer Lösung zu kommen. Ein durchgängig ausgearbeitetes Verfahren dieser Art nennt man einen Algorithmus.

Klassische Computer rechnen mit Algorithmen, Quantencomputer funktionieren mit Quantenalgorithmen, und es sind vor allem zwei solcher Rechenabläufe, die für Aufregung und große Hoffnungen sorgen. Sie stammen aus den Jahren 1994 und 1997 und gehen auf Peter Shor und Lov Grover zurück, zwei amerikanische Mathematiker und Tüftler, die in den Bell-Laboratorien arbeiteten, denen auch Claude Shannon angehört hat, als er seine Theorie der Kommunikation entwarf.

Shor konnte als erster in der Praxis zeigen, dass ein Quantencomputer mit seinen Qubits die Superposition ausnutzen und viele Zustände zugleich einnehmen kann. In der Sprache der Programmierer kann ein Quantencomputer für sich alleine, was gewöhnliche Computer nur im Verbund vermögen, nämlich Berechnungen parallel ausführen. Sie sind sogar zu dem in der Lage, was man massiven Parallelismus genannt hat, da die ihnen zugrunde liegende Quantenmechanik es erlaubt, nicht nur brav einen Rechenschritt nach dem anderen, sondern alle Vorgänge und Operationen auf einmal und zur gleichen Zeit durchzuführen.

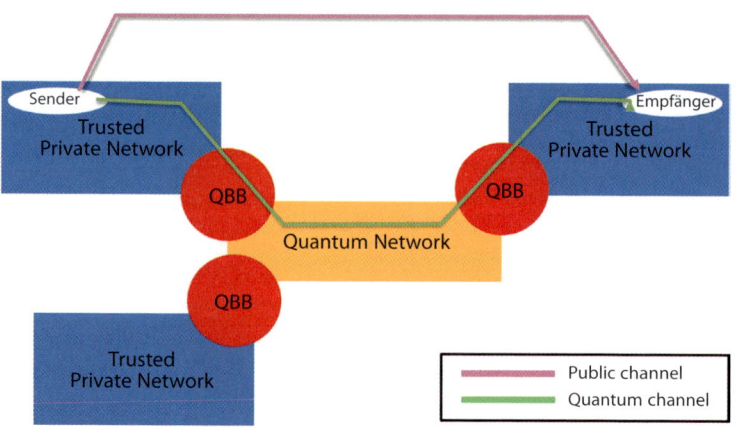

Quanten-Kryptographie

Kryptographie stammt aus dem Griechischen und meint »verborgenes Schreiben«. Es ist die Kunst des Verschlüsselns von Informationen und Botschaften, und die Menschen bemühen sich darum seit alters her. Die Quanten und ihre Physik bieten auf diesem Feld neue Möglichkeiten und sogar den perfekten Code, der nicht zu knacken ist.

Allgemein gilt: Wenn zwei Personen (Gruppen, Institutionen) sicher (verschlüsselt) kommunizieren wollen, benötigen beide den Schlüssel, der eine Nachricht erst kodiert und dann dekodiert. Dieser Vorgang des Kodierens sollte möglichst zufällig (randomisiert) vor sich gehen, und man sollte wissen, ob ihn jemand anders gesehen und belauscht hat. Wir können keine vollständige Darstellung der Kryptographie geben, wollen aber darauf hinweisen, dass die oben erwähnte Bellsche Ungleichung (s. S. 196) einen Weg weist, um »Guaranteed randomness« – »Zufälligkeit garantiert« – zu produzieren, wie im April 2010 im Fachmagazin *Nature* berichtet wurde. Es lässt sich zeigen, dass Messungen von Photonen, die – wie oben beschrieben – zwei Folgen von Nullen und Einsen produzieren, dann vollkommen »random« – randomisiert – sind, wenn dabei die Bellsche Ungleichung verletzt wird. Das Zufällige kommt dadurch zustande, dass es keine Information über die Zahlen gibt, bevor sie generiert werden.

In dem europäischen Projekt für Kommunikationssicherung (SECOQC) wird herkömmliche Verschlüsselung mit einem QBB (Quantum Back Bone) kombiniert, um den Nachteil auszugleichen, dass Quantenkommunikation nur zwischen jeweils einem Sender und Empfänger funktioniert.

Wichtiger noch ist, dass die Quantennatur den beiden Personen, die miteinander kommunizieren, eine Möglichkeit liefert, zu prüfen, ob jemand ihre Nachrichten abhört oder nicht. Der Spion muss notwendigerweise mit den übermittelten Informationen in Wechselwirkung treten. Dabei muss er ebenso notwendig den Schlüssel erfassen – und ändert ihn dabei zwangsläufig. Diesen Einfluss können Sender und Empfänger feststellen. So wird das ursprüngliche Grundproblem der Quantenphysik, nämlich dass sie das zu Beobachtende durch die Beobachtung »stört«, ins Positive gewendet und dient dazu, verschlüsselte Nachrichten abhörsicher zu machen.

Peter Shor schlug sich mit einer ähnlichen oder analogen Frage wie Shannon herum. Shannon wollte Nachrichten möglichst optimieren, und Shor wollte Nachrichten so sicher wie möglich übertragen können. Die Sicherheit eines PIN-Codes zum Beispiel wird - bei amerikanischen Banken - dadurch gewährleistet, dass die eingegebene vierstellige Zahl erst mit einer riesigen anderen - viele hundert Stellen umfassenden - Zahl multipliziert und anschließend geprüft wird, ob das Resultat in einem der Datenspeicher abgelegt ist. Wenn dies der Fall ist, erlaubt der Computer dem Kunden, sein Geld abzuheben.

Dieses Vorgehen funktioniert unter anderem deshalb, weil es der Bank mit ihren Computern nicht möglich ist, den umgekehrten Weg zu gehen und aus dem Resultat des Malnehmens die Faktoren zu berechnen, die multipliziert worden sind. In der Mathematik spricht man allgemein von der Faktorisierung (Zerlegung) einer Zahl, und es ist seit langem bekannt, dass gewöhnliche und mit Bits oder Bytes rechnende Computer nicht nur Jahrtausende, sondern Jahrmillionen brauchen würden, um die Zahl zu zerlegen, die eine Bank aus dem PIN-Code berechnet. Wer sich darüber wundert, kann ja einmal probeweise 325 598 926 845 in Faktoren zerlegen (und dabei daran denken, dass die Bank es zu unserer Sicherheit sogar mit einer mehr als 500-stelligen Zahl zu tun hat).

Shor fragte sich nun, ob diese Sicherheit weiter bestehen bleibt, wenn Quantenalgorithmen zur Faktorisierung eingesetzt werden, und seine Antwort lautet - dummerweise - nein! Falls es eines Tages - so konnte Shor zeigen - einen Quantencomputer gibt, der 10 000 Qubits handhaben (also ihre Dekohärenz vermeiden) und für sich arbeiten lassen kann, dann wird dieser Apparat bestenfalls ein paar Sekunden benötigen, um Zahlen dieser Größe zu zerlegen, und damit wäre das Ende der Fahnenstange - sprich: der Sicherheit unseres Bankverkehrs - unweigerlich erreicht.

Zur Beruhigung - 10 000 Qubits erscheinen in unseren Tagen wie ein niemals zu verwirklichendes Märchen, und die heutigen Ingenieure sind schon froh, wenn sie vier Qubits ans Werk bringen. Damit könnte ein Quantencomputer zum Beispiel die Aufgabe, eine vorgegebene Zahl zwischen 1 und 1000 zu erraten, in vier Schritten erledigen, während ein klassischer Rechner zehnmal um Auskunft bitten müsste.

Der Amerikaner Charles Seife hat an einem einfachen Beispiel vorgeführt, wie ein Quantenalgorithmus seinen klassischen Kollegen besiegen kann. Es geht dabei um die Aufgabe, ein Schloss mit 16 Kombinationen - von 0 bis 15 - zu knacken, von denen eine - etwa die 9 - zutrifft.

In der klassischen Informationstheorie müssen wir vier Fragen mit Ja-Nein-Antworten stellen, um die Lösung zu finden. Zum Beispiel so:

Erste Frage: Ist die Zahl ungerade? Ja.

Zweite Frage: Wenn man die Zahl durch 2 teilt und abrundet, ist das Ergebnis ungerade? Nein - es ist 4.

Dritte Frage: Wenn man das Verfahren wiederholt, ist das Ergebnis ungerade? Nein - es ist 2.

Vierte Frage: Wenn man das Verfahren erneut wiederholt, ist das Ergebnis ungerade? Ja - es ist 1.

Wenn man dies durchdenkt, kommt nur die 9 in Frage, wobei die Antworten so gewählt wurden, dass die digitale Darstellung der gegebenen Antworten - Ja Nein Nein Ja, also 1001 - gerade die gesuchte Zahl 9 in binärer Schreibweise ergibt.

Ein Quantenalgorithmus beginnt - zum Beispiel - mit vier Qubits in einer Superposition, die durch Elektronen und ihren Spin realisiert wird und die mit der Lösung in Wechselwirkung tritt, ohne dass diese dem Betreiber des Computers bekannt wird. Bei diesem Informationsaustausch zwischen physikalischen Zuständen (ohne Messung) verschieben sich die anfänglich gleichen Wahrscheinlichkeiten für das Auftreten einer Kombination von Qubits. Die falschen Anordnungen verschwinden, bis die korrekte übrigbleibt und sich das Schloss öffnet. Die technischen Einzelheiten müssen hier zum Leidwesen des Autors übergangen werden.

Algorithmen dieser Art stammen von dem erwähnten Lov Grover, der sich auch für die Frage interessiert hat, wie man zum Beispiel in einer eher unaufgeräumten Bibliothek ein bestimmtes Buch finden kann. Er konnte zeigen, dass mit Quanten operierende Suchalgorithmen viele tausend Mal schneller ans Ziel kommen als ihre klassischen Konkurrenten.

Um sich das veranschaulichen zu können, sollte man sich eine Liste von vier Eintragungen vorstellen- kodiert als 00, 01, 10, 11 -, die traditionell Stück für Stück durchgesehen werden muss. Eine Quantensuche kann eine entsprechende Datei in nur einem Schritt erkunden und abfragen. Sie kommt also schneller ans Ziel. Sie hat allerdings andere Schwierigkeiten zu überwinden.

Die Wirklichkeit der Quantenrechner

Wir wollen an dieser Stelle zwei Fragen stellen, nämlich zum Einen die, was es uns so schwierig macht, Qubits einzusetzen, und zum Zweiten, ob nicht die Natur selbst schon längst mit Quanten »rechnet« (wovon man dann möglicherweise etwas lernen kann).

Was die erste Frage angeht, so gilt es, sich daran zu erinnern, dass im Zentrum allen Quantenrechnens die Verschränkung (Kohärenz) steckt. Wer den Zustand eines Quantenelements beschreibt, erfasst den von anderen Teilchen mit. So können zwar viele Qubits als Einheit bearbeitet und eingesetzt werden, doch wenn ein Atom, das ein Qubit trägt, auf ein anderes Quantengebilde trifft und sich dabei zufällig mit ihm verschränkt, und wenn dieser Mitspieler später irgendwo in der Welt mit makroskopischen Gebilden zusammenstößt und dabei vielleicht sogar gemessen wird, dann »entsteht eine klassische Bitfolge, die für eine Quantenrechnung nicht mehr zu gebrauchen ist«, wie Hans Christian von Baeyer in dem Buch *Das informative Universum* schreibt, um punktgenau hinzuzufügen: »Quantenrechnungen erfordern daher eine Abschirmung von der Umgebung, im Vergleich zu der die Quarantäne von Pockenviren wie ein Sieb erscheint.«

Unter diesen Vorgaben erscheint es zwar auf den ersten Blick eher unwahrscheinlich, dass die Natur Quanteninformationen verarbeitet und mit Qubits operiert. Aber sie scheint doch Quanteneffekte auch dort einzusetzen, wo man sie bislang nicht erwartet hat. Der biochemische Apparat zum Beispiel, mit dem Lebewesen Licht einfangen - zunächst vor allem für die Photosynthese - scheint Quanteneffekte auszunutzen, um möglichst effizient die Energie liefernden Strahlen einzufangen. Es muss Pflanzen oder Algen darum gehen, das Licht kohärent zu bekommen, und dies klappt, wenn die dazu eingesetzten Atome und Moleküle im Einklang operieren. Sie sind oftmals als sogenannte Reaktionszentren organisiert und interagieren in diesem Verbund, indem sie vibrieren und harmonisch kooperieren, und wenn Licht einfällt, schauen sie sich nach einer möglichst stabilen Konfiguration für seine Nutzung um. Sie müssen also eine Suche vornehmen, und diese Aufgabe kann mit Hilfe eines Suchalgorithmus bewältigt werden, wie ihn Grover angegeben hat. Dies konnten Experimente in jüngster Zeit zeigen. Das Leben kennt offenbar die Möglichkeit, Quantenrechnungen durchzuführen. Es hat zwar lange gedauert hat, bis uns gelungen ist, dies zu entdecken, aber eigentlich wäre alles andere eine Überraschung gewesen.

Es könnte darüber hinaus sein, dass das Quantenhafte der Natur eine Erklärung für die Zahl Vier liefert, die in dem Sinne im Zentrum des Lebens steht, dass die Sprache, in der die genetischen Informationen verwaltet, mitgeteilt und weitergegeben werden, vier Buchstaben kennt, nämlich die vier Basen, deren Anfangsbuchstaben A, T, G und C lauten. Mit dieser biochemischen oder molekularen Vorgabe können wir die

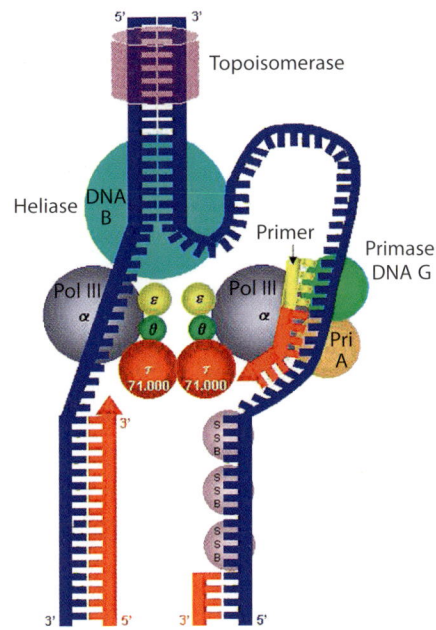

DNA-Replikation: Es funktioniert auf den ersten Blick wie ein Reißverschluss. Tatsächlich agiert hier eine Suchmaschine, die mit Quantenbits operiert.

Verdopplung des Erbmaterials - die DNA-Replikation - als ein Suchproblem beschreiben, das mit einer Datei aus vier Elementen durchgeführt wird.

Man hat sich gefragt, warum die Natur (die Evolution) vier Bausteine (zwei Bits) einsetzt, um das Leben zu kodieren. Könnte sie nicht mit zwei Bausteinen (einem Bit) auskommen? Die klassischen Logiker und die sich ihnen anschließenden Informatiker wie Shannon haben doch zeigen können, dass mit dieser Menge alles hinzubekommen ist? Und wenn die Natur bei Null anfangen muss, um Leben hervorzubringen, wäre es da nicht einfacher gewesen, mit weniger Bits und entsprechend weniger Molekülen auszukommen?

Die Antwort findet sich erneut in dem Suchalgorithmus von Grover, denn bei ihm verfügen zwei Quantenbits über einen riesigen Vorteil gegenüber einem einzigen. Mit zwei Qubits kann der Suchalgorithmus - bei der Suche nach dem passenden Partner für die Replikation der Doppelhelix - nämlich in nur einem Schritt zum Ziel kommen. Wenn es nun der Natur darum geht, die Geschwindigkeit der Verdopplung zu optimieren, dann werden eben zwei Qubits benötigt, um die Informationsverarbeitung bei einer vorgegebenen Zahl von Schritten so effizient wie möglich zu machen - effizienter jedenfalls als das Operieren mit einem klassischen Bit.

Dies ist natürlich nur Theorie. Ob die DNA tatsächlich ein Quantencomputer ist, wissen wir nicht. Wir wissen auch nicht, ob nicht vielleicht auch andere Bereiche der Wirklichkeit Quantencomputer sind. Möglicherweise ist das ganze Universum selbst eine solche Einrichtung ...

Die Information der Gesetze

Computer berechnen bekanntlich Dinge oder Aufgaben, und wer in der Schule Physikunterricht erhält, kann den Eindruck gewinnen, dass die Naturforschung eine vergleichbare Tätigkeit darstellt. Sie berechnet die Wirklichkeit und ihre Abläufe, und sie bekommt dies mit Hilfe von Naturgesetzen hin. Naturgesetze der klassischen Form – etwa: Das Produkt aus Volumen und Druck eines Gases ist proportional zu seiner Temperatur – fassen in einer Rechenvorschrift all die Beobachtungen zusammen, die ein Experimentator machen kann und die er gewöhnlich als eine Reihe von Beobachtungen (Zahlen) notiert. Man kann daher auch sagen, dass die kurzen Gesetze mit ihren Symbolen lange Sequenzen von notierten Ereignissen komprimieren, und diese Verknappung erinnert an die Möglichkeit, Zahlenfolgen, die nicht zufällig sind, verkürzt darzustellen. An Stelle einer Folge wie etwa 101010101010101010101010 kann man »13 x 10« schreiben, was deutlich weniger Platz braucht. Die Wissenschaftler haben diese Möglichkeit des Schrumpfens benutzt, um nach einem Vorschlag des russischen Mathematikers Andrei Kolmogorow die Abwesenheit von Information, also Zufälligkeit, zu definieren, nämlich durch das Kriterium, dass eine zufällige (»randomisierte«) Folge nicht komprimiert werden kann. Jede Rechenvorschrift (Gesetzmäßigkeit), die eine informationslose Reihung zu ermitteln gestattet, muss so umfangreich wie diese Folge selbst sein.

Da die Gesetze der Physik in der oben genannten Weise als Verkürzungen der Realität verstanden werden können, können wir fragen, ob sich mit ihrer Hilfe verstehen lässt, wie die Wirklichkeit entsteht, die sie beschreiben und dabei auch erzeugen. Einen Vorschlag dazu hat der österreichische Physiker Anton Zeilinger im Jahre 1999 gemacht, als er einen Aufsatz mit dem Titel »Ein Grundlagenprinzip für die Quantenmechanik« publizierte, in dem sein zentraler Vorschlag lautete: »Ein elementares System trägt ein Bit an Information«. Das offenbar einfache Prinzip hat es in sich. Mit ihm wird uns erst so richtig klar, was der große Niels Bohr immer wieder betonte, als die Physiker ernsthaft damit begannen, die Atome zu verstehen. Wenn wir über Atome reden, so Bohr, unterhalten wir uns genaugenommen über die Informationen, die wir über Atome haben. Wir handeln immer nur von Informationen, und deshalb sollte diese Größe in den

Der Wiener Professor **Anton Zeilinger**, Jahrgang 1945, ist einer der führenden Quantenphysiker unserer Tage. Wegen seiner Experimente mit Teleportation wird er ehrfurchtsvoll auch »Mr. Beam« genannt.

Atomen selbst zu finden sein. Genau diesen Schritt vollzieht Zeilinger, wobei wir die Frage, wie und wo ein Elektron seine Information trägt, nicht beantworten können. Wir wissen ja auch nicht, wie ein Elektron zum Beispiel seine Ladung trägt – nur dass diese Frage schon länger nicht mehr gestellt wird. Sie wird ebenso wenig gestellt wie die Frage, wie es ein elementares (unteilbares, nicht zusammengesetztes) Gebilde schaffen kann, mehrere Qualitäten auf sich zu vereinen – Ladung, Masse, Spin und jetzt auch noch Information.

Kümmern wir uns um Zeilingers Prinzip, von dem der in London als Professor für »Quantum Information Science« tätige Vlatko Vredal in seinem Buch über das Universum als Quanteninformation (*Decoding Reality*) behauptet, dass es zuvor schon von dem italienischen Physiker Carlo Rovelli formuliert worden sei. Rovelli hat zwei Grundsätze aufgestellt: Zum einen kann ein elementares Quantensystem nicht mehr als ein Bit an Information tragen, und zum anderen kann man immer wieder neue Informationen bekommen. In der Tat, Information kann dadurch definiert werden, dass sie Information erzeugt, und dies bedeutet in diesem Zusammenhang, dass man so die Entstehung der Welt erklären könnte. Sie beginnt mit einer zufälligen Information in Form eines zufälligen elementaren Quantenteilchens, das neue Informationen und neue Quantenteilchen generiert. Die Zufälligkeit des Anfangs macht im quantenmechanischen Kontext keine Mühe, und wenn wir uns entscheiden, Information und Realität nicht zu trennen, sondern als komplementäre Aspekte eines werdenden Seins anzusehen, dann können wir uns eine sich entwickelnde Welt vorstellen, in der Informationen Gesetze und Gesetze die Wirklichkeit hervorbringen, an der wir zuletzt als Beobachter teilhaben. Im Grunde läuft alles im Kreis, wie John Archibald Wheeler einmal bemerkte, als er darauf hinwies, dass die Physik zuerst die Rolle des Beobachters entdeckt hat (nach der Entdeckung des Quantensprungs), dass danach aus der zentralen Rolle des Beobachters die ebenso zentrale Bedeutung der Information her-

John Archibald Wheeler (1911–2008) lehrte theoretische Physik an der berühmten Princeton Universität in New Jersey. Er war einer der letzten Physiker, die Einstein, Bohr und andere Mitbegründer der modernen Physik noch persönlich gekannt hatten.

vorgegangen ist, und dass uns die Information schließlich als physikalische Wirklichkeit begegnet.

Wheeler hat prophezeit, dass es eines Tages gelingen wird, »die gesamte Physik in der Sprache der Information zu verstehen und auszudrücken«. Diese Idee stammt aus dem Jahre 1989, als er einen unter Fachkollegen legendären Vortrag mit dem ansprechenden und fragenden Titel *It from Bit?* hielt. Es ging Wheeler um die Idee, »dass jeder Gegenstand der physikalischen Welt an seiner Basis ... eine nicht-materielle Quelle und Erklärung besitzt«. Wheeler meint: »Kurz gesagt, alle physikalischen Dinge sind ihrem Ursprung nach informationstheoretisch« - und zu dem Universum, das dabei entsteht, tragen wir, so Wheeler, bei. Die Welt, in der wir leben, haben wir geformt. Sie ist unsere Information.

Ein neuer Informationsbegriff

Wir wissen, dass Information von Anfang an zweigeteilt ist - sie gehört einem Subjekt, das durch eine Auskunft informiert wird, und sie steckt in einem Objekt, das durch eine Anweisung seine Form bekommt und also in diesem Sinne wörtlich informiert wird. Information erzeugt Information und ist damit etwas, das zugleich vorliegt und wirkt. Information ist Prozess und Ergebnis zugleich, und sie erinnert auf diese Weise an den doppelten Charakter, der in dem Begriff Bildung steckt, mit dem ja auch ein Vorgang - das Bilden - und ein Ergebnis - das Gebildete - zugleich gemeint sind. »Information« bezeichnet das offene Wechselspiel zwischen Subjekten und Objekten, das unsere (informative) Wirklichkeit ausmacht. Wir haben an beiden Enden des Feldes zu tun, wobei wir erst in den letzten Jahren die Information dort hin- und einführen konnten, wo sie eigentlich hingehört, nämlich in das Innerste der Welt und damit in die Physik der atomaren Sphäre und ihre Grundlegungen. Wenn Naturvorgänge vermessen werden, entnehmen wir ihnen schon immer Information, aber diese Variable taucht in der Beschreibung (Theorie), mit der wir diese Abläufe zu verstehen und zu nutzen hoffen, bislang noch an keiner einzigen Stelle selbst auf. Dabei kennen wir doch nur die Natur, die wir in Experimenten befragt haben und die darauf geantwortet und uns dabei Informationen geliefert hat. Information muss also eine konkrete (physikalische) Eigenschaft des Wirklichen sein. Dies ist längst bekannt, ohne dass es freilich bis heute zu den nötigen Konsequenzen bei der Formulierung der physikalischen Grundgesetze geführt hat.

Künftig werden wir Information auf keinen Fall so verstehen, wie es im Alltag geschieht, wenn wir uns über den Verlauf einer Opernaufführung oder das Ergebnis eines Fußballspiels informieren. Die »neue Information« könnte das Prinzip der Natur sein, welches im Austausch - durch Wechselwirkung - das Wirkliche ermöglicht und mehr oder weniger dazu neigt, sich in ihm aus- und in es einzudrücken, es zu prägen. Im Zentrum der einzubringenden »Information« steckt die Form, die wir - in der Natur, im Leben und in der Kunst - oft gerne betrachten und bewundern, ohne zu fragen, wie sie zustande kommt. Klar ist nur, dass eine Form keine kausale Erklärung verträgt. Sie ist vielmehr der kreative Ausdruck eines informativen Universums, in der eine kausale Determiniertheit jederzeit durchbrochen werden kann - durch uns zum Beispiel.

Wenn wir Information durchgreifend verstehen und einsetzen können, fügen sich viele Einzelwissenschaften neuartig zusammen. In vielen von ihnen geht es ja um die Übertragung von Information - die physikalische durch Licht, die biologische durch molekulare Strukturen, die sprachliche durch Symbole. Wir müssen und werden verstehen, wie nicht nur die Welt uns Informationen liefert, sondern wie auch die Informationen selbst zur Welt führen. Information ist immer wieder das, was Information erzeugt, wie mehrfach erwähnt wurde.

Es hat lange gedauert, bis wir Menschen gelernt haben, dass der Kosmos ein *Universum* ist. Als im antiken Griechenland der »Kosmos« erfunden wurde, teilten die Philosophen die Welt in zwei Hälften auf. Dieses »*Duoversum*« wurde durch den Mond in eine sub- und eine supralunare Sphäre getrennt. Es dauerte bis in die Tage der frühen Neuzeit, um zu erkennen und zu akzeptieren, dass in beiden Sphären die gleichen Elemente zu finden sind, die zudem den gleichen Gesetzen unterliegen. Wie gesagt, es hat mehr als tausend Jahre gedauert, bis die Einheit im Kosmos verstanden war. Es ist trotzdem nicht nötig, dass wir erneut so lange brauchen, um eine andere unnötige Zweiteilung aufzuheben, nämlich die zwischen dem, was wirklich der Fall ist, und dem, was wir darüber sagen können. Das Ding-an-sich steckt in den Informationen, die zu ihm führen. Wir müssen sie aber erst in die Welt hineinlegen, die dann eine Einheit in der Art wird, wie es das Universum geworden ist.

Die zwei letzten großen Umwälzungen der Physik - die Relativitätstheorie und die Quantenmechanik - haben beide auf ihre Weise mit der Information zu tun. Albert Einstein nutzte 1905 das damals beste Pendant der Information - die Entropie -, um zu einer neuen Theorie des Lichts zu gelangen. Und in der Quantenmechanik zeigte sich, dass Objekte erst dann bestimmt werden, wenn wir Informationen mit ihnen austauschen. In beiden Wissenschaften kennen wir inzwischen Erhaltungssätze für die Information, die ihnen zufolge bei allem, was passiert, insgesamt erhalten bleibt. Wenn sich das Konzept der Information durchgehend bewährt, dann könnte mit seiner Hilfe jene einheitliche Theorie entstehen, die man schon lange sucht.

Hinter jedem entdeckten Universum lauert ein neues, scheint uns dieser der Renaissancekunst nachempfundene Holzstich von Camille Flammarion (1888) zu sagen.

Zeittafel

1945	Erwin Schrödingers *Was ist Leben?;* das »Hypertext-Konzept« von Vannevar Bush
1946	ENIAC
1947	Transistor wird erfunden; die Idee der Kybernetik
1948	Claude Shannons *Theorie der Kommunikation* mit dem Bit; John von Neumanns Konzepte für Rechenmaschinen
1949	Der erste universelle Digitalrechner EDSAC; Konrad Zuse gründet die Zuse KG
1951	Der UNIVAC; die erste Firma zieht in das Tal, das bald »Silicon Valley« heißen wird
1952	Die DNA wird als Erbmaterial erkannt
1953	Die Doppelhelix wird als Struktur der DNA beschrieben; Shockley Semiconductor liefert den ersten modernen Flächentransistor
1956	Das Byte wird eingeführt; die Idee einer »Künstlichen Intelligenz«; Elektronische Datenverarbeitung (EDV) der 2. Generation mit Fortran und Algol; die erste kommerzielle Festplatte (IBM 350 mit 5 MB)
1957	Gründung von »Fairchild Semiconductor«; das Wort »Informatik« wird geprägt
1958	Jack Kilby konstruiert einen integrierten Schaltkreis (Flipflop)
1959	Robert Noyce meldet einen aus einem einzigen Substrat gefertigten integrierten Schaltkreis zum Patent an
1960	Der LASER wird erfunden
1961	Erste Schritte zur Entschlüsselung des genetischen Codes

1964	John Bell schlägt eine Ungleichung vor, die zu einem besseren Verständnis der Quantenphysik und ihrer nicht-lokalen Wirklichkeit führt
1965	EDV der 3. Generation mit integrierten Schaltungen; der Begriff »Hypertext« kommt auf; das Mooresche Gesetz
1966	Genetischer Code und genetische Regulation
1967	Siemens übernimmt die Zuse KG
1968	Informatik als Wissenschaft begründet; Gründung von Intel; die Idee des Laptops zirkuliert
1969	Das Arpanet wird entwickelt; die Werkzeuge der Gentechnik werden entdeckt; IBM entkoppelt Preise für Hard- und Software; eine Unix-Version wird entwickelt
1971	Intel stellt den Mikroprozessor Intel 4004 mit 23 000 Transistoren und 4-Bit-Datenbreite vor – den Urvater aller Prozessoren, der in Taschenrechnern und zur Steuerung von elektronischen Geräten eingesetzt werden konnte; der Name »Silicon Valley« wird geprägt
1972	EDV-Geräte der 4. Generation mit hochintegrierten Schaltungen; SAP wird gegründet.
1973	Intel-8008-Mikroprozessor mit 8-Bit-Datenbreite, der erstmals programmiert werden kann
1974	Der erste PC (»personal computer«) Altair 8800 kommt auf den Markt; Beginn der LSI Technik (Large Scale Integration); Manfred Eigens Hyperzyklus
1975	Bill Gates gründet Microsoft; IBM bringt den ersten tragbaren Computer heraus (IBM 500), der 25 kg wiegt; die GUI (Graphical User Interface) aus dem PARC (Palo Alto Research Center) von Xerox
1976	Steve Jobs und Steve Wozniak gründen Apple Computer, um Apple I zu vermarkten
1977	Methoden zum Sequenzieren von DNA; das Programm WORDSTAR
1978	Das erste durch In-vitro-Fertilisation gezeugte Kind (»Retortenbaby«)

1979	Der Intel-8088-Prozessor mit 29 000 Transistoren, der später in die IBM-PCs eingebaut wird; Steve Jobs lernt die grafische Benutzeroberfläche kennen; die erste Version der Programmiersprache C++ wird vorgestellt (Bjarne Stroustrup)
1980	EDV-Geräte der 5. Generation mit sogenannten wissensbasierten Systemen; das Konzept einer Biokybernetik und die Idee von Hyperlinks; Genkarten von Menschen werden möglich; der Restriktionsfragmentlängenpolymorphismus RFLP; Apple geht an die Börse
1981	Das MS-DOS Betriebssystem von Microsoft; Xerox Star mit erster grafischer Benutzeroberfläche; der Intel-8088-Prozessor
1982	Das Wort Internet kommt in Umlauf; das Magazin TIME wählt den Computer zur »Persönlichkeit des Jahres«; erste experimentelle Nachweise für eine nicht-lokale Realität der Quantenmechanik; sie beschreiben eine verschränkte Welt
1983	Das Arpanet wird in einen militärischen und zivilen Bereich aufgeteilt – damit gibt es das Internet; Apple bietet Lisa mit grafischer Benutzeroberfläche an; MS Word kommt auf den Markt
1984	Apple bringt den Macintosh heraus und begründet den PC-Boom
1985	Die Polymerase-Kettenreaktion und der genetische Fingerabdruck; grafische Benutzeroberfläche bei Windows 1.03 von Microsoft; der erste Laptop von Toshiba (T1100); David Deutsch entwickelt das Konzept eines »universellen Quantencomputers«
1986	Renato Dulbecco schlägt vor, ganze Genome zu sequenzieren, um Krebs zu verstehen
1987	In den USA finanziert das Energieministerium erste DNA-Sequenzierprojekte; erste Genkarte des Menschen

1988	Am NIH entsteht der Vorläufer des National Center for Human Genome Research (NCHGR), erster Direktor wird James D. Watson; Windows 2.03 wird freigegeben und von Apple wegen »verschiedener Ähnlichkeiten« verklagt
1989	Das World Wide Web (www) wird entwickelt
1990	Windows 3.0 kommt auf den Markt
1991	Das www operiert am CERN; erste 2.5-Zoll-Festplatte mit 100 MB Speicherkapazität; Apple bringt das erste echte Mac-Notebook heraus (PowerBook)
1992	Durchbruch von Microsoft mit Windows 3.1; Craig Venter gründet TIGR - The Institute for Genome Research; erste Sequenzen von Chromosomen; das Konzept eines Quantenbits (Qubit) wird vorgeschlagen (Ben Schumacher)
1993	Im www gibt es den ersten grafikfähigen Browser: HTML-1
1994	Intel entwickelt CPUs (Central Processing Units) speziell für Notebooks (Laptops); Peter Shor entdeckt einen Quantenalgorithmus, der große Zahlen faktorisieren kann; der erste Genchip kommt auf den Markt; die Standardversion von C++ liegt fest
1995	Die erste vollständige DNA-Sequenz eines Bakteriums liegt vor
1996	Der Vorläufer von Google erscheint - BackRub; Bermuda-Prinzipien der Genomforschung (Offenlegung der Daten und Verfügbarkeit in Genbanken)
1997	Erster Einsatz des sogenannten Riesen-Magnetowiderstandes (Giant Magnetoresistive Effect, GMR) bei Festplatten: im November erste Festplatte mit GMR-Leseköpfen von IBM mit 16,8 GB; die knapp 100 Millionen Basenpaare umfassende Sequenz des Fadenwurms ist entziffert; der Grover-Suchalgorithmus wird vorgeschlagen

1998	Larry Page entwirft den PageRank-Algorithmus als Suchmaschine (Google); Venter gründet Celera; Bruce Kane schlägt das Konzept eines Qubits – eines Quantenbits – vor, das mit dem Spin von Elektronen operiert
1999	Anton Zeilinger stellt »Zeilingers Prinzip« vor: Jedes elementare Teilchen trägt ein Bit an Information
2000	Intel-Pentium-4-Prozessor mit 42 Millionen Transistoren; eine erste Version des Humangenoms wird im Weißen Haus in Washington vorgestellt
2001	Eine erste Konsensus-Sequenz für ein Humanes Genom wird publiziert; ein Computer mit sieben Qubits funktioniert
2003	Intel-Pentium-Prozessor mit 125 000 000 Transistoren; offizielles Ende des Humangenom-Projektes zum 50. Geburtstag der Entdeckung der Doppelhelix
2006	Microsoft-Betriebssystem Vista; erste 2.5-Zoll-Notebook-Festplatte mit 160 GB
2007	Erste Terabyte-Festplatte von Hitachi; Apple bringt das iPhone heraus; das Personal Genome Project wird gestartet
2008	Gründung eines Nationalen Genforschungsnetzwerks in den USA und eines International Cancer Genom Consortium (ICGC)

Literatur

Bücher

Hans Christian von Baeyer, *Das informative Universum,* Beck, München 2005

Alexander G. Bearn, *Archibald Garrod and the Inividuality of Man,* Oxford University Press, Oxford 2003

Jacob Bekenstein, »The Limits of Information«, in: *Studies in the History and Philosophy of Modern Physics,* Band 32, S. 511 (2002)

Charles H. Bennett, »The Thermodynamics of Computation«, in: *International Journal of Theoretical Physics* Bd. 21, S. 905–940 (1982)

Jerry Bishop & Michael Waldholz, *Landkarte der Gene – Das Genomprojekt,* Droemer Knaur, München 1991

Hans Blumenberg, *Die Sorge geht über den Fluß,* Bibliothek Suhrkamp, Frankfurt am Main 1987

George Boole, *Investigations of The Laws of Thought on Which are Founded the Mathematical Theories of Logic and Probabilities,* Dover Publication, New York 1958

David Botstein et al., »Construction of a Genetic Linkage Map in Man Using Restriction Fragment Polymorphism«, in: *American Journal of Human Genetics* 32, S. 314–331 (1980)

Hans-Joachim Braun, *Die 101 wichtigsten Erfindungen der Weltgeschichte,* Beck Verlag, München 2005

Carina Dennis & Richard Gallagher (Hg.), *The Human Genome,* Nature Publishing, Palgrave, Basingstoke 2001

Renato Dulbecco, »A Turning Point in Cancer Research: Sequencing the Human Genome«, in: *Science* 213, S. 1055–1056 (1986)

Manfred Eigen & Ruthild Winkler, *Das Spiel,* Piper Verlag, München 1976

Manfred Eigen & Peter Schuster, *The Hypercycle – A Principle of Natural Self Regulation,* Springer Verlag, Berlin 1979

Ernst Peter Fischer, *Die andere Bildung,* Ullstein Verlag, Berlin 2001

Ernst Peter Fischer, *Das Genom* und *Geschichte des Gens,* beide Fischer Verlag, Frankfurt am Main 2003

Ernst Peter Fischer, *Schrödingers Katze im Mandelbrotbaum*, Pantheon Verlag, München 2006

Ernst Peter Fischer, *Max Planck*, Siedler Verlag, München 2008

Evelyn Fox Keller, *Das Jahrhundert des Gens*, Campus Verlag, Frankfurt am Main 2001

Archibald Garrod, *Inborn Errors of Metabolism*, London 1909

Gerd Gigerenzer et al., *Das Reich des Zufalls*, Spektrum Akademischer Verlag, Heidelberg 1998

Stephen Rienk van Grondelle & Vladimir I. Novoderezhkin, »Quantum design for a light trap«, in: *Nature* 463, S. 614–615 (2010)

Stephen Hawking & Werner Israel, »Black Holes«, in: *Encyclopedia of Physics*, [2]1991, S. 104

Peter Janich, *Was ist Information?*, Suhrkamp, Frankfurt am Main 2006

John G. Kemeny & Thomas E. Kurtz, *Back to BASIC*, Addison-Wesley, New York 1985

T. D. Ladd et al., »Quantum Computers«, in: *Nature* 464, S. 45–53 (2010)

Rolf Landauer, »Irreversibilty and Heat Generation in the Computing Process«, in: *IBM Journal of Research and Development*, Band 5, S. 183–191 (1961)

Rolf Landauer, »Information is Physical«, in: *Physics Today*, May 1991, S. 23ff

Rolf Landauer, »The Physical Nature of Information«, in: *Physics Letters* A 217, S. 188–193 (1996)

Steve Lohr, *Go To*, Perseus Books, New York 2001

Seth Lloyd, *Programming the Universe*, Vintage Books, New York 2007

M. A. Nielsen & I. L. Chuang, *Quantum Computation and Quantum Information*, Cambridge University Press, Cambridge 2000

Karl H. Metz, *Ursprünge der Zukunft – Die Geschichte der Technik in der westlichen Zivilisation*, Verlag Neue Zürcher Zeitung, Zürich 2006

John von Neumann, *The Computer and the Brain*, Yale University Press, New Haven 2000

John von Neumann, *Theory of Self-Reproducing Automata*, Princeton University Press, Princeton 1966

Jürgen Osterhammel, *Die Verwandlung der Welt*, Hanser Verlag, München 2009

Paolo Rossi, *Die Geburt der modernen Wissenschaft in Europa*, Hanser Verlag, München 1997

Stewart Scherer, *A Short Guide to the Human Genome*, Cold Spring Harbor Laboratory Press, New York 2008

Charles Seife, *Decoding the Universe*, Viking Press, New York 2006

Michel Serres (Hg.), *Elemente einer Geschichte der Wissenschaften*, Suhrkamp, Frankfurt am Main 1994

Claude E. Shannon, »A Mathematical Theory of Communication«, in: *Bell Systems Technical Journal*, Ausgaben vom Juli und Oktober 1948, S. 379–423 bzw. 623- 656

Claude E. Shannon & Warren Weaver, *The Mathematical Theory of Communication*, University of Illinois Press, Urbana 1948

Erwin Schrödinger, *Was ist Leben?*, Piper Verlag, München 1987

Leó Szilárd, »Über die Entropieverminderung in einem thermodynamischen System bei Eingriffen intelligenter Wesen«, *Zeitschrift für Physik*, Bd. 53, S. 840-856 (1929)

Nikolai Timofejew-Ressowski, K.G. Zimmer und Max Delbrück, »Über die Natur der Genmutation und der Genstruktur«, *Nachrichten der Gesellschaft der Wissenschaften zu Göttingen – Mathematisch-physikalische Klasse*, S. 189-245 (1935)

Vlatko Vedral, *Decoding Reality*, Oxford University Press, Oxford 2010

Norbert Wiener, *Cybernetics*, MIT Press, Cambridge (Mass.) 1948, Deutsche Ausgabe: *Kybernetik*, Econ Verlag, Düsseldorf 1963

Anton Zeilinger, *Einsteins Schleier – Die neue Welt der Quantenphysik*, Beck, München 2003

Quellen

»Data, data everywhere - A special report on managing information«, *The Economist*, in der Ausgabe vom 27.02.2010 (16 Seiten)

»Krebsgenomprojekt 1 und 2«, Deutsches Ärzteblatt, Jahrgang 107, Heft 14, C556-559

»The 4004 Microprocessor« - IEEE Solid State Circus Magazine, Winter 2009, Band 1, Nr. 1 (www.ieee.org/wwcs-news)

Personenregister

Sachregister

Bildquellennachweis

Der Verlag dankt allen, die Bilder zur Verfügung gestellt haben, für die freundliche Genehmigung zum Abdruck. Leider war es nicht in allen Fällen möglich, die Rechteinhaber zu ermitteln. Alle Rechte bleiben gewahrt.

Umschlagrückseite: Creative Commons-GNU-Lizenz, Urheber Michael Stroeck/User:mstroeck; S.8: Creative Commons (CC), GNU-Lizenz, Urheber User Stahlkocher; S. 9; CC-GNU-Lizenz, Foto Gregory F. Maxwell/Gmaxwell; S. 14–15: ENIAC, Foto US-Armee; S. 17: CC-Lizenz, Foto Konrad Jacobs; S. 25: CC-GNU-Lizenz, Urheber Honina; S. 26: CC-GNU-Lizenz, Foto Rolf Süssbrich; S. 27: CC-GNU-Lizenz, Urheber KaiMartin, Cepheiden; S. 29m: Foto Edmund Jacoby; S. 36: CC-GNU-Lizenz; Urheber Michael Ströck/mstroeck; S. 38–39: Lochkarten-Stanzgerät, CC-GNU-Lizenz, Foto User:Jkbw; S. 42: CC-GNU-Lizenz, Foto © 2005 David Monniaux; S. 44: Gemälde von Gottlieb Biermann nach C. A. Jensen, Foto A. Wittmann für die Gauß-Gesellschaft, Göttingen; S. 58: CC-GNU-Lizenz, Foto Markus Schweiß; S. 61: CC-GNU-Lizenz, Urheber Htkym; S. 75: CC-GNU-Lizenz, Urheber Madeleine Price Ball/User:Madprime; S. 76: CC-Lizenz, Foto Marc Lieberman, aus Public Library of Science Journal, Biol., HYPERLINK »http://dx.doi.org/10.1371/journal.pbio.0020419« http://dx.doi.org/10.1371/journal.pbio.0020419; S. 79: CC-GNU-Lizenz, Urheber User:Mouagib nach User:Onie nach Carsten Bresch und Rudolf Hausmann; S. 80–81: Drosophila melanogaster, CC-Lizenz, Foto: André Karwath/User:aka; S. 86: CC-Lizenz, Foto Flickr user jurvetson; S. 101 s. S. 80–81; S. 105: CC-GNU-Lizenz, Urheber MesserWoland und Szczepan 1990; S. 122–123: Intel-4004-Chip; S. 126: CC-GNU-Lizenz, Foto Gerd Müller/user:twam; S. 128: Foto: Ulfbastel; S. 131: Intel 4004; S. 132: CC-GNU-Lizenz, Foto Matt Yohe; S. 133: CC-Lizenz, Foto Severin Novacki, © World Economic Forum Annual Meeting, Davos 2007 und swiss-image.ch; S. 136: CC-Lizenz, Foto Bill Bertram/user:Pixel8; S. 139: CC-Lizenz, Foto Christian Jansky; CC-GNU-Lizenz, Urheber User:Global667; S. 159: CC-Lizenz, Originalfoto Joi Ito, von Flickr; S. 164–165: fotolia; S. 172: CC-GNU-Lizenz, Foto Rufus46; S. 184: CC-GNU-Lizenz, Urheber Martin Bahmann, Bof b, Anarkman; S. 191: CC-GNU-Lizenz, Urheber en:User:FlorianMarquardt; S. 198: CC-Lizenz, Urheber Modamoda; S. 203: CC-Lizenz, Urheber César Benito Jiménez; S. 205: CC-Lizenz, Foto Jacqueline Godany